本书出版受京津冀协同发展河北省协同创新中心与河北经贸大学
项目来源：河北省数字经济与实体经济融合发展路径研究（HB21YJ031），河北省社科基金项目

京津冀特色产业集群
高质量发展研究

RESEARCH ON HIGH QUALITY DEVELOPMENT OF
CHARACTERISTIC INDUSTRIAL CLUSTERS IN BEIJING-TIANJIN-HEBEI

卢燕　母爱英　等◎著

经济管理出版社
ECONOMY & MANAGEMENT PUBLISHING HOUSE

图书在版编目（CIP）数据

京津冀特色产业集群高质量发展研究／卢燕等著. —北京：经济管理出版社，2023. 11
ISBN 978-7-5096-9439-8

Ⅰ. ①京… Ⅱ. ①卢… Ⅲ. ①产业集群—产业发展—研究—华北地区 Ⅳ. ①F269. 272

中国国家版本馆 CIP 数据核字（2023）第 222740 号

组稿编辑：赵亚荣
责任编辑：赵亚荣
责任印制：许　艳
责任校对：王淑卿

出版发行：经济管理出版社
　　　　　（北京市海淀区北蜂窝 8 号中雅大厦 A 座 11 层　100038）
网　　　址：www. E-mp. com. cn
电　　　话：(010) 51915602
印　　　刷：北京晨旭印刷厂
经　　　销：新华书店
开　　　本：720mm×1000mm /16
印　　　张：16. 25
字　　　数：309 千字
版　　　次：2024 年 1 月第 1 版　　2024 年 1 月第 1 次印刷
书　　　号：ISBN 978-7-5096-9439-8
定　　　价：78. 00 元

目 录
CONTENTS

第一章
Chapter 1

绪　论

◀ 第一节 ▶
研究背景及研究意义

一、研究背景

　　党的二十大报告指出，高质量发展是全面建设社会主义现代化国家的首要任务。县域经济在我国社会经济发展过程中具有举足轻重的地位，在新型城镇化发展进程中，越来越显示出其独特的优势。县域经济衔接着农村与城市市场，承接城市产业梯度转移，能够助推区域高质量发展，从而提升区域整体竞争力。但县域经济的发展仍然存在产业支撑力不够、特色不突出等问题，县域经济的高质量发展刻不容缓，需要进行产业升级、延长产业链条、提升特色产业竞争力，增强县域经济内生发展的新动能，从而拓宽经济发展空间。培育与发展产业集群是提升区域竞争力的重要途径。2021年4月26日习近平总书记在广西考察时指出："发展特色产业是地方做实做强做优实体经济的一大实招，要结合自身条件和优势，推动高质量发展。"从发展实践来看，浙江、江苏等地的特色产业集群发展迅速，成为区域经济的主导力量，引领全国。县域经济特色产业集群的培育与发展成为当前的热点问题。各地纷纷出台各项政策支持特色产业集群的高质量发展，以提升县域经济的整体水平。

　　随着京津冀协同发展步伐的加快，特色产业集群的推动作用越发凸显。县域特色产业作为活跃县域经济、促进产城互动、实现富民强县的重要引擎，是"十四五"时期河北省新旧动能转化、产业结构调整、生产方式转变的重要战场，是全面建设新时代经济强省、美丽河北的重要抓手，是纵深推进京津冀协同发展、推动新型城镇化建设、实现乡村振兴的关键所在。2021年9月河北省工业和信息化厅印发《河北省特色产业发展"十四五"规划》，这一政策的出台对河北省特色产业集群的发展提供了指引，同时为京津冀协同发展提供了深入融合的发展路径。2022年工业和信息化部印发《促进中小企业特色产业集群发展暂行办法》，提出要立足本区域发展实际，制定中小企业特色产业集群发展规划和专项扶持政策。2022年河北省人民政府办公厅印发《河北省县域特色产业集群"领跑者"企业培育行动方案》，通过培育上市企业，进行科技赋能，推动产业升级、强链补链，助推县域经济高质量发展。一系列政策的发布与实施为河北省特色产业发展提供了有力保障。

当前，京津冀区域内县域经济发展总体态势较好，有一定后起优势。随着京津冀协同发展步伐的加快，京津产业快速、有序向河北转移，促进一些县域进一步形成特色产业集群，极大地推动了河北产业升级，从而推动京津冀协同发展向更高层次迈进。但在特色产业集群快速发展的同时，也伴随着创新能力、产品竞争力不够强等一系列问题。在数字经济飞快发展的今天，产品更新换代速度加快，人民群众的多样化需求不断升级，一些特色产业如果跟不上步伐，就会在竞争中逐渐衰退。因此，如何提高创新能力，探索特色产业集群的可持续发展之路，实现特色产业集群的高质量发展，使每个特色产业集群的特色都凸显是当前需要研究的重点问题。

基于此，本书立足于京津冀区域内县域特色产业集群的发展展开研究，依据产业集群的相关理论，分析京津冀特色产业集群的发展现状，并建立多元回归模型对影响产业集群发展水平的因素进行了实证分析，进而对六大县域的特色产业集群进行了现状与发展路径分析，最后就京津冀特色产业集群的高质量发展提出若干对策建议。

二、研究意义

本书以京津冀县域特色产业集群为研究对象，立足于当前京津冀区域发展现状，力图对京津冀县域特色产业集群问题进行理论与实证研究，在分析京津冀县域特色产业集群空间布局、产业结构及行业分布，总结其发展特征的基础上，探索六大特色产业集群的发展方向与路径，并提出高质量发展的对策建议，以期为京津冀特色产业集群的发展提供一定的理论参考及实践对策。本书的研究对提升京津冀区域整体竞争力，全面实现高质量发展具有重要的理论及实践意义。

(一)丰富特色产业集群理论

国外学者对产业集群经济现象的研究介入较早,研究范围较为宽广,研究领域也在不断深入,主要集中于对发达国家的高科技工业园(如美国硅谷、日本筑波)产业集群经济现象进行调查研究。从国内学者对产业集群的研究来看,主要集中于对国外学者的研究成果进行综述,并展开新的拓展,缺乏对特定地区产业集群的个性化研究。

本书在借鉴国内外研究成果的基础上,对特色产业集群的内涵及外延进行了界定,完善了特色产业集群相关理论。因此,研究国内典型区域的特色产业集群,有利于丰富符合国内具体区域实践的特色产业集群理论。

(二)为京津冀特色产业集群的高质量发展提供理论与实践指导

从国内外发达区域的产业发展实践中可以看出,区域产业竞争力多是以产业集群为依托。国外学者在长期的研究累积中,已形成了较为完善的产业集群理论体系,但该体系往往是针对一些发达国家产业集群的实际情况建立的,对于我国而言只能借鉴,而不能全盘照搬地拿来指导现实经济。国内学者对特色产业集群的研究主要集中于浙江、江苏、广东等区域,因为这些区域的特色产业发展成熟、特色突出,而对于其他专门区域的研究相对较少,对京津冀特色产业集群的研究还不够深入。在京津冀协同发展进程中,如何培育县域特色产业集群、如何形成有竞争优势的特色产业集群、目前已经初具规模的产业集群如何进一步实现高质量发展,都是当前研究的难点与热点问题。因此,研究京津冀特色产业集群的发展现状,分析目前存在的问题,提出各个细分特色产业集群的发展思路具有现实的指导意义。

本书以京津冀区域内特色产业集群高质量发展为诉求,对其影响机理、影响因素进行分析,并据此建立计量经济学模型,对影响特色产业集群高质量发展的各个因素进行实证分析,以期为特色产业集群的高质量发展提供理论指导,指引今后的重点发展方向。另外,本书通过对时尚消费产业集群、民生健康产业集群、材料延伸产业集群、中场配套产业集群、现代装备产业集群、数字科技产业集群六大特色产业集群进行具体分析,为特色产业集群的发展提供实践指导。通过对京津冀特色产业集群的研究,充分认识其当前的发展特征与规律,对指导特色产业集群发展实践,进而提升区域产业整体竞争力具有重要的指导意义。

(三)为其他区域提供借鉴与参考

从当前的研究来看,对特色产业集群的研究多着重于宏观研究,对发达区域的研究较深入,而对于各地具体产业集群的研究相对较少。对京津冀区域内的各类特色产业集群进行研究,分析其发展历程、发展重点,能够为其他区域,尤其是以城市群为视角的特色产业集群的发展提供借鉴。本书对时尚消费产业集群、民生健康产业集群、材料延伸产业集群、中场配套产业集群、现代装备产业集群、数字科技产业集群六大特色产业集群进行现状分析,指出其今后的发展重点,并进行了典型案例分析,最后指出了各特色产业集群的发展路径,其他区域在一体化发展过程中,可以有针对性地进行借鉴。

◆ **第二节** ◆
研究内容、研究方法和创新点

一、研究内容

本书立足于京津冀区域内县域特色产业集群的发展展开研究,以产业区位理论、集聚经济理论、新竞争优势理论、新经济地理学、新产业区理论、交易费用理论等相关理论为基础,对相关文献进行综述,提出本书的研究重点;通过分析京津冀区域内特色产业集群的发展现状,以及特色产业集群高质量发展的影响机理及核心要素,建立多元回归模型,对影响产业集群发展水平的因素进行了实证分析,进而对时尚消费产业集群、民生健康产业集群、材料延伸产业集群、中场配套产业集群、现代装备产业集群、数字科技产业集群六大县域特色产业集群进行了现状、发展重点和典型案例分析,并提出了今后的发展路径;最后就京津冀特色产业集群的高质量发展提出若干对策建议。具体来说,本书研究的主要内容如下:

第一章为绪论。本章主要介绍了本书的研究背景与意义,体现研究京津冀特色产业集群的必要性;然后介绍本书的研究内容、研究方法,对本书研究脉络进行总体介绍;最后总结本书主要的创新之处。

第二章为产业集群理论概述。本章介绍了产业集群相关理论基础,对特色产业集群内涵进行界定，并对特色产业集群的内涵、产业集群理论、特色产业集群等从不同角度进行了观点综述；最后从不同角度对特色产业集群进行了类型划分，为后面章节的细分奠定基础。本章是全书的理论基础。

第三章为京津冀特色产业集群发展概述。本章介绍了京津冀特色产业集群的发展背景、经济基础、社会环境、技术环境，对京津冀区域内的特色产业集群进行分类介绍，并分析了京津冀特色产业集群发展现状及取得的成效，描述了其空间布局、产业结构及行业分布，最后总结了其发展特征。

第四章为京津冀特色产业集群高质量发展影响因素的实证分析。本章基于集聚效应、技术进步、政策制度研究了特色产业集群高质量发展的影响机制，并从市场、生产效率、盈利能力、营商环境等方面进行了核心要素分析。基于上述分析，建立多元回归模型分析影响特色产业集群高质量发展的重要因素，为今后京津冀特色产业集群的发展方向提供理论指导。

第五至第十章为京津冀六大特色产业集群高质量发展分析。这几章分别对时尚消费产业集群、民生健康产业集群、材料延伸产业集群、中场配套产业集群、现代装备产业集群、数字科技产业集群六大特色产业集群进行了概述，指出其发展重点，并进行典型案例分析，发现目前六大特色产业集群存在的发展困境，提出各特色产业集群今后的发展路径。

第十一章为京津冀特色产业集群高质量发展的对策建议。本章分别从政府层面、集群层面、企业层面对京津冀特色产业集群的高质量发展提出有针对性的对策建议，力求构建全面化、多元化、高层次的现代化特色产业集群。

二、研究方法

(一)规范研究和实证研究相结合

规范分析与实证分析相结合，有利于正确地指导实践。本书采用规范研究和实证研究相结合的方法，一方面，对京津冀特色产业集群现状进行分析判断，描述了其空间布局、产业结构及行业分布，总结当前特色产业集群的发展特征，为分析其存在的问题及今后发展方向提供指导；另一方面，采用多元线性回归模型分析影响特色产业集群高质量发展的重要因素，为今后京津冀特色产业集群的发展方向提供思路。

(二)整体与个体分析法

本书既有对京津冀特色产业集群总体的描述与分析，又有对具体特色产业集群的研究，既能够把握总体发展方向，又突出各产业集群的特色。一方面，本书分析了京津冀特色产业集群的空间布局、产业结构及行业分布，从总体上总结京津冀特色产业集群的发展特征；另一方面，本书具体分析了时尚消费产业集群、民生健康产业集群、材料延伸产业集群、中场配套产业集群、现代装备产业集群、数字科技产业集群六大特色产业集群的发展现状、发展重点及发展路径，为特色产业集群的高质量发展提供具体发展方向。

（三）文献研究与理论归纳法

本书通过梳理国内外文献，明确"特色产业集群"的内涵、外延及相互关系，参考了大量文献资料，对特色产业集群理论从产业生命周期与竞争力、产业集群竞争力机理、产业集群治理与竞争力等方面进行了综述。从国外研究来看，特色产业集群聚焦于集聚经济理论、贸易和分工理论、社会经济网络理论、竞争优势理论进行了探讨；从国内研究来看，综合考虑市场内部和外部因素，就特定区域的产业集群进行了理论综述。最后对文献资料进行总结、归纳与评述，并指出了本书的研究重点。

（四）案例分析法

本书对时尚消费产业集群中的白沟箱包产业集群、清河羊绒产业集群、香河家具产业集群、辛集皮革皮毛产业集群等，民生健康产业集群中的北京大兴生物制药产业集群、隆尧食品产业集群、安国中药产业集群、定州体育用品产业集群等，材料延伸产业集群中的沙河市玻璃产业集群、宁晋电线电缆产业集群、景县橡塑制品产业集群等，中场配套产业集群中的盐山管道装备制造产业集群、安平丝网产业集群、定州汽车及零部件产业集群等，现代装备产业集群中的北辰高端装备制造产业集群、迁安智能装备产业集群、张北县新能源装备产业集群、泊头环保设备产业集群等，数字科技产业集群中的北京海淀电子信息产业集群、张北云计算产业集群、固安新型显示产业集群、青县电子机箱产业集群等进行了案例分析，对每个特色产业集群中的典型案例从发展历程、发展优势、发展困境、具体举措、前景展望等方面进行了具体分析，为各个特色产业集群的发展提供了标杆，同时也提供了发展思路。

三、创新点

本书的创新点主要包括以下四个方面：

（一）学术思想创新

国内外学者在长期的研究累积中，已形成了较为完善的产业集群理论体系，但该体系往往是针对一些发达国家产业集群的实际情况建立的，对于我国而言只能借鉴，而不能全盘照搬地拿来指导现实经济。因此，研究国内典型区域的特色产业集群发展有利于提出切实可行的发展路径，能够丰富相关理论。国内对特色产业集群的概念界定还不够清晰，需要进一步厘清特色产业集群的内涵及外延，本书对此进行了总结与归纳，完善了产业集群理论体系。

（二）典型区域创新

当前对京津冀区域内的特色产业集群的研究相对较少，而对细分特色产业集群的分析更是少之又少。因此，本书以京津冀区域内的特色产业集群为研究对象展开研究，为京津冀特色产业集群的高质量发展提供指导，对京津冀协同发展的深入推进有重要意义。一方面，京津冀协同发展自上升为国家战略以来，取得了显著成效，成为拉动经济发展的新引擎，特色产业集群作为该区域内县域经济的重要拉力，对推动京津冀区域整体高质量发展具有重要意义。另一方面，分析目前京津冀特色产业集群发展过程中存在的障碍，探索京津冀特色产业集群的发展实践，提出高质量发展路径，对其他区域特色产业集群的发展具有借鉴意义。

（三）研究方法创新

本书基于集聚效应、技术进步、政策制度研究了特色产业集群高质量发展的影响机制，并从市场、生产效率、盈利能力、营商环境等方面进行了核心要素分析，进一步地，构建了多元线性回归模型分析影响特色产业集群高质量发展的重要因素，综合考察影响特色产业集群高质量发展的关键因素及其影响机制，有助于找准现阶段特色产业集群发展的薄弱环节，为今后京津冀特色产业集群的高质量发展提供理论指导，有针对性、有重点地推进特色产业集群的高质量发展。

（四）研究视角创新

本书既有对京津冀区域内特色产业集群的总体评价，又有对每个具体特色产业集群的研究。本书基于京津冀特色产业集群的现状进行空间布局、产业结构及行业分布的研究，总结京津冀特色产业集群发展特征，并进一步对六大特色产业集群进行了具体分析，概述了每个特色产业集群的发展现状，指出了其发展重点与路径以及可借鉴的典型案例，有利于突出今后各个特色产业集群的发展重点，提升特色，实现高质量发展，从而进一步提高京津冀整个区域的高质量发展水平。

本书由河北经贸大学京津冀协同发展河北省协同创新中心副主任母爱英教授设计写作提纲，为本书的整体思路提供了指导。本书的分工如下：第一章（卢燕、母爱英），第二章（卢燕、董冲），第三、第四章（王嘉诚、卢燕），第五章（卢燕、赵晓霞、赵文君），第六章（卢燕、张卉卓），第七章（王嘉诚、卢燕），第八章（卢燕、张卉卓、周君雨），第九章（于航、卢燕），第十章（卢燕、董冲），第十一章（王嘉诚、卢燕）。本书在写作过程中还参考了大量文献资料，虽然已经做了相关注明，但可能还不够全面，在此一并表示感谢！

产业集群理论概述

长期以来，以波特、克鲁格曼为代表的一大批学者从不同角度对产业集群相关理论开展了大量研究。随着空间经济学、经济地理学、管理学等学科的发展，产业集群的研究逐渐呈现出多学科交叉的特点。本章对产业集群概念及相关理论进行了分析，并依据不同的划分标准对产业集群进行分类，为后面的研究奠定理论基础。

◀ 第一节 ▶
产业集群相关理论基础

"产业集群"是一个古老而又年轻的话题。之所以称其古老，是因为产业集群最早可追溯到古典经济学的经济思想；之所以称其年轻，是因为该领域至今仍存在很多备受争议的问题，相关理论仍在不断发展和完善。本节通过考察已有文献，对产业集群理论的演化过程进行了梳理。

一、马歇尔的外部经济理论或产业区位理论

马歇尔认为，外部规模经济与产业集群化现象的产生高度相关，外部经济的存在使产业集群这一空间组织形式逐渐产生。外部经济包括三种类型：市场规模扩大提高中间投入品的规模效益；劳动力市场供应；信息交换和技术扩散。[①] 生产同类产品的企业以及产业链上下游关联企业在某一空间聚集，会产生

---

① 外部经济[EB/OL]. 百度百科，http：//www. baidu. com.

企业在分散状态下难以获得的经济效益。马歇尔将产业集群所在区域称作"产业区"，产业区内各中小企业凭借竞合关系形成联系密切的网络，新技术、新知识传播迅速，进而在区域内形成良好的创新氛围，驱动产业区的经济持续增长。

二、韦伯的工业区位理论或集聚经济理论

韦伯（1997）在《工业区位论》中首次提出了"集聚经济"的概念。韦伯以微观企业的区位选择为切入视角阐述了产业聚集的原理，指出企业是否靠近取决于集聚成本以及集聚带来的效益。一般来说，成本特别是运输成本降低会吸引各类企业聚集在一起，实现产品的最佳销售。韦伯指出，产业聚集可分为以下两个阶段：第一个阶段是单个企业生产规模扩大阶段，企业通过自身的简单扩张实现产业集中化；第二个阶段是大型企业及相关组织在某一区域聚集，产生明显的聚集效应，形成地方性经济优势。韦伯认为，产业集群可大幅扩大销售规模，且可以减少不必要的中间环节。韦伯的研究成果极具价值，唯一不足之处在于，他的研究仅从资源、能源角度入手，并没有将社会制度、历史文化等因素考虑进来，而这些也是产业集群产生的重要原因。[①]

三、波特的新竞争优势理论

迈克尔·波特是产业集群领域最有影响力的经济学家。1998年，波特在《国家竞争优势》一书中提出了著名的"钻石模型"，以此揭示某产业在国际市场上具有竞争优势的原因。该模型包含四个主要元素，即生产要素、需求条件、相关与支持性产业以及企业战略、企业结构和同业竞争；两个辅助性元素，即机遇和政府。"钻石模型"是一个动态性系统机制，地理集中使模型中的因素整合为一个整体，并在交互作用中实现提高。波特（2002）指出，产业集群对竞争优势的影响基于以下三条途径：第一，提高集群内企业的生产力，并对集群外企业造成一定影响；第二，集群内企业可采取低成本策略展开科技创新活动，为集群发展奠定技术基础；第三，集群内良好的生产环境有利于吸引集群外企业，有利于扩大产业集群规模，提高产业集群影响力。[②] 尽管波特的竞争优势理论将产业集群的研究推向了新的高度，但不少学者仍对该

① ［德］阿尔弗雷德·韦伯. 工业区位论［M］. 李刚剑、陈志人、张英保译. 北京：商务印书馆，1997.

② ［美］迈克尔·波特. 国家竞争优势［M］. 李明轩，邱如美译. 北京：华夏出版社，2002.

理论提出了质疑，认为波特过分强调政府、国家在产业国际竞争中的作用，并且仅用四个核心要素概括复杂的经济活动，忽略国际贸易等因素的作用。尽管如此，波特提出的很多观点仍然具有开创性意义。

四、克鲁格曼的新经济地理学

关于产业集聚理论的研究，值得关注的是以克鲁格曼为代表的新经济地理学。克鲁格曼在贸易理论的基础上，通过设立数学模型揭示了工业活动最终聚集的一般趋势。克鲁格曼（2006）指出，工业要想通过聚集降低运输成本、产生规模经济，就应当选择市场需求大的地方，反过来，市场需求又取决于工业的分布，因此，工业集聚最终将导致制造业中心区的形成。由于路径依赖性，产业空间集聚一旦形成，就很有可能实现自我延续。此外，克鲁格曼在融合传统经济地理学理论的基础上构建了垄断竞争模型，利用该模型分析了产业集聚的原因。克鲁格曼指出，影响产业聚集的因素有很多，包括规模报酬递增、运输成本等，同时还证明了低运输成本、高制造业比例和规模也是加快制造业集聚的有利因素。[1]

五、新产业区理论

20 世纪中后期，新产业区理论逐渐兴起。在意大利亚平宁半岛北部，中小企业逐渐形成了富有活力的产业集群，产业协同效应十分明显。这一现象引起了学术界的关注，并在研究过程中提出了"弹性专精"的概念。意大利学者别卡提尼等在对该产业区的经济现象进行分析时，发现当地中小企业正是因为在协同中形成了弹性专精，才使其具备了可与大型企业乃至跨国企业相当的经济实力。别卡提尼将这种中小企业聚集现象称为"产业区"，为与之前马歇尔在《经济学原理》一书中提出的"产业区"区别开来，学者们将别卡提尼提出的产业区称为"新产业区"。新产业区包含相关企业及机构构成的分工明确的网络、专业化区域性劳动市场，以及创新环境、文化环境等。产业聚集的原因在于，企业在地理空间位置上的聚集以及共享基础设施可降低运输成本以及生产成本；技术、信息、知识、人才等资源共享可降低交易成本；创新环境、文化环境可为企业带来经济效益。其中，创新性、社会文化性是新

---

① ［美］保罗·克鲁格曼. 收益递增与经济地理［J］. 吴启霞，安虎森译. 延边大学学报（社会科学版），2006（1）：51-58.

产业区最主要的概念，因为在共同文化和制度背景下构建的区域创新网络，有利于营造良好的区域创新环境，将推动产业集群及新产业区的发展。

六、交易费用理论

新制度经济学主要采用交易费用理论来解释产业聚集现象。该理论认为，企业是代替市场产生的新型交易形式，目的在于通过形成一个组织，管理各类资源、参加市场转换，进而降低市场运行成本。科斯于 1937 年在《论企业的性质》一文中首次提出了"交易费用"的概念，在此基础上，威廉姆森（2010）等经济学家又进一步完善了交易费用理论，提出在纯市场组织和科层组织之间存在大量的中间性组织——产业集群，这种中间性组织是弥补市场失灵、降低交易费用的一种有效组织形式。产业在空间上的集聚使交易的空间范围和交易对象相对稳定，可有效增加交易频率、降低区位成本。产业集群不仅使企业的经济活动根植于地方社会网络，而且有助于形成共同的价值观念和产业文化，这有利于增强企业间的信任与合作，促使交易双方很快达成合作并履行合约，节省了企业搜寻市场信息的时间和成本。[①]

◀ 第二节 ▶
特色产业集群的内涵及研究综述

特色产业集群是推动县域经济高质量发展的重要引擎，是研究的热点内容之一，很多学者对特色产业集群的内涵进行了剖析与表述，虽然话语不尽相同，但是核心思想是基本一致的。本节基于各位学者的观点提出特色产业集群的内涵，并就国内外特色产业集群各个方面的研究成果进行了综述。

一、特色产业集群的内涵界定

（一）产业集群

阿尔弗雷德·马歇尔于 1890 年首次提出"产业区"，他将"产业区"定义为

---

① ［美］奥利弗·E. 威廉姆森，西德尼·G. 温特. 企业的性质——起源、演变与发展［M］. 姚海鑫，邢源源译. 北京：商务印书馆，2010.

由于各种条件限定于特定区域中的中小企业相互作用的企业群。马歇尔认为，产业的区域性集中是由外部经济所导致的。在一定区域内，众多企业互相合作、互相依赖形成的产业集群有利于促进信息传播，推动企业共同参与技术创新。

迈克尔·波特(2002)在《国家竞争优势》一书中正式提出了"产业集群"的概念。波特认为，产业集群是一组在一定区域范围内靠近且互相关联的公司和机构，这些公司和机构凭借很强的共性和互补性在某一地理范围内形成联系紧密的空间构成体。① 国内学者大多认可波特的观点，但也有一些学者认为这一概念的外延应当更为广阔，指出可从其他维度来对产业集群的概念进行界定。早期研究产业集群的学者中，仇保兴(1999)在《小企业集群研究》一书中将产业集群描述为小企业集群，认为产业集群由一群相互联系又彼此独立的小企业组织构成，企业之间存在的合作与竞争关系使产业集群在应对外来竞争时拥有独特的竞争优势。② 王缉慈和童昕(2001)认为，新产业区是一种以地方企业集聚为特征的区域，具有弹性专精特点的中小企业结成密集的合作网络，同时植根于当地勇于创新的社会文化环境。③ 魏守华等(2002)认为，产业集群本质上是市场经济的产物，是在竞争环境下，相关产业互相依赖、相互协作形成的一种生产经营组织形式。④ 以上几种关于产业集群内涵的表述是目前学术界最为主流的，即学者基本上从产业地理特性、经济特性入手界定这一概念。

基于已有研究成果，本书对产业集群的定义如下：产业集群是一种富有生命力的组织结构，是同一产业内不同规模、不同发展程度的众多企业及相关机构在地理上的集中，各类企业联系紧密、合作密切，大学、科研院所等支持机构为产业集群的发展提供辅助性服务。可以说，在特定区域内形成的产业集群实际上是一个巨大的生产、社会网络系统。

(二)特色产业集群

关于"特色产业"的内涵，郭京福和毛海军(2004)认为，特色产业经济效益较高、发展前景广阔，具有鲜明的地域性、不可替代性、可持续发展性和竞争性，能开发和生产满足公众需要的特色产品。⑤ 这里所说的"特色"具有内在的"唯一性"和外在的"优势性"。基于此，本书对"特色产业"做如下定

① [美]迈克尔·波特. 国家竞争优势[M]. 李明轩, 邱如美译. 北京: 华夏出版社, 2002.
② 仇保兴. 小企业集群研究[M]. 上海: 复旦大学出版社, 1999.
③ 王缉慈, 童昕. 简论我国地方企业集群的研究意义[J]. 经济地理, 2001(5): 550-553.
④ 魏守华, 王缉慈, 赵雅沁. 产业集群: 新型区域经济发展理论[J]. 经济经纬, 2002(2): 18-21.
⑤ 郭京福, 毛海军. 特色产业的有效性评价[J]. 统计与决策, 2004(10): 52-53.

义：特色产业是基于某个区域所具有的独特的自然、地理和人文资源优势形成的，具备一定的商业开发价值和产业发展潜力、拥有产品核心技术和自主知识产权、有适当规模、与工农业联系紧密、独特且具有排他性的产业。

聚焦特色产业集群，潘劲（2007）认为，特色产业集群是以特定地域空间为载体，以特色资源为基础，以特色产品为中心，以特色产业为依托，以市场为导向，实现区域化布局、专业化生产、一体化经营和社会化服务，促进企业集聚，形成规模效应，推动区域优势进一步扩张并形成核心竞争力的产业集群[①]。另有学者提出，特色产业集群是指从本地的产业基础和比较优势出发，在一定地域内集聚形成的具有鲜明地方特色和产业优势，支撑当地经济发展的同类或相互关联的产业部门及其组织形式。

基于已有研究，本书对特色产业集群做如下定义：特色产业集群是依托地方特色资源形成的，能够使资源要素、市场以及各相关部门相互联系，将具有竞争与合作关系的特色产业链上下游企业聚集在特定地域空间的产业组织形式。特色产业集群以生产特色产品、发展特色产业为主要目标，能够大幅地降低交易成本、提高产业专业化协作水平。

二、产业集群研究综述

目前，学术界对于产业集群的研究主要涉及产业生命周期、产业集群竞争力来源、产业集群治理等方面。

（一）产业生命周期与竞争力的研究

国内学者王发明等（2006）从产业生命周期的角度出发分析集群竞争力，认为在成长、成熟两个阶段，产业集群的生命力最强，这期间企业的学习能力、产业的竞争力均表现出明显优势；在衰退阶段，产业集群呈现出老化、弱化的特征，这极有可能对其所在区域的经济发展造成威胁，同时，产业集群衰退阶段所承担的网络性和周期性风险也会影响当地经济社会稳定。[②] 张小梅（2011）在审视产业集群生命周期理念的前提下，依据野中郁次郎的 SEC 知识创新模型，组建了以不同历史时期产业集群为基础的创新模型。[③]

---

① 潘劲. 西部欠发达区域特色产业集群与经济发展的实证研究——以宁夏为例[J]. 华南农业大学学报（社会科学版），2007（3）：46-52.

② 王发明，蔡宁，朱浩义. 基于网络结构视角的产业集群风险研究——以美国 128 公路区产业集群衰退为例[J]. 科学学研究，2006（6）：885-889.

③ 张小梅. 基于产业集群生命周期的知识创新模型研究[J]. 知识经济，2011（13）：9-10.

(二)产业集群竞争力机理的研究

张辉(2003)提出了这一问题的经济学原理，即集群本身具备一定的学习效用，集群内部存在更多的资源，这些资源可以为市场竞争活动提供更多的支撑；集群内企业可以有效避免"柠檬"问题，并能够基于外部优势提升自身的整体竞争力。① 刘恒江和陈继祥(2004)探讨了浙江省民营企业集群化发展中存在的现实问题，并得出一系列结论，如集群内部形成了较好的协作、可以实现共享合作、形成聚力来进行高效发展。② 杨水根(2011)提出，产业链、产业集群及产业集群竞争力之间存在一定关联。完善的产业链有利于提升集群整体竞争力，从而吸引更多集群外企业融入；各类关联企业的发展使集群内逐渐形成良好的社会文化环境，这将进一步推动产业链的形成和发展。③

(三)产业集群治理与竞争力的研究

孙国强(2003)、易明(2010)和沈群红等(2011)针对产业集群的治理问题展开了探究，并得出了一定结论。孙国强提出，网络组织多以非正式机制处理某些治理问题，很少依赖传统的法律、制度等。④ 易明(2010)表示，虽然经济发展水平较落后的发展中国家产业集群发展速度很快，但其内部结构及管理机制却存在严重不足。产业集群管理的目的是对集群内的主体进行协调，维护集群的整体优势，最终实现集群内所有参与者的可持续发展。⑤ 沈群红等(2011)提出，产业集群的治理不仅需要企业家彼此协调，更需要政府发挥职能进行适当干预。⑥

三、特色产业集群研究综述

相比国外，国内对于特色产业集群的研究开始得较晚，至今仍未形成完

---

① 张辉. 产业集群竞争力的内在经济机理[J]. 中国软科学，2003(1)：70-74.

② 刘恒江，陈继祥. 民营企业簇群机理的新诠释：涌现性观点[J]. 商业研究，2004(21)：25-27.

③ 杨水根. 产业链、产业集群与产业集群竞争力内在机理探讨——以湖南省工程机械产业集群为例[J]. 改革与战略，2011，27(3)：153-156.

④ 孙国强. 关系、互动与协同：网络组织的治理逻辑[J]. 中国工业经济，2003(11)：14-20.

⑤ 易明. 产业集群治理：机制、结构、行动与绩效[D]. 华中科技大学，2010.

⑥ 沈群红，胡汉辉，封凯栋. 从产业集聚到产业集群的演进及政府在产业集群发展中的作用——基于速度经济和管理能力有限性的视角[J]. 东南大学学报(哲学社会科学版)，2011，13(3)：31-36+46+126.

整的理论体系。国外的相关研究成果较为丰硕，理论体系较为完善，对我国开展产业集群领域的研究具有重要的借鉴意义。

（一）国外研究动态

第一，基于集聚经济理论对产业集群的研究。美国著名经济学家马歇尔（1920）从外部规模经济的视角来解释产业集群，指出产业集聚的根本原因在于同一产业内部的企业为了降低交易成本，获得外部经济。在原材料及中间产品的采购、运输、定价等环节均可获得规模效益。此外，产业集聚使劳动力市场中工人的专业技能和劳动熟练程度得以提升。韦伯（1968）则以工业区位理论为基础对产业集群展开了研究。胡佛（1948）则将产业集群看作具有"集聚体"规模效益的企业群体，认为追求规模经济效应是导致产业集群现象出现的原始动力。

第二，从贸易分工的角度入手研究产业集群。英国经济学家斯密认为分工有多种形式，其中最常见的是企业间分工。实际上，斯密的观点已充分解释了产业集群产生和存在的必要性。马克思则从分工与协作的角度分析了产业集群存在的原因，认为企业之间的专业化分工可以提高生产效率，企业之间专业化协作可以有效降低生产成本。保罗·克鲁格曼指出，规模收益递增、采购运输成本下降、信息成本减少、生产要素的流动性增强等是催生产业集群的关键因素。

第三，基于社会经济网络理论对产业集群的研究。卡尔多（1935）认为，任何区域产业集群的发展，都是以该区域独特的资源要素禀赋为物质基础。另外，卡尔多指出，内生性的产业集群往往存在路径依赖现象，这是由该区域的要素禀赋和专业技术的特征所决定的。Koopmans（1957）指出，很多生产要素存在不可分性及无法储存性，这意味着产业集群的产生大多基于要素的自身特征。Audretsch 和 Feldman（1996）则认为，除了物质性的生产要素外，某些产业的发展高度依赖专业知识和技术，而这些专业知识和技术的扩散具有地域性，因此，这类产业集群的形成就会带有很强的地域性特征。

（二）国内研究动态

20 世纪 80 年代以来，国内学者对产业集群进行了大量研究，主要有以下三个方面：

第一，探讨市场在产业集群形成过程中起到的作用。王缉慈和童昕（2001）指出，我国目前的产业集群大多是在市场竞争的作用下自发形成的。

然而，资源优势、区位优势以及家族因素也会对产业集群的发展产生影响。[①]
魏后凯(2003)认为，大多数产业集群是在市场发挥资源配置功能的过程中自
发形成的，但是地方政府在把握产业集群发展方向及产业定位中不能缺位，
地方政府必须提供良好的政策环境引导产业集群朝着健康、有序的方向持续
发展。[②] 杨洸和雷加骕(1994)基于技术创新的角度研究了产业集群，并提出了
创新型产业集群的概念。他认为，创新型产业集群主要有三种：第一种是依
赖新技术的顺轨性创新产业集群；第二种是基于现有技术平台的衍生性创新
产业集群；第三种是向技术关联领域扩展的渗透性创新产业集群。[③]

第二，研究市场外部因素对产业集群形成造成的影响。叶建亮(2001)从
技术溢出的视角研究了产业集群现象。他认为，技术溢出是导致出现产业集
群的主要原因，技术溢出效应的大小直接影响到产业集群的发展规模，也决
定了产业集群内企业能否形成竞争优势。[④] 宁钟(2005)把空间经济因素引入技
术追赶模型，分析了技术追赶、吸收能力和人力资本积累之间的关系。[⑤] 郑胜
利和周丽群(2004)研究了广东东莞以外向型经济为导向的产业集群发展模式，
发现我国沿海区域外生型产业集群的形成动力主要来自于良好的区位优势、
规模较大的外商直接投资以及宽松的外部政策环境。[⑥]

因此，产业集群的发展壮大必须同时依靠市场和政府两种力量共同发力
(贺彩玲，2003)。[⑦] 赵卓(2004)综合了国内外学者的观点，提出产业集群形
成的原因主要有专业化分工的深化、采购和运输成本的下降、规模报酬递增、
企业家精神和家族血缘关系。[⑧]

第三，就特定区域的产业集群现象进行研究。彭俊(2003)集中研究了浙
江温州的中小企业产业集群现象，认为温州的中小企业产业集群基本上以民
营经济为主体，企业在产业分工协作、亲缘关系、企业家精神等因素的作用
下集聚在一起。[⑨] 林思达(2001)研究了浙江中小企业产业集群发展的主流模

① 王缉慈，童昕. 论全球化背景下的地方产业群——地方竞争优势的源泉[J]. 战略与管理，
2001(6)：28-36.
② 魏后凯. 对产业集群与竞争力关系的考察[J]. 经济管理，2003(6)：4-11.
③ 杨洸，雷加骕. 国外创新集群研究述评[J]. 经济学动态，1994(6)：64-68.
④ 叶建亮. 知识溢出与企业集群[J]. 经济科学，2001(3)：23-30.
⑤ 宁钟. 创新集群与知识溢出集中化问题分析[J]. 科研管理，2005(2)：68-70+28.
⑥ 郑胜利，周丽群. 论我国外生式集群经济的形成机理——以广东东莞为例[J]. 广西经济管理
干部学院学报，2004(3)：15-19+29.
⑦ 贺彩玲. 企业集群的效应及其形成探讨[J]. 陕西工学院学报，2003(3)：61-64.
⑧ 赵卓. 产业集群形成与发展的动力机制分析[J]. 北京电子科技学院学报，2004(9)：13-16.
⑨ 彭俊. 中小企业集群理论问题研究——兼评温州中小企业集群[J]. 华东经济管理，2003(4)：
42-44.

式，指出分工合作型集群、规模经济型集群、亲缘关系型集群是浙江中小企业集群主要的三种模式。[①] 王同庆和王晓玲（2003）从民营经济发展的角度研究了山东省产业集群发展存在的问题，指出山东省的产业集群大多是资本密集型产业集群，形成原因主要有技术创新、规模经济、专业化协作等。[②]

（三）国内外研究评述

国外学者对产业集群经济现象的研究更倾向于建立模型来开展实证研究，但这些模型过于强调单一因素的重要性，忽略了多种因素对产业集群发展的共同影响。在定性研究方面，国外学者通常以区域经济学、地理经济学为理论依据，借助规模经济、成本收益、专业化分工等概念展开研究。总体来说，国外对产业集群的研究开始得较早，研究范围也更加广泛，现已形成了较为完善的产业集群理论体系。

国内对中国特色的产业集群进行了扩展与深入研究，但很多国内学者在研究过程中忽视了特定产业集群的特殊性，很少在特定政策背景下，针对特定区域的特定产业集群进行研究，缺乏实践指导意义。现阶段，我国对特色产业集群的研究涉及概念、特征、机制及功能等多个领域，但对一些问题的研究还不够深入，如特色产业中的"特色"究竟是什么、"特色"的内涵和外延有哪些等，特色产业及特色产业集群的概念有待进一步明晰。

◀ 第三节 ▶
特色产业集群的类型划分

特色产业集群具有多种表现形式，关于特色产业集群的分类，尚未形成统一标准。学术界通常按照产业集群内部关系及产业集群生产方式划分产业集群类型。

一、按产业集群内部关系分类

联合国贸易和发展会议秘书处按照企业技术水平、集群变化的广泛性以

---

① 林思达. 浙江省中小企业集群发展的主流模式研究[J]. 技术经济与管理研究, 2001(6)：30-32.
② 王同庆, 王晓玲. 企业集群与山东民营经济发展[J]. 山东纺织经济, 2003(6)：9-11.

及企业间协作程度这三个标准，将产业集群分为非正式产业集群、有组织产业集群、科技园区以及出口加工区四种类型。

前两种类型属于自发型产业集群。在非正式产业集群内，工人技术水平低，信息传播受阻，企业规模较小且缺乏技术创新和产品创新，各类机构及企业合作意识薄弱，集群内竞争激烈，整体经济效益不高。相反，在有组织的产业集群内，企业通常会对员工进行培训，并采取"学徒制"的方式提高员工技能水平。虽然集群内的竞争仍十分激烈，但企业已经意识到了合作的重要性，例如运用集体建设的方法解决基础设施、公共服务等方面的难题。另外，企业的技术创新能力也在不断加强。两类产业集群之间的差别如表2-1所示。

表2-1 自发型产业集群类型及其特征

类型	自发型产业集群	
	非正式产业集群	有组织的产业集群
例子	加纳库马西汽车零部件集群	巴基斯坦锡亚尔科特外科手术器械集群
关键参与者参与度	低	从低到高
企业规模	个体、小规模	中小企业
创新	几乎没有	有些
信任	几乎没有	高
技能	低	中
技术	低	中
关联	有些	有些
合作	几乎没有	有些不持续
竞争	高	高
产品创新	几乎没有	有些
出口	几乎没有	从中到高

资料来源：陈剑锋，唐振鹏. 国外产业集群研究综述[J]. 外国经济与管理，2002(8)：22-27.

后两种类型属于开发型产业集群。科技园区是以创新为核心的高新技术产业集聚型的综合区，包括科学研究机构、高等院校、高新科技企业，以及为之服务的商务、生活服务设施和市政、交通等基础设施。其布局应体现良好的生态环境、生活居住的舒适性、信息交通的便捷性，以及低密度、园林化、网络化的特点。其为知识经济发展的最有效的空间组织形式。[①] 出口加工区是国家划定或开辟的专门制造、加工、装配出口商品的特殊工业区。一般选在经济相对发达、交通运输和对外贸易方便、劳动力资源充足、城市发展基础较好的地区，多设于沿海港口或国家边境附近，是经济特区的形式之一，常享受减免各种地方征税的优惠。[②]

二、按产业集群生产方式分类

Knorringa 在研究发展中国家的产业集群时，将产业集群分为马歇尔产业集群、卫星式产业集群和轮轴式产业集群三类(陈剑锋和唐振鹏，2002)。[③]

马歇尔产业集群的内涵接近于别卡提尼提出的"新产业区"，意大利式产业集群是其变体形式。集群由大量规模经济要求不高且密切联系的小企业组成，产业定制化程度高、生产标准化程度低，主要集中在手工艺品、陶瓷、雕刻等生产批量小的行业。

卫星式产业集群通常在开发区的基础上发展而来，是本地企业及外部核心大企业在其他区域投资设立的分厂的集聚，集群内的商业结构由外部大企业投资决定。卫星式产业集群内部缺乏联系紧密的网络结构，因此集群内的企业难以实现风险共担、利益共享，核心企业很容易中途转移，这对区域经济发展不利。因此，美国学者马库森建议利用平台设施所集合的资源培育多样化部门，以增加产业集群对区域的黏性，保持集群经济的稳定性。

轮轴式产业集群是由众多中小企业围绕一个或多个核心企业形成的产业区。根据美国学者马库森的观点，轮轴式产业集群主要分布在制造业，集群的发展高度依赖核心企业，中小企业则成为核心企业的配套企业。核心企业的经济活动范围十分广泛，除在产业集群内与配套企业进行交易外，还与集群外的同类企业、供应商、客户等保持密切的交易活动。在某个特定区域中，如果某个大企业在原材料采购、产品生产、市场销售等方面形成比较优势，那么在经济利益的驱动作用下，就会自发围绕该企业形成产业集群。轮轴式产业集群的形成有两条路径：一条是核心企业的分化成长。当核心企业存在某些薄弱环节时，内部单位或成员凭借资本的支撑以及自己对市场运作方式的熟悉开始创业，从而形成可弥补核心企业弱势的配套企业。另一条是，由

---

① 科技园区[EB/OL]. 百度百科，http：//www.baidu.com.
② 出口加工区[EB/OL]. 百度百科，http：//www.baidu.com.
③ 陈剑锋，唐振鹏. 国外产业集群研究综述[J]. 外国经济与管理，2002(8)：22-27.

于受到核心企业价值链上外包业务的吸引，一些与核心企业无直接关联的企业在市场的作用下围绕在核心企业周围，逐渐发展为核心企业的支撑企业。从轮轴式产业集群的形成路径可以看出，该类型产业集群形成的根本动力来源于产业价值链环节的深入分解和分工，众多中小企业支撑核心企业的发展，与核心企业共同形成功能完善的轮轴式产业集群。

第三章
Chapter 3

京津冀特色产业集群发展概述

　　加快京津冀产业链"锻长""补短"，提升重点产业链供应链稳定性和竞争力，是推进京津冀产业协同发展的必经之路。在京津冀三地的共同努力下，京津冀区域特色产业集群发展取得明显成效。本章立足于京津冀特色产业集群的发展背景，系统梳理特色产业集群发展现状，力求打破京津冀特色产业发展过程中的瓶颈，推动特色产业集群高质量发展。

◀ 第一节 ▶
京津冀特色产业集群发展背景

　　特色产业集群的发展离不开各种环境的影响，不同区域的特色产业集群的发展环境和发展背景不尽相同，在发展过程中也会呈现出不同的特点。对京津冀区域特色产业集群发展进行研究，必须对其发展背景有一个清晰的认识。本节从经济基础、社会环境、科技环境三个方面对京津冀区域特色产业集群的发展环境进行分析，力求全面地展现其发展背景。

一、经济基础

　　特色产业集群的形成和发展需要坚实的经济基础，区域经济发展的水平直接影响到特色产业集群的发展动能与发展潜力。京津冀区域经济发展迅速，工业制造业基础深厚，产业结构日益优化，为特色产业集群发展提供了有利条件。

(一)经济发展成果颇丰

自 2014 年京津冀协同发展上升为国家战略以来，京津冀三地不断加强经济协同、产业联动，并取得显著成效。京津冀区域经济总量持续扩大，2021年三地 GDP 合计 9.6 万亿元，是 2013 年的 1.7 倍。其中，京冀两地 GDP 均突破 4 万亿元。北京为 40269.6 亿元，年均增长 6.3%；天津为 15695.1 亿元，年均增长 5.0%；河北为 40391.3 亿元，年均增长 6.3%。京津冀三次产业构成比由 2013 年的 6.2∶35.7∶58.1 变化为 2021 年的 4.5∶30.6∶64.9，第三产业发展较快，三地第三产业占比较 2013 年分别提高 2.2 个、7.2 个和 8.5个百分点。京津冀区域内居民收入稳步增加，2021 年京津冀三地居民人均可支配收入分别为 75002 元、47449 元和 29383 元，与 2013 年相比，年均名义增长 7.9%、7.6% 和 8.6%。①

(二)产业格局逐步完善

京津冀三地间的投资数量不断增长。2014～2017 年，北京对津冀企业投资增长 215.41%，天津对京冀企业投资增长 48.75%，河北对京津企业投资增长 62.58%。② 到 2021 年，三地互投金额增长近 4000 亿元，非首都功能疏解取得显著效果。在京津冀三地中，北京资本外溢明显，现代服务业发展优势最大，天津的一般性服务业开始建立比较优势，河北的制造业在不断优化升级，三地在多领域展开了密切合作，成立京津冀联合办，区域经济竞争力在不断提升。

二、社会环境

特色产业集群是一个开放包容的整体，会与周围各类经济行为主体产生密切联系，社会环境的变化也会影响到特色产业集群的发展。自京津冀协同发展战略实施以来，京津冀区域在基础设施、区域协调发展、区域差异化发展方面均取得了一定的成果。

---

① 权威发布！8 年来，京津冀区域生产总值涨七成[N/OL]. 北京日报，https：//news. bjd. com. cn/2022/02/25/10047107. shtml.

② 区域空间结构优化　产业协同有序进行[EB/OL]. 河北新闻网，https：//baijiahao. baidu. com/ s?id = 1732283857958164652&wfr = spider&for = pc.

(一) 基础设施不断完善

京津冀区域内的交通基础设施网络不断完善，基本形成了以北京、天津为中心的大交通网络体系。京津冀的高速公路建设取得了显著成效，环京津区域高等级公路基本实现了全范围的覆盖。高铁网络建设进展顺利，"轨道上的京津冀"初步形成。京津冀核心区1小时交通圈、相邻城市间1.5小时交通圈基本形成。便利通达的交通极大程度地促进了北京、天津、河北之间的经济往来和人口流动，同时也为物流行业的高速增长提供了重要支撑。

(二) 区域协调水平逐步提高

京津冀区域逐渐建立起合作共赢、协同发展的区域经济协调机制，并对一些重点产业的协同发展进行了全新规划。如京津冀区域达成了"廊坊共识"，共同开发区域旅游资源。在这一过程当中，北京利用自身先进的管理经验，不断优化区域营商环境，充分发挥了对周围区域经济发展的辐射带动作用。京津冀区域产业活动更加活跃，北京产业外溢效应明显，区域产业分工格局初步形成。北京与天津、河北等地之间的战略合作更加频繁，区域发展形成优势互补的格局，优势产业间的合作交流机制不断完善，区域经济发展取得了丰硕的成果，区域协同形成具有推广价值的经典模式。

(三) 差异化发展格局初步形成

近年来，京津冀三地的区域定位与产业分工日益明晰。中部核心功能区是引领京津冀协同发展的核心区域，京津保区域率先开展联动发展，廊坊、保定两市合理承接产业迁移疏解；东部滨海发展区在强化港口群建设、加强港城联动基础上，重点发展战略性新兴产业、先进制造业和生产性服务业，发展势头强劲；南部功能拓展区重点承担农副产品供给、科技成果产业化和高新技术产业发展功能，经济实力不断增强；西北部生态涵养发展区不断强化生态保障、水源涵养、旅游休闲、绿色产品供给功能，促进区域社会经济发展。①

三、科技环境

创新是驱动发展的第一动力，也是特色产业集群实现高质量发展的重要

---

① 米彦泽. 区域空间结构优化　产业协同有序推进[N]. 河北日报，2022-05-09.

途径。特色产业集群所处的科技环境影响其吸收利用创新资源、引进研发先进技术、推动实现创新发展的能力。近年来，京津冀区域在合作网络建设、创新水平提升、科创领域合作等多个方面收效显著，为特色产业集群发展营造了良好的创新环境。

(一)科研合作网络日益完善

京津冀区域科研合作网络快速发展，网络密度不断加大。京津冀区域技术交易总量增长迅速，京冀技术合作力度大大加强。2013~2019年，北京与天津、河北的技术交易项数及成交额快速增长，京冀两地技术交易项数从2564项上升为3880项、技术交易额从34.91亿元上升为251.34亿元，分别增长了51.3%和620%。[①]

(二)创新水平不断提高

京津冀基础设施一体化水平提升，创新服务能力不断增强。北京作为全国科技创新中心、金融管理中心、大型金融机构总部所在地、国内外金融机构和组织聚集地，其强大的金融实力为京津冀区域技术进步提供了有力的支撑。2013~2019年，京津冀区域协同创新指数增长迅速。其中，北京的协同创新指数保持高速增长，在三地中增长幅度最大；天津的协同创新指数稳步增长，从2013年的440.48增长到2019年的506.86，增长了15%；河北的协同创新水平取得明显进步，协同创新指数从100增长到295.40，增长了195%。在研发产出方面，京津冀的SCI、SSCI和A&HCI论文数从2013年的171177篇增长至2019年的238743篇，增长了39.5%；专利申请数从2013年的171248件增长至2019年的408327件，增长了138.4%(米彦泽，2022)。[②]其中，北京不断加大对原始创新的投入，标志性科技成果不断涌现；高水平科技论文数量增长迅猛，"自然指数"排名全球第一。[③]

(三)科技创新领域合作取得实质性进展

河北与京津两地合作共建的科技园区、创新基地、技术市场、创新联盟

---

① 2013-2019年京津冀区域协同创新水平显著提高[N/OL]. 河北日报，http://tradeinservices. mofcom. gov. cn/article/difang/tongjisj/202203/131768. html.

② 米彦泽. 区域空间结构优化　产业协同有序推进[N]. 河北日报，2022-05-09.

③ 《京津冀协同创新指数2021》显示，2013-2019年京津冀区域协同创新水平显著提高[EB/OL]. 河北省科技厅，https://kjt. hebei. gov. cn/www/xwzx15/hbkjdt64/257179/index. html.

等科技创新载体超过 210 家，2019 年与北京达成的技术合同成交额为 214 亿元。① 在基础研究的区域协作方面，京津冀三地利用签署基础研究合作框架协议等方式，不断打破科研管理体制的条块分割，构建跨区域基础研究合作平台，充分发挥三地科研机构和院所协同创新的叠加效应，有效地促进科技创新资源的区域共享和科技创新成果的转化落地（米彦泽，2022）。②

◀ 第二节 ▶
京津冀特色产业集群的分类

近几年，京津冀区域产业集聚水平不断提高，形成了一系列具有鲜明特色与竞争优势的特色产业集群，构建起了以北京为核心的产业协同发展格局。京津冀区域已经拥有数百个各具特色的产业集群，涵盖时尚、民生、健康、制造、材料、配套、数字科技等各个领域，构建起了集传统产业与现代化高科技产业于一体的产业协同发展格局。京津冀特色产业集群数量众多、种类丰富，根据各特色产业集群的特点，本书将京津冀特色产业集群归纳为时尚消费、民生健康、材料延伸、中场配套、先进装备制造、数字科技六类。

一、时尚消费产业集群

时尚消费产业是京津冀特色产业集群的重要组成部分。京津冀区域时尚消费产业集群集服装织造等传统产业集群与现代化的数字、文化产业集群于一体，业务范围广泛，产业特色鲜明，在国内外市场上具有广泛的影响力。京津冀时尚消费产业集群涵盖数字信息、皮革、羊绒、纺织、家具、陶瓷等多个领域，形成了辛集市皮革产业集群、赵县纺织产业集群、正定县板材家具产业集群、唐山陶瓷产业集群、南宫羊剪绒毛毡产业集群、磁县童装加工产业集群、北戴河文化创意产业集群等多个特色鲜明的产业集群，形成了以

---

① 《京津冀协同发展报告 2022》显示：区域空间结构优化　产业协同有序推进［EB/OL］. 河北智库发布，https：//mp.weixin.qq.com/s?__biz=MzI4ODk0Njc2OQ==&mid=2247514838&idx=1&sn=00d20497608e1de69ac408e741c16e0c&chksm=ec3455e8db43dcfef69549fc096db6c2fb725f4633f8e89f7d60c0a151a96118a821a40dc0b6&scene=27.

② 米彦泽. 区域空间结构优化　产业协同有序推进［N］. 河北日报，2022-05-09.

服装织造为基础，数字化、智能化为方向的产业集群发展模式。

二、民生健康产业集群

民生健康产业是京津冀区域特色产业集群发展的重点，京津冀三地生物医药产业互补协作发展。其中，北京市生物医药产业形成了昌平生物制药和大兴生物制药两大特色产业集群，并且重点打造"北部基础研发、南部高端制造"的产业发展格局。北部区域依托中关村科学城发挥医药健康基础研究和前沿技术的科研优势，大力发展民生健康产业；南部区域依托经济技术开发区、大兴区在土地空间规划上的优势，引导企业和项目集中布局，打造产业聚集优势。天津市形成以滨海新区为核心，囊括泰达高端医疗器械产业集群、天津经开生物医药产业集群、天津大健康产业集群的区域特色产业集群。泰达生物医药研发大厦、融通大厦与开发区西区生物医药产业园等多家生物医药企业孵化器实现了联动式发展。河北省生物医药产业主要集中在石家庄、沧州、安国三个产业基地。此外，为积极承接京津及其他国内外知名企业生物医药产业转移，石家庄将高新区打造成为重点发展医药产业的园区；承德、廊坊、唐山、衡水、邯郸等区域也在依托医药骨干企业加快民生健康产业发展。①

三、材料延伸产业集群

材料延伸产业包括材料及其相关产品和技术装备的生产，涉及国家、企业与个人生产生活的方方面面，对京津冀区域经济发展有着重要的影响，是京津冀特色产业集群的重要构成。京津冀区域材料延伸产业集群种类丰富、构成多样，包含邯郸新型功能材料产业集群、晋州市装饰材料产业集群、灵寿县石材产业集群、海港玻璃及其深加工产业集群、山海关区金属材料产业集群、丰润区型材产业集群、玉田县废旧橡胶综合利用产业集群、丰南县焊管产业集群、抚宁玻纤产业集群、抚宁水泥产业集群等多个产业集群，产业集群规模庞大、产品覆盖范围广泛，在行业市场上具有重要的影响力。

---

① 借鉴|京津冀区域生物医药产业协同创新发展研究［EB/OL］．健康界，https：//www.cn-healthcare.com/articlewm/20201217/content-1172868.html.

四、中场配套产业集群

中场配套产业是指介于原材料制造业与最终产品制造业之间的零部件、元器件和中间材料制造业。京津冀中场配套产业涉及汽车及零部件、丝网、管道管件、铸造、轴承等领域，现已培育出包含天津大邱庄钢管产业集群、北京经开集成电路产业集群、正定县机械制造产业集群、秦皇岛开发区汽车及零部件产业集群、迁西铸造产业集群、安平丝网产业集群等在内的多个极具竞争力的特色产业集群。

五、先进装备制造业集群

先进装备制造业是指我国装备制造业中重点发展的富含技术性的装备制造业。先进装备制造业是不断吸收信息、机械、材料以及现代管理等方面的高新技术，并将这些先进的技术综合应用于制造的各个环节和全过程，实现优质、高效、低耗、清洁、灵活生产，从而取得很好的经济、社会和市场效益的制造业总称，涉及航空航天、清洁能源及环保装备、新能源汽车、机器人等领域，包含通用设备、专用设备、航空航天、电气机械和器材、汽车制造、金属制品、仪器仪表等 14 个大类行业，是京津冀特色产业集群的重要组成部分。京津冀先进装备制造产业集群包括北辰高端装备制造产业集群、天津氢能产业集群、中关村新能源汽车产业集群、丰台轨道交通产业集群、邯郸现代装备制造创新型产业集群、秦皇岛开发区装备制造产业集群等。

六、数字科技产业集群

数字科技产业是京津冀特色产业集群发展的重点方向，也是数字经济发展的核心产业。数字科技产业涵盖计算机、信息、通信、网络、数据、智能设备、航空卫星、电子元器件等多个方面的内容。京津冀数字科技产业集群主要包括北京亦庄数字电视和数字内容产业集群、北京中关村移动互联网创新型产业集群、海淀区中国 IT 产业集群、北京海淀区人工智能产业集群、天津网络信息安全和产品服务产业集群、三河电子信息产业集群、张北云计算产业集群等。

◀ 第三节 ▶

京津冀特色产业集群发展现状分析

经过多年发展，京津冀区域内特色产业集群成果颇丰。本节分析目前京津冀特色产业集群的发展成效，并从空间布局、产业结构、行业分布等方面总结京津冀区域特色产业集群的发展现状，归纳其发展特征。

一、京津冀特色产业集群取得的成效

分区域来看，北京市特色产业集群发展在京津冀乃至全国都处于领先地位，涉及互联网、新能源汽车、医药健康、数字信息、人工智能等多个领域，产业集群覆盖面广、竞争力强，是京津冀区域特色产业集群发展的核心支撑。北京市特色产业集群发展迅速、成果喜人，主要以第二产业为主，在中关村、丰台区、海淀区、大兴区、昌平区等地形成了中关村移动互联网创新型产业集群、海淀区中国 IT 产业集群、昌平生物制药产业集群等多个实力强劲、特色鲜明的产业集群。北京市特色产业集群发展对第二产业的带动作用十分明显，生物医药及计算机、电子和其他电子设备制造业等行业已经成为北京市第二产业增长的主要动力。2021 年北京市全年实现工业增加值 5692.5 亿元，比上年增长 31.0%，其中医药制造业增速达 252.1%，增加值占到区域规上工业增加值的 30.2%；计算机、电子和其他电子设备制造业也增速明显，达到 19.6%，增加值占到区域规上工业增加值的 9%。2021 年北京市特色产业集群主要产品产量增幅明显，其中微型计算机设备产量达到 647.3 万台，增长 16.9%；集成电路产量达到 207.7 亿块，增长 21.7%；医疗仪器设备及器械产量达到 97787 台，增长 7.3%；智能手机产量达到 11624.5 万台，增长 17.1%；中成药产量达到 3.8 万吨。[①] 北京市要优化经济结构、打造引领国际的支柱产业，离不开特色产业集群的助力，只有构建优势突出、特色鲜明、实力强大、竞争力强的特色产业集群，形成行业发展合力，才能够充分发挥北京市产业发展优势，打造具有国际竞争力与全球影响力的医药健康产业与

---

① 北京市 2021 年国民经济和社会发展统计公报［EB/OL］. 北京市人民政府，http：//www. beijing. gov. cn/gongkai/shuju/tjgb/202203/t20220301_2618806. html.

新一代信息技术产业。

　　天津市特色产业集群有着得天独厚的发展条件，特色产业园区建设完善、公共服务水平较高、城市环境宜居、教育资源丰富、地理位置优越、交通体系完备、货运物流便捷，在电子商务、商贸物流、智能制造等方面极具发展优势。近年来，天津市特色产业集群发展不断取得新的成果，在北辰区、滨海新区、静海区等地形成了多个竞争力强的特色产业集群，主要涉及生物医药、装备制造、新能源、信息安全等高新技术产业领域，目前已成为天津市经济发展的动力源泉。2021年天津全市第二产业增加值为5854.27亿元，增长6.5%，其中医药制造业增加值增长18.9%，计算机、通信和其他电子设备制造业增长13.1%。生物医药、信息安全等特色产业集群不断壮大，各产业集群的主要产品产量也在飞速增长。2021年天津市中成药产量达到20171.9吨，增长32.3%；电梯产量70811台，增长23.6%；新能源汽车产量达到25784辆，增长54.3%；光缆产量达到508.93万芯千米，增长28.4%；集成电路产量达到29.84亿块，增长53.2%；生产电子元件9910.35亿只，增长14.8%；生产锂电池9.21亿只，增长26.1%。①

　　河北省环绕北京、天津两地，特色产业集群发展具有明显的区位优势，京津冀协同发展、雄安新区建设、冬奥会筹办等重大国家战略和国家大事深入实施，为河北省区域特色产业集群发展带来了诸多机遇。河北省县域特色产业凭借区位条件、政策优惠等发展优势，逐步筑牢产业基础、壮大发展规模。一方面，目前河北省县域特色产业集群已实现县域全覆盖，涵盖装备制造、食品、建材、汽车、纺织服装、石化等行业。截至2020年，河北省共拥有280个产业集群，营业收入高达23485.9亿元，同比上升15%。② 2021年河北省县域特色产业集群逆势前行，营业收入增长15%以上，超百亿元产业集群达到76个，③ 产业规模不断发展壮大。另一方面，河北省部分县域特色产业集群在品牌建设、市场份额、创新发展方面在国内占据重要地位，产业优势突出。目前，河北省县域特色产业科技型中小企业突破1.1万家，拥有各类创新平台116个，现已培育发展了安平丝网、文安人造板、枣强复合材料、大营裘皮等11个特色产业，安平丝网、盐山和孟村管道低压管件等产品占据

　　① 2021年天津市国民经济和社会发展统计公报［EB/OL］．天津市人民政府，http：//www. tj. gov. cn/sq/tjgb/202203/t20220314_5828933. html.

　　② 沧衡石优秀! 2020年度河北县域特色产业振兴工作考核结果出炉［EB/OL］．长城网，http：//heb. hebei. com. cn/system/2021/06/17/100695895. shtml.

　　③ 两会观察｜让特色产业"特"起来［EB/OL］．河北省工信厅，http：//gxt. hebei. gov. cn/hbgyxxht/xwzx32/snxw40/897146/index. html.

国内市场份额的 80% 以上。① 2021 年河北省第二产业增加值为 16364.2 亿元，增长 4.8%，其中医药制造业增长 14.0%，专用设备制造业增长 13.6%，汽车制造业增长 7.0%，计算机、通信和其他电子设备制造业增长 22.4%。特色产业发展迅速，生物医药健康产业增加值增长 12.7%，新能源产业增长 10.8%，信息智能产业增长 18.7%，新材料产业增长 6.7%，特色产业集群发展收获颇丰。同时，特色产业集群产品产量不断增长，其中中成药产量达到 35393.7吨，增长 7.9%；金属切削机床产量达到 4235 台，增长 166.5%；汽车产量达到110 万辆，增长 12.8%；电力电缆产量达到 4065778.6 千米，增长 36.1%②。目前，河北省已在石家庄、唐山、邯郸、保定等地形成了涵盖医药、数字、能源、机械、纺织、皮革、冶金等诸多领域的特色产业集群，产业集群范围广泛、数量众多，多个产业集群在国内乃至国际市场上都占有一席之地。

总体来看，京津冀区域特色产业集群已经构建起了合理有效的产业协同发展体系。在京津冀协同发展战略的支持和推动下，京津冀特色产业集群发展已经取得了一定的成果。自京津冀协同发展战略提出以来，北京坚持以疏解非首都功能为核心目标，不断向外疏解产业，形成了北京疏解，天津、河北承接的产业转移路径，帮助河北、天津发展特色产业集群，提升区域产业集群竞争力。目前，京津冀三地产业协同已经形成了明确的路线，从最初的北京产业疏解、津冀产业承接，到产业协作、共建产业园区，再到打造区域全产业链、推动产业链与创新链的深度融合③，特色产业集群发展不断取得新的成果。

二、京津冀区域特色产业集群的空间布局及产业结构

（一）空间布局

从京津冀区域整体来看，京津冀特色产业集群在空间上形成了以北京为核心、天津为次核心、河北为辅助的特色产业集群分布格局。北京汇集众多高精尖产业，形成了多个特色鲜明、技术水平高、竞争力强的特色产业集群，对京津冀区域特色产业集群发展具有辐射带动作用，是京津冀特色产业集群

---

① 河北省特色产业发展"十四五"规划［EB/OL］. 河北省工信厅，http：//gxt. hebei. gov. cn/hbgy-hxxht/zcfg30/snzc/894225/index. html.

② 河北省 2021 年国民经济和社会发展统计公报［EB/OL］. 河北省统计局，http：//www. hetj. gov. cn/cms/preview/hetj/app/tjgb/101642400676359. html.

③ 三地深度融合下好产业"一盘棋"［N/OL］. 天津日报，http：//k. sina. com. cn/article_3546332963_d360bf23020015u95. html.

发展的"领头雁"。虽然天津为次核心，特色产业集群的技术水平与竞争力相对于北京来说稍逊一筹，但整体来看，技术水平仍处于较高层次，特色产业集群竞争优势明显、特色鲜明，是京津冀区域特色产业集群发展的重要组成。河北省特色产业集群数量众多、种类丰富，但以传统产业为主，技术水平与竞争力相对于北京与天津来说偏低，仍有很大的升级空间，是京津冀特色产业集群的重要补充。

北京市特色产业集群在空间布局上与北京城市总体规划紧密相连，顺应北京市推动区域特色化、差异化、联动化的发展方向，形成了"一区两带多组团、京津冀产业协同发展"的发展格局。在经济技术开发区，围绕新一代信息技术、高端汽车和新能源智能汽车、生物技术和大健康、机器人和装备制造四大主导产业，会聚了全球40多个国家和地区的近3万家企业，区内形成了高端汽车、产业互联网、集成电路等多个产业集群。在北部海淀、昌平、朝阳、顺义等区，构建了以中关村为核心，涵盖多个领域与行业的特色产业集群，区域内包含中关村移动互联网创新型产业集群、海淀区中国IT产业集群、北京海淀区人工智能、北京昌平生物制药等多家技术先进、规模突出的特色产业集群，打造研发创新与信息产业带。在南部丰台、大兴、房山等区，构建了北京大兴生物制药、亦庄数字电视和数字内容产业集群、丰台轨道交通产业集群，围绕打造先进智造产业带的发展方向，不断向前发展。此外，北京市还计划在通州区、石景山区以及生态涵养区发挥区域资源优势，聚焦细分领域打造一批特色鲜明、具有国际竞争力的特色产业集群。

天津市特色产业集群分布遵循生态优先、产业集聚、资源节约、城产融合、区域协同的原则，形成了"两带集聚、双城优化、智谷升级、组团联动"的产业空间结构。① 依托京津高新技术产业带和临海先进制造产业带，大力发展海洋装备、新一代信息技术、新能源汽车、生物医药等产业，构建起了天津经开生物医药产业集群、天津高新区新能源产业集群等多个产业集聚效应突出、产业特色鲜明、技术含量高的特色产业集群。依托天津市绿色生态屏障，以海河教育园区为核心，推进产业升级，重点发展人工智能、新能源、新材料、生物医药、高端装备等主导产业以及相关生产性服务业。以天津宝坻经济技术开发区、天津宁河现代产业区、天津子牙经济技术开发区、天津市蓟州经济开发区等重点开发区为主要载体，整合联动周边若干园区，打造多个特色产业集群，形成承接北京、对接河北的重要支点，推动京津冀区域

---

① 首划"三区一线"天津工业布局规划出台［EB/OL］. 央广网，https：//www.cnr.cn/tj/jwbb/2022
0711/t20220711_525909390. shtml.

特色产业集群协同发展，带动区域经济增长。

河北省特色产业集群数量众多、覆盖范围广，广泛分布于省内各个市县，涵盖钢铁、装备制造、石化、食品、纺织服装、建材、医药、电子信息、汽车以及新能源、家具、文旅等行业。从空间上来看，河北省特色产业集群整体呈西南多、东北少的特征，特色产业集群主要集中分布于河北省南部的石家庄、沧州、邢台、邯郸等市，特色产业集群数量占河北省的五成以上，营收占河北省特色产业集群总营收的六成以上。河北省特色产业集群普遍以中低技术复杂度的传统产业起步，凭借自然资源禀赋、地理气候条件及区位优势，在龙头企业的带动下迅速发展。从河北省县域产业集群区域分布情况来看，到 2020 年，县域产业集群已覆盖全省 121 个县(市)、沧州市、邢台市、邯郸市是河北省县域特色产业集群的主要集聚区，三市拥有的产业集群数分别为 45 个、44 个、32 个，产业集群个数占全省的 43.2%；石家庄市、廊坊市、保定市、衡水市产业集群的个数均超过 20 个，占河北省的 35%；承德市、张家口市、唐山市产业集群的个数均超过 10 个，占河北省数量的 14.6%；秦皇岛市是全省唯一一个产业集群数量为个位数的地级市，仅有 6 个。河北省特色产业集群发展主要以传统产业为主，北部区域特色产业集群主要以重工业为主，重点发展钢铁、装备制造、化工、建材、新能源与新材料等优势产业。同时，河北省大力发展民生健康产业、数字技术产业等新兴产业，在石家庄、廊坊、邢台等地形成了多个新兴产业集群。

(二)产业结构

京津冀特色产业集群以发展制造业为主。整体来看，京津冀特色产业集群产业结构主要以高精尖产业为主导，以传统产业为基础，在生物医药、信息技术、计算机、纺织、冶金、能源等多个领域均取得发展成果。特色产业集群的发展有利于优化区域产业分工和产业布局、加快产业转型升级，是京津冀协同发展战略的内在要求。近年来，京津冀区域特色产业集群产业结构整体呈现传统产业占比逐渐下降、高新技术产业占比逐渐上升的趋势。

北京市特色产业集群以数字科技产业与民生健康产业为主，主要由高精尖产业集群构成，产业集群技术水平高、竞争力强，是京津冀区域特色产业集群发展的主导力量，对京津冀特色产业集群产业结构有着重要影响。天津市特色产业集群以数字科技、民生健康和先进装备制造产业为主，具有较强的比较优势，是京津冀区域特色产业集群发展的重要动力。河北省特色产业集群数量较多，至 2020 年，河北省县域特色产业集群数量达到 280 个，在民生健康、时尚消费、中场配套等多个方面均有涉及(见表3-1)。全省 280 个县域特色产业集群中,传统产业占比达到六成以上,数字科技与现代装备两大战略支撑型特色产业集群仅有 27 个,占比不足 10%。特色产业集群营业收入的主要来源仍是装备制造、钢铁、医药、建材、食品及石化等传统行业,战略性新兴产业集群营业收入在全省特色产业集群营收中仅占 1%。河北省特色产业集群以中小集群为主,河北省县域特色产业集群中千亿级集群仅两个,百亿级产业集群仅有 60 个,30 亿元以下产业集群数量达到 110 个,规模优势不明显,集群发展仍存在很大空间。总体来看,河北省特色产业集群中传统产业占比较高,特色产业集群构成仍是以低端的资源型产业与劳动密集型产业为主,产品构成单一、附加值低、市场竞争力与影响力偏低、竞争优势薄弱,特色产业集群发展步履维艰。省级 107 家重点产业集群中传统产业占比超过七成,战略性新兴产业占比小,战略性新兴产业发展水平仍有待提高(见表 3-2、表 3-3)。

表 3-1 河北省县域特色产业集群六大分类情况

产业类别	集群个数	集群占比(%)	2020 年总营业收入(亿元)	营收占比(%)
时尚消费	74	26.4	6158.8	26.2
民生健康	57	20.4	2924.7	12.5
材料延伸	58	20.7	7463.7	31.8
中场配套	64	22.9	5486.8	23.4
现代装备	22	7.9	1213.0	5.2
数字科技	5	1.8	238.9	1.0
合计	280	—	23485.9	—

资料来源:背景材料 1:关于六大产业分类的说明及基本情况,河北省工业和信息化厅,2021。

表 3-2 河北省重点县域特色产业集群六大分类情况

产业类别	集群个数	集群占比(%)	2020 年总营业收入(亿元)	营收占比(%)
时尚消费	35	32.7	5075.6	36.4
民生健康	24	22.4	2205.4	15.8
材料延伸	10	9.3	1239.0	8.9
中场配套	27	25.2	4548.3	32.6
现代装备	7	6.5	657.6	4.7
数字科技	4	3.7	228.0	1.6
合计	107	—	13953.9	—

资料来源:背景材料 1:关于六大产业分类的说明及基本情况,河北省工业和信息化厅,2021。

表 3-3　河北省县域特色产业集群情况（按传统行业分类）

行业	集群数（个）	集群占比（%）	2020 年总营业收入（亿元）	营收占比（%）
钢铁	10	3.6	4372.1	18.6
装备制造	72	25.7	6033.0	25.7
石化	23	8.2	1621.2	6.9
食品	48	17.1	1931.4	8.2
纺织服装	31	11.1	3460.2	14.7
建材	32	11.4	2109.4	9.0
医药	5	1.8	904.5	3.9
电子信息	4	1.4	159.4	0.7
汽车	17	6.1	1245.7	5.3
新能源、家具、文旅等其他	38	13.6	1649.0	7.0
合计	280	—	23485.9	—

资料来源：背景材料 1：关于六大产业分类的说明及基本情况，河北省工业和信息化厅，2021。

三、京津冀区域特色产业集群的发展特征

京津冀区域特色产业集群立足于本区域的发展环境，形成了独特的发展模式，呈现出独有的发展特征。本书将京津冀区域特色产业集群的发展特征归结为以下三点：

（一）集群规模不断扩大，部分产业具有明显竞争优势

历经 40 多年的发展，京津冀区域特色产业聚集现象越来越明显，产业规模快速扩张，不少特色产业成为当地的支柱产业，对本地经济发展发挥着不可替代的作用。京津冀区域特色产业集群已经形成了一定的集群规模优势，特色产业发展能力明显提升。

京津冀区域内部分特色产业在国内外市场占有很大的市场份额。例如，高阳是中国最大的毛巾生产地，全年毛巾生产量达 50 亿条，占据全国 1/3 的市场份额；自 2013 年以来，国际田径运动会标枪和接力棒均为定州市企业制造，此外，定州企业还参与了 2022 年北京冬奥会短道速滑和花样滑冰比赛场地防护垫的生产和供应；曲周天然色素产销量稳居中国之首，辣椒红色素、辣椒油树脂、叶黄素产销量世界第一；廊坊市大城县绝热节能材料产业集群

是全国唯——个产业高度集中的生产及销售基地，玻璃棉及制品约占全国产能的56%，橡塑产品约占全国产能的40%。①

(二)特色产业发展历史悠久，形成本地根植性特征

京津冀区域自然资源丰富、文化底蕴深厚，特色产业发展具有悠久的历史。早在殷商时代，辛集就成为中国皮毛业的发祥地，"比干制革广川郡，回龙镇上买轻裘"的民间谚语更是描绘了辛集皮革产业的起源与发展，到明代形成了完整的生产交易体系，"夜不闭城，日进斗金"是当时的真实写照；清代辛集皮毛业拥有300多家作坊和门店、24座外国商行，具备了今天辛集皮革产业集群的雏形。② 素有"草到安国方成药，药经祁州始生香"之美誉的安国市，药业发展源远流长，源自北宋，发展于明清，并绵延至今，其中药种植文化已经传承千年，是国务院命名的"中国中药材之乡"，冠以"天下第一药市"驰名海外。安平的丝网产业也早在明代中叶就已经聚集了大量以丝、棕等为原料的丝网作坊，并"远贩海外，与五洲商旅交游"，成就了其500多年的发展史。

在社会文化、资源禀赋、企业网络等因素的交互作用下，京津冀区域经济发展开始依赖当地资源优势，企业开始从事不同特色产业产品的生产、加工、销售等活动，使大量企业聚集在特定的区域范围内，形成了安国中药材、安平丝网、清河羊绒等闻名全国的特色产业集群。这种作用也可以称为根植性特征，集群根植性具有社会和网络的特征，强调集群与区域的社会文化和经济主体之间的联系，体现的是集群扎根本地的性质，反映出集群对区域的依赖程度(霍苗等，2011)③。河北省县域特色产业集群的发展恰好表现出了这种根植性。

(三)企业交互关联成网，形成协同发展体系

京津冀区域特色产业集群中，众多企业上下游关系紧密，已形成完整的产业链条。例如，隆尧食品集群内众多企业往往通过生产系统形成本地网络，网络中的主体之间以正式或非正式的关系，频繁地进行着商品、服务、信息、劳

---

① 背景材料2：六大产业分类发展重点产业集群背景资料，河北省工业和信息化厅，2021。
② 辛集："千年皮都"打造千亿级特色产业集群[EB/OL]. 河北资本，https://mp.weixin.qq.com/s/M7KnVVSpHjhAPlH83vrZXA.
③ 霍苗，李凯，李世杰. 根植性、路径依赖性与产业集群发展[J]. 科学学与科学技术管理，2011，32(11)：105-110.

动力等贸易性或非贸易性的交易、交流和互动，共同促进产业集群持续创新。①

　　此外，京津冀特色产业已经形成大规模制造基本盘优势，许多产业集群依靠制造优势，不断吸引产业链上下游企业集聚。在产业技术上，讲究利用适用性的技术，通过消化国内外技术，整合出自己的设备和工艺；在产业组织上，大多数产业采取集群发展模式，集群内形成合理分工、专业配套，许多创新资源和服务型资源在集群内实现共享；在集群形态上，集群内龙头企业较为缺乏，主要以中小企业为主，整体呈现出灌木型的产业集群结构。此外，多年的发展使河北省特色产业组建出了一支经验丰富、人数众多的涵盖管理者、技术人员和营销人员的队伍，这为河北省特色产业发展打造了坚实基础。

---

　　① 背景资料3：县域特色产业基本情况介绍，河北省工业和信息化厅，2021。

第四章
Chapter 4

京津冀特色产业集群高质量发展
影响因素的实证分析

特色产业集群是由与某一产业相关的、相互之间具有密切联系的企业及其他相应机构组成的有机整体。特色产业集群的发展会受到多种因素的共同影响。本章详细阐述特色产业集群高质量发展的影响机理，利用部分城市特色产业集群的数据，通过实证方法研究特色产业集群高质量发展的影响因素。

◀ 第一节 ▶
特色产业集群高质量发展的影响机理

特色产业集群高质量发展是一个复杂的过程，会受到诸多因素的影响，且不同因素会对产业集群发展造成不同影响，本书将特色产业集群高质量发展的影响机理归结为以下三种。

一、集聚效应

集聚效应是指资本、劳动力等生产要素集聚能够提高企业生产经营过程中的效率，为产业整体带来更高的收益。现代工业生产在空间上的集中性是集聚效应产生的重要原因，企业在生产经营的过程中，生产工具的转移成本高昂，而生产资源和产成品的转移成本相对较低，因此企业经营成本主要来源于生产资料和产成品的转移。同类企业或者同一产业链上下游不同环节上的企业在空间上的集聚能够使彼此距离接近，从而有效地降低生产资料在流通过程中产生的运输成本和库存成本；同一产业链上的企业能够合作共建产品交易市场和原料供应市场，降低企业的生产成本和交易成本；企业在空间上的聚集使企业间的信息交流更加便捷，从而降低企业收集信息所需要付出的时间成本和劳动成本，即降低信息成本；企业集聚也会吸引大量劳动力流入，减少企业搜寻劳动力所需要付出的成本。总之，各类企业聚集能够帮助企业提高经济效益，提升产业整体的收益能力，形成区域优势产业。

形成发展优势的产业能够进一步吸引劳动力和资本等生产要素流入，进而实现生产资源集聚化。大规模的生产资源集聚有利于提高产业生产效率，从而进一步扩大产业竞争优势。优势产业的发展也会不断催生新的产品与新的企业，创造更多的生产需求与就业机会，进而吸引更多的生产资源集聚，带动产业整体的发展。此外，企业在空间上的集聚能够推动规模化运营，减少企业在劳动力培训和生产技术创新方面的投入，降低企业内部成本；同时，有利于提高公共服务资源利用效率，减少企业的外部成本，提高产业运行效率。

企业在空间上的集聚也能够促进企业之间的分工与合作，帮助企业明确发展定位和发展目标。同一产业集群内的企业能够更好地实现生产信息的交流与沟通，发现企业的比较优势，通过比较优势确立企业在产业链中的定位，并将生产资源投入到有优势的生产活动中，形成产业分工，实现专业化生产，提高区域内产业生产资源的投入效率。企业专业化生产方式的形成也能够加强不同企业间的交流与合作，通过产业链上下游企业间的纵向合作与产业链同一层次上的不同企业间的横向合作，扩大规模经济，推动产业结构升级，提高生产资源利用效率，推动优势产业的形成与发展。

二、技术进步

熊彼特在《经济发展理论》中提出："创新不是孤立事件，并且不在时间上均匀分布，而是相反，它们趋于群集，或者说成簇地发生。"成功的创新能够帮助企业率先确立竞争优势，在产业内产生"头羊效应"，推动相同或相近的企业进行创新活动，带动区域内产业整体创新水平的提高。

企业生产技术的进步能够推动新产品的出现与生产效率的提高，帮助区域产业扩大竞争优势，提高优势产业的市场影响力与竞争力。消费者的消费需求会随着时代的变化而变化，在信息化时代，消费需求的主观差异性更加明显。生产技术水平的提高使产品的生命周期普遍缩短，消费者对于商品的需求更加多样，消费需求不断更新换代，这就要求企业要有较高的产品升级换代能力。技术进步是企业满足市场需求、形成竞争优势的重要途径，企业生产技术的进步使其能够生产的产品种类增多、产品质量提升，通过多样化、高水平的生产能力满足消费者多层次、高质量的消费需求，从而提高产品在市场上的竞争力与认可度，打造供给层面的产业竞争优势，使企业在市场上拥有强劲的竞争力与影响力。

技术进步主要通过技术创新、技术扩散、技术转移与引进三种途径来实现。首先，技术创新是区域优势产业扩大竞争优势的重要手段，产业技术创新能力的高低直接关系到本区域产业与其他区域相近产业相比是否拥有竞争力。技术创新能力高的企业能够生产更新颖、更高质量的产品，能够以高水平的供给带动市场上新需求的产生，从而形成产品供给优势。同时，生产技术的创新也能够帮助企业降低生产成本、提高生产效率，生产效率的提高使企业在市场竞争中能够获得更高的收益，因此企业更愿意把资金投入到产品的再生产与研发过程中，形成良性循环。其次，技术扩散能够帮助区域优势产业进一步扩大竞争优势。产业内创新能力高的企业在生产经营的过程中会产生示范效应，从而带动产业整体创新能力的提高；创新能力高的企业也会吸引创新资源汇聚，形成溢出效应，为区域内落后企业带来更多的创新资源，提高产业整体的创新能力。最后，技术转移与引进是产业实现技术进步、加速结构优化升级的重要途径。区域产业发展可以通过引进新技术来提高产业的生产效率，帮助企业形成供给优势，推动区域优势产业的形成。

三、政策制度

区域优势产业的形成与发展离不开政策制度的支持与帮助。政府在资金、劳动力制度等方面出台的政策会直接影响到产业生产要素的供给与利用，市场监管与销售等方面的政策则会直接影响到企业的经营方式和市场竞争力，使企业不断调整经营战略，进一步影响到产业集群整体的发展方向。

区域产业政策制度的制定与实施能够促进产业集群的发展。第一，能够促进生产资源的流通，提升生产资源配置效率。企业在生产经营过程中难以获取到市场上的所有信息，而政府相比企业掌握更多的信息资源，可帮助企业更好地把握市场动向。因此，政府可以通过制定与实施产业发展相关政策，充分发挥信息优势，助力企业发展。合理有效的产业政策能够帮助企业调整生产资源配置方式，从而实现生产资源在企业之间的优化分配，提高生产资源利用效率及企业生产效率。第二，能够引导区域内产业结构升级优化，推动优势产业的形成与发展。产业结构直接影响着区域内产业的竞争优势与发展前景，高级合理的产业结构能够促进生产资源优化配置，推动不同企业间的协同合作，帮助区域内产业延伸并完善产业链条，从而构建全方位、多层次的产业格局。第三，能够弥补市场缺位，提高市场效率。优势产业在市场机制的引导下容易出现垄断、恶性竞争、外部不经济等阻碍产业发展的弊端，合理的产业政策能够解决市场失灵带来的问题，提高优势产业生产经营效率，实现优势产业整体经济效益的最大化。第四，能够帮助优势产业保持竞争优势，实现持续发展。优势产业的发展是一个长期的过程，在这个过程中原有的优势会不断减弱，要想实现持续发展，必须引入新技术、推出新产品，为产业发展注入源源不断的动力。政策制度支撑企业进行基础研发，帮助企业引进和吸收先进的生产技术，推动优势产业实现生产技术的升级进步。

◀ 第二节 ▶

特色产业集群高质量发展的核心要素

　　特色产业集群想要实现高质量发展，需要明确发展方向，找到影响特色产业集群高质量发展的核心要素。本书认为，影响特色产业高质量发展的核心要素主要有市场、生产效率、营利能力、营商环境四个方面。

一、市场

　　市场是特色产业集群生产经营的重要基础，特色产业集群想要实现高质量发展，离不开市场条件的支撑。从消费市场来看，特色产业集群生产出的商品只有在消费市场上出售才能够取得生产经营的经济效益与利润，通过销售产品回笼资金，以投入到下一步的生产经营当中，实现特色产业集群生产经营的循环；从原料市场来看，特色产业集群的生产需要一定的生产原料，而原料的供给直接取决于原料市场上的供求关系。特色产业集群在原料市场上的影响力与议价能力直接影响产品的生产成本，进而影响到特色产品的集群的产品定价与销售利润。

　　特色产业集群的市场影响力关系到特色产业集群的竞争力与营收能力，是特色产业集群高质量发展不可忽视的重要影响因素。特色产业集群的市场影响力受到多方面因素的影响。首先，特色产业集群的生产规模是产业集群市场影响力的重要影响因素。特色产业集群的规模大小直接反映出产业集群在市场上的认可程度与影响能力。集群生产规模越大，集群内的企业数量越多，能够生产的产品数量就越多，在销售市场上的话语权与影响力就越大。此外，生产规模的大小还会影响特色产业集群生产活动中所需要的原料数量。特色产业集群生产规模越大，所需要的原料数量就会越多。原材料需求扩大，产业集群在原料市场上的议价能力就会随之提高，在原料市场上的影响力也会不断提升。其次，市场占有率也是特色产业集群市场影响力的重要影响因素之一。市场占有率越高，企业在市场上的话语权就越大，生产经营活动对市场的影响程度就越大，产业集群的市场竞争力就越高。最后，特色产业集群的盈利能力也关系到产业集群的市场影响力。特色产业集群的盈利能力越好，在市场上能够调整的空间就越大，就能够随着市场环境的变化及时做出相应的调整，产业集群的市场影响力也会随之提升。

二、生产效率

特色产业集群的生产效率是特色产业集群实现高质量发展的核心影响因素。特色产业集群的生产效率受到专业分工、创新能力等多方面因素的共同影响。

产业分工是指一定的生产经营主体、群体在产业、行业的整个生产过程流中所承担的任务或扮演的角色。从产业集群整体来看，特色产业集群是一个由多个企业和组织共同构成的整体，集群内的各企业和组织之间不是同质关系，而应该是各司其职、协同发展的分工合作关系，合理有效的分工合作能够减少产业集群内部的竞争与矛盾，破解产业集群在生产经营过程中存在的内耗问题，促进特色产业集群高质量发展。从集群内部的企业来看，首先，合理高效的分工合作体系能够帮助大企业摆脱盲目"摊大饼"式的全面化生产方式，将上游产品和生产规模较小的产品的生产活动分离出去，由产业集群内的其他企业负责生产和供给，整合企业内部资源，将其投放在主要产品的生产经营活动中。一方面，通过资源整合，将创新资源与生产资源集中在主要产品的生产上，提高企业在主要产品上的生产效率与创新能力，推动企业实现专门化发展。另一方面，可降低企业在非主要产品的生产与经营过程中的非必要成本，减少企业在非主要产品上的生产资源投入，提高企业的生产效率与营利能力，增强企业的市场竞争力。其次，产业集群内部分工体系的构建能够帮助中小企业摆脱生产规模小、市场影响力弱的尴尬局面。通过专门化分工的形式，帮助中小企业找到自身发展的立足之地，通过向集群中的大企业提供上游产品与辅助产品等方式，减少中小企业在市场竞争中的压力与资源损耗，集中有限的生产资源投入到产品的生产经营中，从而提高中小企业自身的生产效率。

　　特色产业集群的创新能力是指特色产业集群通过各种方式，运用知识与人力资源，帮助产业集群创造或满足市场需求，扩大集群竞争优势的能力。特色产业集群的创新能力受到多方面因素的共同影响。首先是市场因素。特色产业集群生产的产品由于其特色所在，天然存在独有的竞争优势，但这种特色会随着生产技术与市场环境的不断变化与发展逐渐淡化。因此，特色产业集群要不断推陈出新，顺应市场的需求，打造符合消费者需求的产品，提高产品的市场认可度，如此才能保持乃至进一步扩大集群竞争优势，提高产业集群的市场竞争力。其次是技术因素。生产技术的创新能够帮助产业集群发扬集群特色、扩大竞争优势。特色产业集群的发展要通过技术研发、产品设计、生产制造等方面的创新，淘汰产业集群原有生产方式中落后的部分，打造产业集群创新体系，形成现代化、高效率的生产方式。此外，创新是一种综合性的活动，需要特色产业集群充分利用市场、技术等各方面的资源，将各种资源整合利用起来，任何单方面因素中的创新都不能形成完整的创新活动，都不足以支撑产业集群长期稳定的发展。只有在产品创新、技术创新的基础上，完成生产、销售等一系列经营活动，成功地将创新成果转化为现实的产品并在市场上售出，得到市场消费者的认可，在市场上创造出相应的需求，才能算是完整的创新活动。因此，特色产业集群对于资源的整合利用能力也是影响其创新能力的重要因素，任何一次成功的创新活动，都是充分整合优化各方资源并将其充分利用的过程。

三、营利能力

　　营利能力是反映特色产业集群竞争力的最直观的指标。一个具有竞争力的特色产业集群，必然有着较好的营利能力，只有产业集群营利能力不断提高，产业集群才能够有更多的资本与资源继续投入到生产与研发过程中，实现特色产业集群规模的扩张与生产技术的不断创新，推动产业集群实现高质量发展。分析一个特色产业集群的营利能力，首先应该看其能够创造多大的利润。特色产业集群的总利润为总收入减去总成本，因此产业集群的总收入是影响产业集群营利能力的一个重要因素。特色产业集群的总收入能够直接反映一个产业集群规模的大小，进而反映产业集群在市场上的影响力。一个规模庞大的产业集群在市场上往往有着较强的控制力与竞争优势，拥有更大的市场影响力与竞争力，使产业集群拥有更大的营利空间和较高的营利能力。

　　特色产业集群的营利能力还受到企业生产经营成本的影响。产业集群的生产经营活动会产生各种各样的成本，本书结合各种成本的特征，将其分为生产成本与交易成本两大类：

生产成本也称制造成本，是指生产活动的成本，即企业为生产产品而发生的成本，是衡量企业生产技术与管理能力的重要因素。生产成本包括各项直接支出和制造费用。直接支出包括直接材料、直接工资、其他直接支出；制造费用是指企业内的分厂、车间为组织和管理生产所发生的各项费用，包括分厂/车间管理人员工资、折旧费、维修费、修理费及其他制造费用。特色产业集群能够方便企业与上游原料市场及中间产品生产企业进行交流和沟通，帮助企业以更低的价格买到生产原料，降低企业的直接材料费用，节约生产成本。此外，产业集群内部各企业也可以通过共建废料处理等生产配套设施，分摊生产成本，提高产业企业利润，增强特色产业集群的营利能力。

交易成本又称交易费用，是产业集群在生产环节之外为了达成交易关系、促进产品交易所产生的搜寻信息的成本、协商与决策成本、契约成本、监督成本、执行成本与转换成本等。特色产业集群的形成能够加强产业链上下游产业之间的联系，同时将不同产业之间交流沟通的外部成本内部化，降低企业在市场上搜寻信息、达成交易关系等过程中产生的成本，提高企业的生产经营利润，进而提高特色产业集群整体的营利能力。此外，产业集群内部生产同类产品的企业可以通过组建企业联盟，统一进行产品的销售，从而减少各企业的销售费用，降低产业集群整体的交易成本，提高产业集群的营利能力。

四、营商环境

营商环境是指市场主体在准入、生产经营、退出等过程中涉及的政务环境、市场环境、法治环境、人文环境等有关外部因素和条件的总和。特色产业集群的营商环境，直接影响外部企业的进入与投资决策，也与特色产业集群内各个企业的生产经营活动息息相关。营商环境是一个综合性、系统性的有机整体，包括公共服务、交易环境、创新环境、资本环境及政策环境等。良好的营商环境是特色产业集群组织能力、竞争能力形成的基础，是特色产业集群高质量发展不可或缺的重要条件。

公共服务是指由政府、公共组织或经过公共授权的组织提供的具有共同消费性质的公共物品和服务。特色产业集群的形成能够将相同领域的不同产业集中到一个地域空间之中，各类企业共同使用道路、消防等公共服务，有利于实现公共服务收益最大化，为产业集群内的企业提供便利的公共服务环境。

企业的生产经营活动离不开各种各样的交易行为，交易环境的质量直接影响着营商环境的好坏，特色产业集群周边环境中的产品市场数量与原材料市场数量对于企业生产和销售活动有着重要的影响。交易环境中可供企业交易的市场数量越多，企业收购原料、出售商品的交易成本就越低，特色产业集群面临的营商环境也就越好。

创新环境是指在创新过程中，影响创新主体，进行创新的各种外部因素的总和。企业作为创新主体想要创新生产技术、提高生产效率，离不开创新环境的支撑。特色产业集群周边的高校、研究机构、企业等创新机构的数量，是特色产业集群创新环境的直接体现，创新环境的优劣关系着企业能否得到足够的创新资源支持，影响到企业先进生产方式与生产体系的构建。

企业想要发展壮大，离不开资本的支撑。资本活跃的区域，金融机构的数量多，企业能够获得贷款等资本支持的难度较小，资金成本较低，能够帮助企业解决资金短缺等问题，让企业将更多的资金投入到生产经营与创新活动中。

政策环境是营商环境的重要组成部分之一，政府政策的制定与引导直接影响特色产业集群发展的方向与路径。良好的政策环境能够为企业发展提供便利，有利于提高特色产业集群的吸引力，吸引外来企业或资本流入，推动特色产业集群实现高质量发展。

◀ 第三节 ▶

京津冀特色产业集群高质量发展的影响因素

本节选取京津冀区域内各个城市具有代表性的特色产业集群，通过多元线性回归模型对影响特色产业集群发展的因素进行分析。

一、指标选取和数据来源

特色产业集群的形成与发展受到多方面因素的影响，不同的因素会给产业集群的发展带来不同程度的影响。因此，在分析特色产业集群高质量发展时，应当综合考量各方因素，构建合理的指标体系，全面地分析特色产业集群的发展问题。

在构建指标体系时必须充分体现产业集群的特色。产业集群的营利能力是反映产业集群竞争力的重要指标，营利能力较强的企业在市场上会具有更大的竞争优势，进而拥有更大的竞争力，因此本书将产业营利能力作为模型的被解释变量，用产业集群内企业平均利润来衡量。

特色产业集群的规模是影响特色产业集群发展的因素之一。因此，在构建指标体系时，需要将规模指标纳入考虑范围。营业收入能够反映产业集群规模的大小，营业收入高的产业集群会拥有更大的规模，因此将营业收入作为衡量产业集群规模的指标。

成本对产业集群发展有着重要影响。运营成本是产业集群内企业销售商品或者提供劳务的成本，是产业集群发展的主要成本。产业在空间上集聚带来的集聚效应能够帮助企业降低生产成本，提高利润空间，进而提高产业集群在市场上的竞争力与影响力。本书用产业集群营业成本来衡量产业集群整体的运营成本。合理高效的经营管理能够帮助企业降低生产经营过程中产生的各种成本，提高企业的经营效率，管理费用和财务费用能够有效反映产业集群的经营能力。产业集群劳动力资源投入对其营业成本也有着直接的影响，劳动力资源投入越多的产业集群，工资成本就越高。本书用企业平均从业人数衡量企业的劳动力资源投入。

产业集群的创新能力直接关系着产业集群的发展潜力及竞争优势，创新能力较强的企业能够更快地适应市场需求的变化，打造符合市场需求的产品。本书用新产品销售收入衡量产业集群的创新能力。

良好的发展环境能够帮助集群内企业更好、更快发展。创新环境是产业集群发展环境的核心构成。本书用产业集群 R&D 内部支出、产业集群内 R&D 活动人员总数和产业集群内部有 R&D 活动的企业数衡量产业集群的创新环境。

出于数据的可得性与代表性考量，本书选取京津冀区域内 2021 年 GDP 排名前 7 位的城市①的部分产业进行分析，从北京、天津两地选取 7 个企业数量超过 100 家、营业收入超过 500 亿元的产业，从河北省 5 个城市中选取 37 个企业数量超过 50 家、营业收入超过百亿元的产业②，样本选取区间为 2014～2019 年，所用数据均来自各城市统计年鉴。

---

① 北京、天津、唐山、石家庄、沧州、保定、邯郸。

② 北京医药制造业，北京计算机、通信及其他电子设备制造业，北京通用设备制造业，北京专用设备制造业，北京汽车制造业，北京电气机械和器材制造业，天津医药制造业，天津通信及其他电子设备制造业，沧州橡塑制品业，沧州电气机械和器材制造业，沧州非金属矿物制品业，沧州汽车制造业，石家庄医药制造业，石家庄皮革、毛皮、羽毛及其制品和制鞋业，石家庄食品制造业，保定汽车制造业，保定纺织业，保定医药制造业，唐山专用设备制造业，唐山金属制品业，唐山非金属矿物制品业，唐山黑色金属冶炼及压延加工业，邯郸金属制品业，邯郸通用设备制造业，邯郸非金属矿物制品业，保定非金属矿物制品业，石家庄专用设备制造业，石家庄通用设备制造业，沧州专用设备制造业，沧州化学原料及化学制品制造业，沧州金属制品业，邯郸农副食品加工业，邯郸化学原料和化学制品制造业，邯郸电气机械和器材制造业，邯郸专用设备制造业，邯郸纺织业，石家庄化学原料和化学制品制造业，石家庄农副食品加工业，石家庄电气机械和器材制造业，石家庄非金属矿物制品业，保定橡胶和塑料制品业，保定电气机械和器材制造业，唐山化学原料和化学制品制造业，唐山通用设备制造业。

二、模型构建

根据前文中构建的指标体系，系我们建立如下模型：

$$PRO = \partial_1 MAN + \partial_2 INC + \partial_3 COS + \partial_4 ADM + \partial_5 FIN + \partial_6 RDN + \partial_7 RDM + \partial_8 RDB + \partial_9 NPI$$

其中，PRO 为企业平均利润，MAN 为企业平均从业人数，INC 为产业集群营业收入，COS 为产业集群营业成本，ADM、FIN 分别为管理费用和财务费用，RDN 为产业集群 R&D 内部支出，RDM 为产业集群内 R&D 活动人员总数，RDB 为集群内有 R&D 活动的企业数，NPI 为新产品销售收入。将人数与企业数指标做对数处理。模型设定完成后，使用稳健的豪斯曼检验对模型进行检验，检验结果 P 值小于 0.05，因此选择使用固定效应模型进行回归。

三、回归结果分析

回归结果如表 4-1 所示。

表 4-1　京津冀特色产业集群发展水平影响因素分析

变量	M1	M2	M3
INC	0.001 ** （2.21）	0.005 *** （3.05）	0.006 *** （3.06）
MAN	−1370.113 （−0.66）	321.906 （0.32）	419.291 （0.50）
COS		−0.005 *** （−2.74）	−0.006 *** （−2.75）
ADM		0.010 *** （3.38）	0.010 *** （2.70）
FIN			−0.052 *** （−2.97）
RDN			−0.003 （−0.23）
NPI			−0.001 * （−1.70）
常数项	3120.794 （0.35）	−3398.932 （−0.87）	−2862.289 （−0.79）
R-squared	0.251	0.667	0.681

注：括号内为 t 统计量；* 表示 $p<0.1$，** 表示 $p<0.05$，*** 表示 $p<0.01$。

从回归结果中可以看出，产业营业收入的上升对产业集群发展水平有着显著的正面影响。产业营业收入的高低会影响产业集群规模的大小，产业集群规模扩大会为产业集群带来规模效益，降低产业集群生产经营的成本，提升产业集群经济效益，进而提高产业集群发展水平。产业集群营业收入对产业集群市场占有率也有着重要影响，产业集群营业收入上升，其产品在市场上占有的份额也会随之增加，产业集群的市场占有率就越高。市场占有率是产业集群竞争力与市场影响力的重要影响因素，市场占有率的上升能够帮助产业集群获得更大的盈利空间，提高产业集群对市场的适应力与影响力，增强产业集群在市场上的话语权。

分区域来看，北京市特色产业集群营业收入高、发展规模大、市场占有率高、产业结构合理，但千亿级产业集群数量较少，高端产业集群规模较小，应当加大产业集群培育力度，努力打造千亿级产业集群，提高区域产业集群的发展水平。天津市特色产业集群营业收入较高，形成了千亿级产业集群与众多百亿级产业集群，但整体来看，千亿级产业集群数量较少，特色产业集群发展规模仍有待提高，产业集群发展仍有很大的提升空间，应当加大支持力度，吸引更多的企业入驻，扩大产业集群规模，提高营业收入，培育更多千亿级产业集群，推动特色产业集群发展。河北省多数特色产业集群营业收入刚刚突破百亿元，千亿级产业集群尚未出现，营业收入排名靠前的产业集群大多为传统的资源密集型产业与劳动密集型产业，产业结构有待优化，特色产业集群发展仍有较大的提升空间。应当努力保持现有产业优势，继续扩大传统产业营业收入，同时鼓励高新技术产业发展，优化产业结构，双管齐下，提升特色产业集群发展水平。

营业成本的提高对产业集群发展水平有着显著的负面影响。营业成本是产业集群在生产经营过程中产生的成本，营业成本的上升会压缩产业集群利润空间，使产业集群资金周转能力下降，减少产业集群投入到创新、销售、管理等其他环节中的资金，降低产业集群的竞争优势与抗风险能力，阻碍产业集群发展水平的提高。成本的提高也会降低产业集群对投资者的吸引力，影响投资者投资意愿，使产业集群的融资成本上升。因此，产业集群想要实现高质量发展，需要控制产业在生产经营过程中产生的成本。

分区域来看，北京市特色产业集群营业成本整体水平较低，利润空间较大，特色产业集群发展水平较高。天津市特色产业集群营业成本也处于较低水平，产业集群盈利空间大、发展水平较高，但部分传统型产业集群营业成本偏高。河北省特色产业集群营业成本整体来看处于较高水平，传统产业的营业成本普遍较高，盈利空间小，市场竞争优势不明显。河北省应当积极引进和开发先进生产技术，打造先进产业链，降低传统产业营业成本，同时加大高新技术产业的培育力度，依托高新技术产业低成本、高附加值的产品优势，降低产业集群营业成本，提高特色产业集群整体发展水平。

管理费用与产业集群发展水平之间存在着显著的正向关系。管理费用是指企业行政管理部门为组织和管理生产经营活动而发生的各种费用，产业集群管理费用的高低反映了产业集群在经营管理过程中的投入力度及产业集群经营管理水平。要合理安排管理费用支出，帮助产业集群降低生产成本，提高产业集群发展水平。

分区域来看，北京市特色产业集群管理费用较高，管理费用在总支出中的占比也较大，同类产业管理费用高于天津与河北。天津市特色产业集群管理费用支出也处于较高水平，但仍有进步空间，应当加强对特色产业集群的管理投入。河北省区域特色产业集群管理费用普遍偏低，管理水平仍有很大的提升空间，应当加强对特色产业集群管理水平的重视，加大管理投入，提高特色产业集群管理水平。

财务费用是产业集群在生产经营过程中筹措资金时所产生的费用，与特色产业集群竞争力之间存在着显著的负向关系。财务费用包含利息支出、利息收入、汇兑损失等多个科目，反映产业集群资金充裕程度与资金流转能力。财务费用开支大，表明产业集群在生产经营过程中筹措资金的成本高、产业集群的资金流转速度慢，这会影响产业集群净利润，降低产业集群的抗风险能力。因此，特色产业集群在发展过程中必须合理安排资金走向，降低集群内企业融资投资成本，减少资金占用，提高资金流动速率，控制财务成本，降低财务风险。

分区域来看，北京市金融资源丰富，产业集群融资困难小，资金周转便利，同时产业结构以高新技术产业为主，产业集群融资难度较低、资金流转能力较强，产业集群整体财务费用处于较低水平。天津市特色产业集群财务费用整体来看也处于较低水平，但部分传统产业财务费用支出仍然偏高，应当通过产业结构转型升级等方式，降低特色产业集群财务费用。河北省金融资源较为欠缺，特色产业集群以传统产业为主，资金周转速度慢，产业集群融资困难大，应当通过政策扶持、完善信用体系、打造融资平台等方式，优化营商环境，丰富区域金融资源，引导金融资源与特色产业集群对接，降低特色产业集群财务费用。

四、小结

综上所述，京津冀区域特色产业集群的高质量发展需要在以下四个方面努力：

（1）提高特色产业集群整体的集聚水平。通过特色产业的集聚化发展，充分发挥特色产业集群的优势，通过系统化、规模化的生产经营，最大限度地利用特色产业集群的竞争优势，扩大产业集群的市场占有率与产业竞争力，打造集聚度高、影响力强、规模效应明显的高水平特色产业集群。

（2）全力提升特色产业集群的竞争能力。多管齐下，全面推进产业集群生产成本降低。深入推进产业集群数字化进程，提高产业集群数字化水平，加快转变生产方式，通过智能化、数字化生产，降低特色产业集群生产成本；加强基础设施建设，打造铁路、公路、航空、航运一体化的综合运输体系，降低产业集群原料供给与产品销售过程中的运输成本；大力推动招商引资，不断吸引产业链上下游企业入驻，完善产业集群产业链，打造完备的产业链条，推动企业在产业园区内部实现产品从原料供给到产品销售的一站式服务，降低企业的原料成本与销售成本。

（3）构建高水平的经营管理体系。良好的经营管理模式不仅可以增强特色产业集群的市场竞争力，更可以在产业集群内形成良性发展循环，让集群内的人力、物力、财力等资源得到最优化的使用。

（4）特色产业集群的发展也离不开金融资源的支撑。要聚焦产业集群发展定位，围绕各县域特色产业集群产业链上下游深挖"风口"产业，积极发挥国有资本的引领作用，将国有资本投入到特色产业集群发展的关键环节中去，为产业集群提供一定的金融支撑；积极引导社会资本为特色产业集群建设添砖加瓦，推动引进金融机构入驻产业集群并提供金融服务，打造良好的金融服务体系，提高投融资效率、降低投融资成本，为产业集群发展提供充足的资金支持。

京津冀时尚消费产业集群
高质量发展分析

　　《中共中央关于制定国民经济和社会发展第十四个五年规划和二○三五年远景目标的建议》提出，要持续推进城市更新行动的实施。现如今，时尚消费产业已成为城市产业转型升级的重要方向以及城市更新的关键动力，京津冀三地已将其作为区域重点发展的特色产业之一。例如，时尚消费产业已成为北京文创产业的重要组成部分。北京通过举办时装周，形成了富有文化价值、社会价值、商业价值的时尚消费产业生态平台，并以此为抓手，助力北京时尚消费产业转型，推动北京国际消费中心城市的建设；《河北省建设全国产业转型升级试验区"十四五"规划》指出，要突出高端化、场景化、品牌化，推进工业设计与特色产业相融合，加快壮大时尚消费类产业集群，通过加强消费需求满足能力，提升产业集群竞争力。时尚消费产业是提升城市定位、释放城市魅力、吸引人才流动的关键手段，是实现城市化向"以人为本"方向转变的推动力量，"十四五"期间要进一步加强京津冀区域时尚消费产业集群化发展，为城市更新发展赋能。

◀ 第一节 ▶
京津冀时尚消费产业集群发展概述

　　时尚消费产业是京津冀区域重点发展的特色产业之一，特别是河北省境内已培育形成了多个极具全国竞争力的百亿级时尚消费产业集群。本节对京津冀时尚消费产业集群的空间分布、发展成效及存在问题进行总结，全面分析京津冀时尚消费产业集群的发展情况。

一、时尚产业的定义与京津冀时尚消费产业集群的范围界定

时尚消费产业又称时尚产业，是一种新型产业业态，其社会经济地位十分突出。对于时尚消费产业的认识可从内涵、范围两个方面入手。

（一）时尚产业的定义

《中国时尚产业蓝皮书2008》对时尚产业的定义为："时尚产业是指通过工业和商业化方式所进行的时尚产品和时尚服务的设计、采购、制造、推广、销售、使用、消费、收藏等一系列经营性活动的总称，是随着社会历史的进步和生产力水平的提高，在新的历史条件下与生产要素相互融合，所产生的一种全新的产业概念和形态。"[①]《杭州市时尚产业发展"十三五"规划》中也提道："时尚产业是指为满足时尚消费，通过对人和人紧密相关的生活环境进行装饰和美化，使人的生活更加美好的产业，是一种具有高创意、高市场掌控能力、高附加值特征，能引领消费流行趋势的新型产业业态。时尚产业是跨越高附加值先进制造业与现代服务业产业界限，对各类传统产业资源要素进行整合、提升、组合后形成的一种较为独特的多产业集群组合。"[②]

综上所述，时尚产业是指以文化为依托、以技术为基础，通过创新、创意和创造对各类传统产业资源要素进行整合、提升后形成的新兴产业链，是跨越先进制造业与现代服务业产业界限的综合化产业。

（二）京津冀时尚消费产业集群的范围界定

时尚消费产业作为一种新型产业业态，发展势头迅猛，社会经济地位日益凸显，但始终没有一个统一的行业分类标准，范围界定不明确。鉴于此，本书在充分吸收借鉴国内一些发达省份对时尚消费产业行业界定的基础上，来对京津冀时尚消费产业集群进行范围界定。

作为一种新型的多产业组合集群，时尚产业有狭义和广义之分。狭义的时尚产业主要包括时装与服饰、鞋帽衬衫、箱包伞杖、美容美发，以及珠宝首饰、眼镜表具等，广义的时尚产业范围界定详见表5-1。《中国时尚产业蓝

---

① 《中欧商业评论》时尚产业研究中心"中国时尚产业蓝皮书课题组"．中国时尚产业蓝皮书2008——时尚产业升级之道[R]．2008．

② 杭州市时尚产业发展"十三五"规划[EB/OL]．杭州市人民政府，http://www.hangzhou.gov.cn/art/2021/10/12/art_1229541469_3944168.html．

皮书2008》从行业角度将时尚产业分为时尚产品制造业和时尚产品服务业两大类。以此为基础，深圳市的时尚产业包含服装、家具、钟表、黄金珠宝、内衣、皮革、眼镜、化妆品以及工艺美术等行业[①]；浙江省的时尚产业主要包括时尚服装服饰业、时尚皮革制品业、时尚家居用品业、珠宝首饰与化妆品业和时尚消费电子产业五大领域[②]；广州市已经构建了鞋帽、箱包、皮具、珠宝饰品、美容美发、化妆品、钟表、眼镜等时尚产业集群。[③] 综合来看，上述关于时尚消费产业的行业划分主要包含服装、家具、钟表、黄金珠宝、内衣、皮革、眼镜、化妆品、鞋革、时尚家居等行业。

表5-1 广义的时尚产业范围

	内涵	范围
广义的时尚产业范围	对人体进行装饰和美化(狭义)	时装与服饰(核心)、鞋帽衬衫、箱包伞杖、美容美发，以及珠宝首饰、眼镜表具等
	对人在生活和工作中所处的小环境进行装饰美化	家纺用品、家饰装潢、家居用具等
	对人生存和发展相关的事物和情状进行装饰和美化	手机、数码相机、动漫、电玩等

资料来源：颜莉，高长春. 时尚产业国内外研究述评与展望[J]. 经济问题探索，2011，349(8)：54-59.

综上所述，本书根据京津冀区域特色产业集群的发展情况，以京津冀区域重点特色产业为主要考虑对象，将纺织服装、家具、皮革、箱包、羊绒等特色产业纳入京津冀时尚消费产业集群的发展范围。

二、京津冀时尚消费产业集群的空间布局

京津冀区域时尚消费产业以传统产业为主，主要分布于河北省，包含纺织服装、美居家具、皮革皮毛、自行车(童车)、羊绒、箱包、宠物产业等多个特色产业，[④] 这些产业主要集聚在石家庄、邢台、邯郸、廊坊、沧州、辛集

---

① 深圳市时尚产业高质量发展行动计划(2020—2024年)[EB/OL]. 深圳市工业和信息化局，http：//www.sz.gov.cn/cn/xxgk/zfxxgj/zcfg/szsfg/content/post_7806921.html.

② 浙江省时尚产业发展规划纲要(2014—2020)[EB/OL]. 浙江省印染行业协会，http：//www.zjyr.net/33678-1416/67058_46062.html.

③ 广州市打造时尚之都三年行动方案(2020—2022)[EB/OL]. 广州市工业和信息化局，https：//www.163.com/dy/article/FUOMCS1V0514CHF1.html.

④ 河北省特色产业发展"十四五"规划[EB/OL]. 河北省工信厅，http：//gxt.hebei.gov.cn/hbgyhxxht/zcfg30/snzc/894225/index.html.

等区域，分布范围较广。

从京津冀时尚消费类产业集群的区域分布情况来看，纺织服装产业集群主要分布在高阳、蠡县、晋州、宁晋、故城、肃宁等区域，超 100 亿元的产业集群有宁晋县纺织服装产业集群、蠡县毛纺织产业集群、高阳县纺织产业集群和故城县服装服饰产业集群。其中，2020 年高阳县纺织产业集群的营业收入、上缴税金、从业人员数和四上企业分别为 390.39 亿元、3.53 亿元、125325 人、97 家，远高于其他纺织服装类产业集群；美居家具产业集群主要聚集在文安、无极、正定、霸州、香河、任丘、大城、高邑等区域，除高邑县新型建材产业集群为超 50 亿元产业集群，其他 7 个都属于超 100 亿元的产业集群，文安、霸州、香河和大城这四个区域位于廊坊市；皮革皮毛产业集群主要分布在辛集、无极、肃宁、昌黎、枣强、蠡县，这 6 个区域的产业集群营业收入均超百亿元，其中，辛集市皮革服装产业集群 2020 年的营业收入高达 775.49 亿元，在 21 个营业收入超 200 亿元的产业集群中位居榜首[①]；平乡、广宗、曲周是自行车(童车)产业的主要集聚区，分别位于邢台市、邯郸市，2020 年邢台市平乡县自行车产业集群营业收入最高，为 156.58 亿元；羊绒产业集群主要分布在清河、南宫区域，均位于邢台市，其中清河县羊绒产业集群知名度较高，营业收入达 272.30 亿元；箱包产业集群主要是保定市的白沟箱包产业集群，其国内影响力和知名度较高，2020 年营业收入达到 128.42 亿元；邢台市南和区是宠物产业的主要集聚区，南和区宠物食品产业集群的营业收入为 101.45 亿元。京津冀时尚消费产业集群具体分布情况如表 5-2 所示。

表 5-2　京津冀时尚消费产业集群的区域分布情况

行业	重点产业集群名称	2020 年度营业收入（亿元）	2020 年度从业人数（人）	2020 年度上缴税金（亿元）	2020 年度四上企业[a]（家）
纺织服装	晋州市纺织产业集群	93.01	62530	0.65	53
	鸡泽县纺织特色产业集群	48.06	10811	0.73	13
	宁晋县纺织服装产业集群	100.35	15373	2.12	22
	蠡县毛纺织产业集群	307.69	38418	1.38	39
	高阳县纺织产业集群	390.39	125325	3.53	97
	肃宁县针纺产业集群	67.28	9116	0.15	9
	故城县服装服饰产业集群	106.89	40450	0.73	13

---

① 河北省民营经济领导小组办公室关于 2020 年度全省县域特色产业集群发展情况的通报。

续表

行业	重点产业集群名称	2020 年度营业收入（亿元）	2020 年度从业人数（人）	2020 年度上缴税金（亿元）	2020 年度四上企业[a]（家）
美居家具	文安县胶合板产业集群	275.97	42157	4.49	76
	无极县装饰材料产业集群	187.94	50375	0.50	2
	正定县板材家具产业集群	144.00	38887	0.24	20
	霸州市特色定制家具产业集群	147.50	49165	4.18	48
	香河县家具产业集群	132.28	34098	1.30	22
	任丘市新型建材产业集群	131.92	10285	1.15	40
	大城县红木文化产业集群	120.00	43900	0.16	0
	高邑县新型建材产业集群	58.85	30000	0.50	20
皮革皮毛	辛集市皮革服装产业集群	775.49	77025	1.78	107
	无极县皮革产业集群	270.81	120322	5.65	94
	肃宁县皮革毛皮产业集群	144.05	10973	1.19	20
	昌黎县皮毛产业集群	124.63	100000	0.072	1
	枣强县毛皮产业集群	141.25	37553	3.09	35
	蠡县皮革产业集群	125.81	25493	1.12	7
自行车（童车）	曲周县自行车（童车）产业集群	73.90	4816	0.18	27
	平乡县自行车产业集群	156.58	53161	2.73	32
	广宗县自行车（童车）及零部件产业集群	121.64	43212	1.76	37
羊绒	清河县羊绒产业集群	272.30	78300	2.39	63
	南宫市高档服装服饰产业集群	84.40	39108	1.57	41
箱包	白沟箱包产业集群	128.42	37086	2.02	31
宠物产业	南和区宠物食品产业集群	101.45	24389	1.04	11

注：a. 四上企业指规模以上工业企业、资质等级建筑业企业、限额以上批零住餐企业、国家重点服务业企业。

资料来源：背景资料4：2020 年四季度产业集群数据，河北省工业和信息化厅，2021。

三、京津冀时尚消费产业集群的发展现状

时尚消费产业集群是京津冀重点打造的标志性特色产业链之一，也是"十

四五"期间京津冀重点打造的超万亿级产业集群。"十三五"期间，京津冀时尚消费产业集群发展加快，为大力发展时尚消费产业集群奠定了良好基础。

(一)产业发展规模壮大

京津冀时尚消费产业集群涵盖纺织服装、皮革皮毛、羊绒、家具等行业，在京津冀特色产业集群中占有重要地位。以河北省为例，2020 年，在全省 280 个县域特色产业集群中，时尚消费类产业集群 74 个，占比 26.4%，总营业收入6158.8 亿元，占比 26.2%；在全省 107 个重点县域特色产业集群中，时尚消费产业集群 35 个，占比 32.7%，总营业收入 5075.6 亿元，占比 36.4%。[①] 时尚消费产业集群中的辛集市皮革服装产业集群、高阳县纺织产业集群、蠡县毛纺织产业集群营业收入超 200 亿元，在全省 280 个县域特色产业集群中居第 3、第 7、第 11 位。[②]

(二)设计研发水平不断提升

"十三五"以来，京津冀积极推进时尚消费产业的创意设计和技术研发，搭建了一批创新服务平台，举办了一批设计赛事，集聚了一批高水平人才，不断推动时尚消费产业创新发展。通过举办服装、皮革行业工业设计培训班等方式培训企业负责人、设计师，工业设计能力不断提高。[③]此外，还在一些重点产业集群成立了工业设计中心，如霸州国家级家具设计创新中心、白沟星河工坊设计中心、高阳毛巾设计中心等；平乡县自行车产业集群打造数字车间和智能工厂，推动企业云制造，超前构建自行车、童车工业互联网平台；清河县羊绒产业集群与国内知名院校建立产业技术创新联盟，形成稳固的政产学研合作体系，拥有研发机构 20 多个，其中 3 个国家级、1 个省级技术研发中心。[④]

(三)产业链协同配套能力不断提升

近年来，京津冀加快延链补链强链创链步伐，完善重点产业集群的产业链配套，推动产业链上下游协同发展。邢台南和区宠物食品产业集群拥有完整产业链，产业链从业人员已达 3 万多人，并带动了宠物用品行业、物流行业、电商行业等相关产业链快速发展。宁晋县纺织服装产业集群拥有纺、织、

---

① 背景资料 1：关于六大产业分类的说明及基本情况，河北省工业和信息化厅，2021。

②③ 河北省工业和信息化厅关于省级重点县域特色产业集群发展规划编制及振兴工作推进落实情况的报告。

④ 河北省六大产业分类发展重点集群背景资料，河北省工业和信息化厅，2021。

染、服装的完整制造链条，生产企业约 380 家，从业人员 1.4 万人，生产加工能力较强，已成为中国北方最大的牛仔服装生产基地。[①] 平乡自行车（童车）产业集群形成了完整的童车产业链，覆盖童车的加工制造和辅助生产全过程，配套生产能力居全国前列。

（四）特色产业集群品牌影响力不断提升

京津冀时尚消费产业集群在发展过程中形成了一批区域特色品牌，品牌知名度不断提升，如"中国皮都"（辛集）、"中国羊绒之都"（清河）、"中国童车之都暨自行车零配件基地"（平乡）、"中国合成革产销基地"（高碑店）等，这些都是河北省特色产业集群的象征和名片。同时，河北省积极举办中国清河国际羊绒及绒毛制品博览会、中国（辛集）国际皮革博览会、中国·北方（平乡）国际自行车童车玩具博览会、白沟箱包博览会等国家级产业活动。此外，河北省还培育了多项国家地理标志产品、省级重点特色产业驰名商标、省级优质产品等。例如，截至 2020 年底，清河县羊绒产业集群拥有各类注册商标4000 多件，位居全国县级行政区域之首，[②] 培育中国驰名商标 4 个（衣尚、昭友、宏业、宇腾），[③] 拥有"清河羊绒"国家地理标志证明商标 1 个。

四、京津冀时尚消费产业集群发展存在的问题

毋庸置疑，京津冀时尚消费产业集群已形成了完整的产业链条和良好的市场环境，但对标福建、浙江等时尚消费产业集群发达的地区，仍存在一些短板和不足，主要体现在以下三个方面。

（一）产业链尚未健全，协同能力有待提升

一方面，诸如纺织、服装、家具等产业集群，产业层次普遍偏低，大多数产业处于产业链低端。京津冀时尚消费产业集群虽有特色，但产业深度不够，大多以中低档产品为主，技术含量低，集群内企业以低成本、低价格的竞争优势在中低端市场立足，而难以占据高端市场。例如，霸州家具产业集群主要生产金属玻璃家具，出口产品以贴牌销售为主，产品的创意设计由外商掌握，这导致霸州家具产业集群处于产业链低端，产品同质化严重。

---

① 河北省六大产业分类发展重点集群背景资料，河北省工业和信息化厅，2021。

② 河北省特色产业发展"十四五"规划［EB/OL］. 河北省工信厅，http：//gxt.hebei.gov.cn/hbgy-hxxht/zcfg30/snzc/894225/index.html.

③ 羊绒产业［EB/OL］. 清河县人民政府，http：//www.qinghexian.gov.cn/news/3559.cshtml.

另一方面，产业链不完整，协同能力不足。现阶段，在京津冀时尚消费产业集群中，有些集群产业链条偏短，上下游衔接不足，上下游之间没有形成良好的分工合作和基础配套，协同效应不明显。例如，平乡县自行车产业集群、无极县皮革产业集群内的企业多是自成一体，大中小企业配套机制不健全，专业化分工程度不高，且产业链尤其是核心产业链关键环节有待补充，这就导致集群产业资源利用率低，协同能力较薄弱。[1]

(二)集群内企业创新能力有待提高

一方面，产业大而不强。时尚消费产业集群虽有一定规模，但集群内大多以中小企业为主，缺乏具有技术、品牌、规模和市场优势的龙头带动企业。例如，正定县板材家具产业集群尽管已有超 100 亿元的营收规模，但集群内规模以上企业仅占企业总数的 4%，66% 以上的企业属于微型企业，[2]缺乏带动性的龙头企业，企业间无序竞争，创新能力不足，产品同质化严重。

另一方面，创新平台建设不足，技术人才匮乏。时尚消费产业集群内大部分企业自主创新设计能力薄弱，研发投入不足。例如，秦皇岛昌黎县皮毛产业集群建有衣岩制衣、鹏浩制衣等 6 家裘皮服装、服饰加工企业，但集群内企业没有自己的研发机构，只能依靠模仿或者代工生产，产品缺乏创新性。此外，高端技术人才、设计人才和高层次管理人才不足也是皮革皮毛产业发展的主要瓶颈之一。

(三)品牌意识有待加强

京津冀时尚消费产业集群在发展过程中，虽培育了一些较有名气的县域特色品牌，如平乡自行车、白沟箱包等，形成了像清河羊绒、辛集皮革等这样的区域品牌，但对标法国香水、瑞士手表等这些国际一流品牌还存在较大差距，缺乏有代表性的区域品牌。此外，在企业品牌培育方面，部分集群企业有自己的品牌，但总体上数量偏少且在品牌意识、品牌宣传等方面做得远远不够。例如，石家庄正定县板材家具产业集群仅有 1 家省级品牌企业，省级名牌商标也只有 7 家。晋州纺织服装没有集体商标和证明商标，且现有河北省优质产品 1 个、河北省名牌产品 2 个，[3]品牌数量较少且知名度不高，市场占有率较低，导致集群内企业未能充分发挥品牌优势，不利于企业长远发展。

---

[1][2][3]　河北省六大产业分类发展重点集群背景资料，河北省工业和信息化厅，2021。

◀ 第二节 ▶

京津冀时尚消费产业集群发展重点

京津冀时尚消费产业集群比较优势明显，发展条件优越，应当立足现有产业发展基础，面向京津冀都市群以及全国超大规模市场消费需求，瞄准重点发展领域，提升时尚消费产业集群多层次、多场景、个性化产品的供给能力，增强京津冀时尚消费产业集群的国际竞争力。

一、京津冀时尚消费产业集群的比较优势和基础条件

京津冀区域极佳的区位交通条件以及良好的产业发展政策环境为该区域时尚消费产业集群发展提供了有利条件。多年以来，京津冀时尚消费产业在产品与消费环境、文化及市场环境等方面具备了较强的发展优势，这将进一步推动京津冀时尚消费产业集群发展，加快三地生产性服务业与制造业的融合进程。

（一）产品与消费环境

时尚消费产业集群主要包括与第二产业相关的时尚产品制造业，如服装、皮草、珠宝、时尚家居、化妆品、鞋革、眼镜、钟表等产业；还包括与第三产业相联系的时尚服务业，如体育健身、流行音乐、时尚杂志、餐馆酒吧、影视摄影、室内装饰装潢、综合性时尚消费娱乐中心等产业。[①] 随着我国居民收入水平及消费意愿的不断提升，互联网、移动终端、高科技等智能设备不断出现，国内消费市场呈现出多元化、个性化、快频化特征。"颜值经济"爆发式兴起，以"90后""95后""00后"为代表的新时代消费主力军对服饰、鞋业、箱包等时尚产品表现出浓厚的兴趣。以纺织服装为例，根据世界贸易组织的数据，2020年我国出口纺织品服装2960亿美元，占全球纺织品服装出口金额的36.9%，稳居世界第一，其中服装出口金额占全球比重提高至31.6%，

---

① 中欧国际商学院《中国时尚产业蓝皮书》课题组. 中国时尚产业蓝皮书 2014–2015[M]. 北京：经济管理出版社，2015.

较 2019 年有所上升①。中国纺织服装产业在世界上具有很大的比较优势。据国研经济研究院等专家预测，Z 世代（1995～2009 年出生的一代人）将成为未来时尚消费的主流人群，随着 Z 世代经济独立，大约五年后，Z 世代时尚消费将占据超过 40% 的市场份额②，时尚消费产业透露出巨大的发展潜力。

（二）文化及市场优势

县域特色产业是京津冀发展的一大优势，产业发展历史源远流长，产业基础较为雄厚。早些的特色产业起源于古代商周时期，如蠡县皮毛皮革，从远古到商周再到春秋战国时期，其加工技术都堪称一流③；改革开放初期，蠡县人"骑车贩皮，背包卖线"，创造了"南有温州，北有蠡县"的辉煌。现今，留史、鲍墟经营的貉皮、貂皮等裘皮总量占全国的 60% 左右，占芬兰、丹麦等国际拍卖会交易额的 20%④。香河县在明清时期就是远近闻名的家具之乡，家具文化底蕴深厚，历经改革开放初期发展、快速崛起、繁荣发展、转型升级四个过程，香河县家具行业荣获了"南有顺德，北有香河"的产业地位，成为中国北方最大的家具销售市场及现代化的家具制造业基地之一、亚太区域最大的家具原辅材料交易市场和国际家具物流港之一。目前，河北省有重点皮革皮毛产业集群 6 个，重点美居家具产业集群 7 个，重点纺织服装产业集群 5 个，重点自行车（童车）产业集群 3 个，重点羊绒产业集群 2 个，以及白沟箱包产业集群、南和县宠物产业集群⑤，并形成了"中国皮都"（辛集）、"中国羊绒之都"（清河）、"中国合成革产销基地"（高碑店）等知名度很高的大品牌，县域特色产业集群的影响力正在大幅提升。

（三）区位及交通优势

京津冀是环渤海核心区域，也是华东、华南和西南等区域连接东北、西北、华北区域的枢纽地带。随着京津冀协同发展战略的实施，"十三五"期间轨道上的京津冀已初步形成，环京津区域的高等级公路基本实现全覆盖，京津冀机场群和港口群协同联动建设，交通一体化格局的形成为京津冀区域高

---

① 全球纺织品服装出口规模微增，2021 年以来我国出口市场份额明显提升［EB/OL］. 中国第一纺织网，http：//news. webtex. cn/info/2021-9-29@ 709951. htm.

② 万亿时尚产业怎么做 这份报告说清楚了！［N/OL］. 浙江日报，https：//baijiahao. baidu. com/s?id = 1711220658547303732&wfr = spider&for = pc.

③ 河北县域特色产业集群 22 个板块［EB/OL］. 河北资本，https：//mp. weixin. qq. com/s/eM7UAgLZZftJ8EV4phPcxA.

④⑤ 背景材料 2：六大产业分类发展重点产业集群背景资料，河北省工业和信息化厅，2021.

质量发展撑起了"四梁八柱"。[①] 作为全国商贸物流重要基地，京津冀区域着力布局建设了一批仓储配送设施和商贸物流承接平台，物流供给能力有所进步；整体竞争力达到新水平，实现了与现代科技的实质性融合[②]。由此，"东出西联、承南接北"的交通区位优势以及完备的物流基础设施建设，将为区域内各产业带来巨大的消费市场，提高物流的运行效率。发达的交通及通信也为京津冀区域时尚消费产业走向全国、迈入国际开辟了"通街大道"，极大地缩短了亚太区域同京津冀的空间距离，为人才、商品、资源的流通提供了便利，这些都为时尚消费产业的发展提供了有利条件。

（四）政策优势

从国家层面来看，"十三五"以来，中央政府在纺织服装、箱包鞋帽等与时尚消费产业相关的重点领域出台了多项政策，覆盖创意设计、制造加工、营销及销售、终端消费等各个环节[③]，旨在为各地时尚消费产业发展提供政策红利，促进不同区域时尚消费产业特色化发展，满足人民日益增长的美好生活需要。随着京津冀协同发展战略的深入推进，时尚消费产业可以紧抓这一历史机遇，深度挖掘纺织服装、皮革、箱包、时尚家居产业等的突出优势，加快引进外资和国内资本，提升业界知名度，促进京津冀时尚消费产业的高质量发展。从省级层面来看，北京市在 2021 年发布《北京时尚产业发展蓝皮书 2021》，指出建设国际消费中心城市是北京城市发展的重要方向，北京市时尚产业急需重塑首都时尚消费个性。2021 年河北省将时尚消费产业纳入"十四五"特色产业重点发展行列，立足京津区域和国内市场，构建多层次、多场景、个性化的产品供给能力。在河北省县域特色产业提质升级工作方案中，提出力争到 2025 年，打造超万亿的时尚消费产业。地方政府也在积极成立专项资金、工委会和管委会等，推广各大品牌，进行贴身服务，这对于支撑县域经济发展、推动民营企业进步有着积极作用，作为京津冀城市群的重要组成部分，得益于国家和省政府在财政、营商环境等各个方面的支持，将有效促进京津冀时尚产业链的重新构建。

---

①　高铁助力京津冀协同发展行稳致远[EB/OL]. 中国经济网，http：//www. ce. cn/cysc/jtys/tielu/202103/19/t20210319_36395592. shtml.

②　河北省建设全国现代商贸物流重要基地"十四五"规划[EB/OL]. 河北省人民政府办公厅，http：//swt. hebei. gov. cn/investheb/info. php?id=15153.

③　陈文晖等. 我国时尚产业政策回顾及未来展望[J]. 中国物价，2018(10)：81-84.

二、京津冀时尚消费产业京津冀分领域发展重点

京津冀时尚消费产业京津冀的发展重点集中在皮革皮毛、美居家具、纺织服装、自行车(童车)、羊绒、箱包、宠物产业七大领域。

(一)皮革皮毛

皮革皮毛是轻工行业中的支柱产业,具有很大的市场发展潜力。目前,京津冀区域已形成了多个具备完整产业链条的皮革皮毛产业集群,极大程度地缓解了当地就业压力、带动了县域经济发展。

1. 基本情况

京津冀是皮毛皮革产业重点发展区域,毛皮产业分布在辛集、肃宁、故城、阳原、南宫等多个县(市),产业涉及养殖、加工、设计、制衣、销售、进出口等环节,产业链条较为完整,覆盖一、二、三产业,从业人员众多,已形成辛集、无极、肃宁、昌黎、枣强、蠡县等县域皮毛产业集群,年交易额超千亿元,不少产业集群成为当地的支柱产业和富民企业①。

大营镇是中国毛皮加工业的发源地之一,距今已有 3000 年的历史。《枣强县志》记载:殷商末年,"国神比干制裘于广郡"(广郡即今枣强大营一带),丞相比干是中国历史上最早发明熟皮制裘工艺的人②。2020 年,大营毛皮销售网络遍布全球,包括毛领帽条、裘皮服装、皮毛褥子和编织品,分别占据全国 80% 以上、俄罗斯 60% 以上、全球 70% 以上的市场份额③。

无极有"中国牛皮之都"的称谓,无极牛皮革产业园被称为皮革后整循环经济产业园,是国内外最具影响力的绿色循环皮革加工基地之一。每年有 11 亿多平方尺(100 平方尺=11.11 平方米)的皮革从这里运往世界各地,产品包括拳击手套、箱包沙发、高铁座椅、汽车装备,无极皮革在国内市场的占有率在 70% 以上④。

辛集是全国最大的皮衣皮草生产基地和交易中心之一,2020 年,全行业

---

① 河北七大皮毛产业集群都在哪里?[EB/OL]. 河北资本, https://mp.weixin.qq.com/s/H1NYjdvn4QDLGI1vFh0NXQ.

② 为啥皮草让人如此着迷?[EB/OL]. 河北省皮毛产业协会, https://mp.weixin.qq.com/s/h37HWrZSmiXJxUPU6hV6zg.

③ 特别关注 | 2021 年河北(大营)国际皮草博览会召开进入倒计时![EB/OL]. 河北省皮毛产业协会, https://mp.weixin.qq.com/s/vlkuDH10DKwDPVkHM0YRRw.

④ 《走进乡村看小康》河北篇 今晚走进中国牛皮革之都——无极县![EB/OL]. 河北卫视, https://mp.weixin.qq.com/s/iC2_nw3O_iw71vwPIdmIRA.

拥有各类皮革皮毛企业 1400 多家，皮革皮毛服装行业市场占有率达 37%①。为顺应时尚潮流的发展，辛集皮革制品在传统服装的基础上，还衍生出艺术品、文创等新型产品。

肃宁毛皮产业距今已有 300 多年的历史，2005 年肃宁被命名为"中国裘衣之都"。如今，肃宁裘皮产业规模不断扩张，并形成了动物养殖、市场集散、原皮硝染、裘皮服装加工、研发设计、内外贸易完整的产业链条；截至 2021 年，原皮交易雄踞全国首位，占全国交易量的 70%；年销售裘衣服装 60 余万件，是华北区域最大的裘衣服装贸易中心②；拥有华斯集团、天龙皮草有限公司两家龙头企业，以及多个知名品牌。

昌黎县是华北地区重要的皮毛集散地，有"中国毛皮产业化基地""中国养貂之乡"等美誉，毛皮动物养殖历史达 30 多年；皮毛主要销往奥地利、意大利、加拿大、俄罗斯、韩国等 10 多个国外市场，以及北京、浙江桐乡、浙江海宁等国内市场③。拥有昌黎县毛皮产业协会、昌黎县毛皮动物养殖协会、昌黎县皮毛商会 3 个相关组织，以及艾瑞姿、衣岩国际、雷嘉格、卡伊诺等多个知名品牌④。

蠡县皮毛皮革产业历史悠久，商周时期当地人民就拥有初步加工动物皮毛的技能。目前，蠡县皮毛产业形成了以毛皮动物养殖、裘衣交易、裘衣服装加工为主的新格局，拥有正忠、天德、钰锦盛、凌爵等龙头企业。其中，蠡县的留史镇不仅拥有千年历史，其皮毛皮革产业在鼎盛时期占据国内市场的 30%，占据全球市场的 12%⑤。

2. 发展方向

依托京津冀雄厚的皮革皮毛产业基础及各大优势产业集群，重点发展时尚环保的羊皮服装革、鞋面革、后端成衣、毛皮服装服饰及玩具等产品，推进裘皮服装、针织服装、时尚服装的融合发展，构建"一企一品"，形成差异化竞争。加快皮革制品的提质升级，对标国内国际双标准，制定地方标准，提升产品质量，建立品牌创新体系，打造品牌质量优势。迎合"双碳"目标，

---

① 事关 1400 多家皮革企业！辛集搞了一件大事［EB/OL］. 辛集发布, https://mp.weixin.qq.com/s/6bKLeBAl5rsStx6jqb3OgQ.

② 传统裘皮产业搭上电商快车：肃宁举办"双十二"裘皮电商购物节［EB/OL］. 中国皮革协会, https://mp.weixin.qq.com/s/ksFge7nKhZkyqZh6MM2yzA.

③ 行业关注｜秦皇岛品牌农业专题：昌黎皮毛［EB/OL］. 河北省皮毛产业协会, https://mp.weixin.qq.com/s/OtjVJfM0flMZta5RaOEHbA.

④ 背景材料 2：六大产业分类发展重点产业集群背景资料, 河北省工业和信息化厅, 2021.

⑤ 一条起源于河北蠡县的全球性万亿皮毛产业链正在形成［EB/OL］. 河北资本, https://mp.weixin.qq.com/s/AmgnBWrGYsyzzPRz64wAUg.

实施绿色化改造，在工艺、设计、制造等方面体现绿色生态理念，加大对具有阻燃隔热性能的 PU 革及抗酸碱腐蚀性等新材料的使用，坚定"绿色制革，生态制革"。延展产业链条，实施"微笑曲线"策略，引导企业拓展至两端的高附加值环节，由代工厂转向自主研发，对企业进行整合重组，做大做强龙头企业，向高、精、尖方向发展。强化对皮革皮毛制品的设计引领，将创新驱动作为发展动力，加大企业与高校、设计研究院及国内外知名设计师的合作与交流，尤其是与北上广深等地展开积极交流，引导创新资源向本地的集聚。搭建时尚传播平台，组织知名时尚展会，积极发布潮流信息，激发时尚消费活力，繁荣内贸市场，拓展亚太、俄罗斯、欧美等国际市场。

(二)美居家具

家具产业涵盖家用电器、家具、五金制品、照明电器等多个行业。现阶段，京津冀区域家具产业迅速发展，逐渐形成了以北京、天津、唐山为中心的华北家具工业区，家具产业集群发展优势明显。

1. 基本情况

家具产业需要各种类别的木材及金属配件等，京津冀较为丰富的林业资源及制造业优势，为其长久发展创造了有利条件。区域内已经形成多个优势产业集群，每个优势产业集群还催生了多个龙头企业及优势品牌，如文安县胶合板产业集群拥有金秋、大地、民丰等 6 家龙头企业，打造了"金秋""大地""星驰"等知名品牌。为打开消费市场，扩大品牌知名度，各产业集群不仅积极参加各地展会，还创办了"无极装饰材料节""中国(胜芳)全球特色定制家具国际博览会""香河家具国际设计展"等活动。为实现家具产业的更好发展，搭建了材料管理、设计联盟、技术研发、沉浸式体验、一站式购物、电商联盟、物流等重要平台。此外，省内各产业集群经营种类各有侧重。其中，廊坊文安县胶合板产业集群主营多层板、装饰板、建筑模板等八大系列 36 个品种，其浸渍纸覆膜板和酚醛覆膜建筑模板享誉国内外；无极县装饰材料产业集群主营木门、生态门、全屋定制等八大系列，木工机械、包装印刷两大配套产业，以及 11 种配套产品；正定县板材家具产业集群已形成实木、板式、软体、金属四大类近百个品种的家具产品；霸州市特色定制家具产业集群是中国十大家具产业集群之一，主营客厅家具、餐厅家具、酒店家具等八大系列 4000 多个品种；任丘市新型建材产业集群主营建筑铝型材和工业铝型材两大系列产品，是我国北方最大的铝型材生产、加工、销售集散地；香河县家具行业产业集群是中国北方最大的家具销售市场及现代化的家具制造业基地。① 由此可见，廊坊家具产业集群规模占据着省内整个行业的半壁江山，作为我国家具的主要产地之一，廊坊家具已出口到世界 152 个国家和地区，出口产品以民用家具中的客餐厅家具为主②。

2. 发展方向

现代家居的高质量发展应按照"做大集群，做强龙头"这一思路，以生态、健康、时尚、智能为方向，以绿色生产、个性化定制、工艺设计、品牌建立为路径，依托文安、霸州、正定、香河等产业集群，形成产业规模效应和集聚效应。一是迎合时尚潮流，发展个性化定制新模式。以信息化建设为载体，利用智能终端，打造专门的体验式服务平台，满足客户个性化需求，重点发展定制化整体家居、橱衣柜等产品。二是进行绿色化改造，培育产业发展新动能。建设智能化工厂，降低企业生产成本，提高生产效率，促进节能减排。重点生产利用环保市政材料、新型墙体材料等绿色建材的产品，降低环境污染。三是突破关键技术工艺，提高技术创新能力。加快突破数字化设计与仿真、智能数控、车间粉尘污染和油漆污染的改造、水性漆的开发与应用等关键、共性技术。搭建工艺设计中心等平台，鼓励企业加大投入，引进高水平技术人才，服务家具行业发展。四是提升产品品质，强化品牌建设。提高质量检测及对标制标要求，重点发展装饰材料、绝热节能材料、板式家具等中高端产品。鼓励企业自主设计与研发，支持企业参加米兰设计周、深圳家具展等顶级展览会，并积极展示产品。

（三）纺织服装

凭借丰富的自然资源、廉价的劳动力、完备的产业链条等发展优势，纺织服装一度成为京津冀区域的传统支柱产业及重点出口产品，在促进增收、扩大就业、繁荣市场、带动产业发展等诸多方面存在积极影响，为区域国民经济发展做出了突出贡献。

1. 基本情况

目前，京津冀的纺织工业产业链条较为完整，包括棉纺织、毛纺织、麻纺织、针织、印染、家用纺织品、服装、纺织机械器材等多个产业门类。在整个行业全面发展的过程中，京津冀各地涌现出一批特色产业集聚区，主要集聚在石家庄、保定、邯郸、邢台等中南部区域。高阳毛巾、蠡县毛纺、晋

---

① 背景材料 2：六大产业分类发展重点产业集群背景资料，河北省工业和信息化厅，2021。
② 河北木家具出口首破 4 亿美元　其中廊坊占七成［EB/OL］．石家庄海关，http：//www. customs. gov. cn/shijiazhuang_customs/456970/456971/2165275/index. html.

州纺织、宁晋牛仔、故城裘皮、鸡泽纺织等盛名在外，产品不仅内销至全国各地，还出口欧洲、东南亚等地。历经多年发展，京津冀纺织服装行业形成了多家龙头企业，天利纺织、启发集团、宏盛毛纺、宁纺集团、丽达集团、利盛印染等拥有较高知名度。在向纺织服装强省迈进的过程中，宁纺集团"灵音"牌灯芯绒、"满堂红"牌毛巾、兆鑫公司"梦思牌"手套、日出公司"古拉"濛羊绒衫等品牌得到了较多认可。以河北省为例，自 2018 年河北省实施服装产业转型升级行动以来，河北省已成功举办四届服装设计大赛，连年评选"河北省十大服装品牌"和"河北省十佳服装设计师"，促进品质提升。2020 年，际华 3502 职业装有限公司仅用 34 天创造了从日产零到 107 万套件医用防护服的奇迹，际华 3502 就此成为河北乃至全国医用防护服产能最大的企业[①]，企业竞争力得到进一步提升。然而，河北省内整个行业也存在产品低质化、企业无序竞争、产品结构单一、创新不足、品牌影响力小、结构性矛盾突出等问题短板，制约纺织服装产业的高质量发展。

2. 发展方向

纺织服装行业未来的发展重点在婴幼儿服饰、童装、家用纺织品、休闲装、针织服饰等领域。在现代化进程不断推进的过程中，有必要将传统与现代、功能与美感、本土与西方、绿色与科技的设计理念融为一体，推进高端纺织服饰的发展，打造国内领先纺织基地、时尚服装产业集聚区。在婴幼儿童装领域，鼓励植物染料及工艺染色，采用防静电、抗电磁波等保护性功能面料，加强环保亲肤型童装、高技术性服装研发，开拓休闲运动及礼服市场。尤其注重融入文化内涵，打造活泼、潮流、多元化、健康的品牌。[②] 在纺织面料领域，注重研发天然纤维面料，如绵羊毛及绢丝、麻纤维（罗布麻产品）等，以及纳米复合纤维等高科技纤维。开发持久抗紫外线、防辐射、永久性抗菌防臭类等功能性纺织面料产品，弥补传统纺织产品缺陷，满足消费者需求。在服装领域，瞄准国内国际双市场，开拓高端市场，走时尚、高端、个性化道路，利用新一代信息技术，简化个性化定制、生产、销售等流程环节，提供便利化、高水平服务。

（四）自行车（童车）

京津冀区域自行车产业规模较大。例如，河北平乡县是中国最大的自行

---

① 发送医用防护服 10 余万套件 [EB/OL]. 光明网，https：//m. gmw. cn/2021-01/13/content_1302031064. htm.

② 章建春，韩圆. 中外婴幼儿服装设计现状比较与思考 [J]. 美术大观，2019（11）.

车零配件生产基地，该地形成的自行车产业带每年产值高达 100 亿元，成为继珠三角、长三角、天津之后的第四大自行车产业聚集板块。除平乡县以外，广宗县、曲周县的自行车产业也形成了独特的发展优势。

1. 基本情况

邢台平乡县、广宗县和邯郸曲周县在地理位置上相互邻近，且都以自行车（童车）生产为特色产业。平乡县被认定为"中国童车生产基地""中国自行车零配件基地暨儿童自行车之都""国家外贸转型升级基地（童车）"。曲周县为扶持童车产业发展，不仅耗资 54 亿元建成了童车童玩产业园，还从深圳引进研发企业，建立了曲周县工业设计创新中心，这也是河北省第一家县级工业设计创新中心①。广宗县在做大做强自行车（童车）产业的基础上，形成了集研发、销售、检测于一体的产业链条。

经过多年培育与发展，各地逐渐培育出一批龙头企业，并通过办展参展扩大自行车产业影响力。平乡县先后引进了好孩子、富士达等一批行业领军企业，并在其带动下涌现出强久、恒驰、天大等龙头企业。广宗县天天车业、天王科技、万怡等童车企业迅猛发展，进入行业 500 强培育企业。亿航、亿丰、绿源、健儿乐和贝特佳已成为华北最大的自行车（童车）零配件及整车生产厂商。中国·北方（平乡）国际自行车童车玩具博览会自 2014 年起举办，平均每届参展人数达 10 万人次，交易额达 30 亿元。其中，第十届博览会吸引了俄罗斯、印度等 20 多个国家和地区的客商 300 多人参加了展会，国际影响力得到进一步提升。②

2. 发展方向

未来自行车（童车）产业发展主要聚焦于配套升级、质量提升、规模扩大、品牌提档、市场升级、效益最大化，在技术、材料、研发、营销等创新方面持续发力，走向中高端发展，促进产业集群、产业龙头、产业链条并驾齐驱。在现有产业发展基础上，加快建设国内一流"中国自行车（童车）名城"，实现"世界自行车（童车）看中国，中国自行车（童车）看河北"的目标。在童车领域，一方面，以婴幼儿为中心，重点发展符合市场需求的单/双婴儿推车、折叠婴儿车、婴儿安全座椅、学步车、摇摆车等婴儿推车和座椅系列产品；另一方面，以可以独立活动的儿童为中心，除了开发与汽车紧密相连的儿童座椅外，研发不同年龄阶层适合的童车，推出多种车型，如玩具车、儿童三轮

---

① 探访河北曲周"童车小镇"：年产 4000 万辆　畅销 30 余个国家［EB/OL］. 中国新闻网，http://www.heb.chinanews.com.cn/hwkhb1/20211126418931.shtml.

② 背景材料 2：六大产业分类发展重点产业集群背景资料，河北省工业和信息化厅，2021。

车、山地童车、BMX童车等，还可以开发亲子款、联名款等新型产品。在自行车领域，重点发展普通自行车、山地自行车、变速自行车、折叠自行车等脚踏自行车产品，拓展具有GPS定位、防盗、娱乐、智能刹车等功能的智能自行车，打造"黑科技"，提升行业智能化水平。在自行车零配件方面，从关键基础材料、先进基础工艺等方面，促进鞍座、车架/前叉、曲柄、车把、轮胎、传动部件等中高端零部件的研发。

（五）羊绒

羊绒产业是京津冀重点发展的特色产业之一。"世界羊绒看中国，中国羊绒看清河"，邢台市清河县羊绒产业是河北省重点扶持的超百亿元县域经济特色产业集群。河北省南宫市近年来不断引进先进纺织技术和智能生产设备，通过延长羊绒加工产业链条，实现了羊绒产业规模化生产，其产品畅销多个国家及地区。

1. 基本情况

清河县与南宫市是河北省羊绒产业的集聚区，两县均处于河北东南部区域，在区位优势和自然禀赋并不突出的条件下，发展成为全国最大的羊绒原料加工集散地、全国最大的羊绒纺纱基地、全国重要的羊绒制品产销基地。

清河地处冀东南平原，东隔京杭大运河，与山东夏津相邻，凭借20世纪70年代末开始的梳绒工艺和设备，对来自内蒙古、甘肃、新疆等牧区的原绒材料进行加工，形成了初具规模的羊绒产业。20世纪90年代末，清河山羊绒梳绒总量占全国总量的60%、世界总量的40%[1]。经过40多年的发展，清河羊绒产业在最初的分梳原料的基础上，进一步发展了纺纱、织布、织衫的技术，形成了完整的产业体系，获得了"中国羊绒之都""中国羊绒纺织名城"等美誉，形成了"恒源祥""皮皮狗""红太""贝龙"等一批知名品牌。2019年，全县有10万余人从事羊绒产业，全县全年分梳的山羊绒约占全国市场份额的50%，绵羊绒及其他特种动物纤维约占全国市场份额的90%；山羊绒纱线和山羊绒衫分别占据全国总量的45%和21%[2]。伴随互联网的发展，清河借助羊绒产业发展电子商务，形成了包括生产、销售、快递、电商运营、网红培育

① 从"中国羊绒看清河"到"清河羊绒暖中国"［EB/OL］. 重庆服装网，http：//www.cqfuzhuang. com/article/2009－12－10/211202. shtml.

② 清河羊绒产业［EB/OL］. 河北新闻网，http：//zhuanti. hebnews. cn/2019－10/23/content_750 2434. htm.

等在内的完善的产业链条[①]。2020 年，清河县的羊绒制品远销意大利、德国、法国等 20 多个国家和地区，年产值达 200 多亿元[②]。

南宫市羊绒产业的发展也突飞猛进。其羊绒产业源自 20 世纪 80 年代，至今已有 40 多年发展史，有"中国羊剪绒毛毡名城""中国羊剪绒之都"的称号，已成为南宫工业的重要组成部分。羊绒、羊剪绒、毛毡、纺织是南宫的主导产业。产品主要包括化纤、精梳羊绒、棉纱、彩纱、羊毛毡及羊绒被、羊绒衫、毛毡挂件、毛毡鞋等。其中，大部分羊绒、棉纱等产品销往浙江、江苏等国内市场，用以制作各种面料，而出口到俄罗斯、韩国、美国等国外市场的产品，以毛毡产品为主[③]。在日益火爆的网络销售渠道中，南宫毛毡企业在网上注册了近千家店铺，线上占据该品类市场的 90% 左右[④]。

2. 发展方向

羊绒产业在河北既是主导产业，也是富民产业，有传统的经营模式、稳固的产业基础。未来可依托势头良好的清河、南宫等产业集群，加强对其他动物纤维、丝、麻、新型化纤等原料的使用，推广多元化的羊绒和羊绒混纺产品，从外衣到内衣，从冬装到春、夏、秋装，再到家用纺织品领域，不断扩大产品种类，吸引多级别的消费人群。把工艺设计作为制胜利器，搭建设计中心、原创平台等，引进国内外优秀设计师入驻，吸纳服装设计人才，从样式到细节进行全方位锁定。发展高档精梳纱线、多种纤维混纺纱线和差别化、功能化化纤混纺、针织、机织面料等生产技术，以及高支绒毛精纺面料、半精纺面料等高附加值产品，不断提高时尚产品和奢侈产品所占的比重。坚持创新驱动发展战略，在现有的京津冀羊绒产业技术研究院、中国羊绒产品质量监督检验中心(清河实验室)等平台基础上，加强与深圳、上海等发达区域研究中心、产业创新中心等平台的合作，借鉴其经验，研发环保、低损耗的羊绒生产技术，建设行业规范标准，加强羊绒功能型材料的研发，实现绿色化、智能化升级。加大品牌培育力度，线下举办博览会、展销会等，线上利用新媒体向各地潜在消费者介绍羊绒产品及其独特性，提升市场知名度。

① 河北清河："羊绒之都"掀起网销热潮[EB/OL]. 中国经济网，http：//www. ce. cn/xwzx/gnsz/gdxw/202111/17/t20211117_37092776. shtml.

② 河北清河县加快羊绒产业转型升级[EB/OL]. 河北新闻网，http：//xt. hebnews. cn/2020-08/20/content_8066197. htm.

③ 中国羊剪绒毛毡名城、中国毛绒纺织特色产业基地——河北省南宫市[EB/OL]. 中国毛纺织行业协会，https：//mp. weixin. qq. com/s/Gs3W0ptG9BypqpG0LJnHgg.

④ 背景材料 2：六大产业分类发展重点产业集群背景资料，河北省工业和信息化厅，2021。

(六)箱包

箱包产业是京津冀时尚消费产业又一重点发展领域。特别是河北省保定市白沟镇,已将箱包产业作为支撑当地商业发展的主导产业。未来京津冀区域箱包产业仍将以河北为核心,向产品高端、个性化设计、品类齐全、智能生产的方向转变。

1. 基本情况

保定白沟地处京津冀腹地,毗邻雄安新区,是我国最大的箱包产销基地之一,年产箱包8亿只,占全国产量的1/4。箱包作为白沟新城的主导产业,辐射周边11个县(市)、55个乡镇、500多个自然村,催生了400余家规模企业、3000多家加工企业、7000多户个体加工户、2万多家电商,形成了从业人员超过150万人的区域特色产业集群①。受益于京津冀协同发展,白沟箱包市场成为第三批市场采购贸易方式试点,也是我国华北、东北、西北区域的唯一试点。近年来,白沟箱包产业集群发展势头强劲,产销网络化格局正在悄然形成;在龙头企业带动作用下,形成了原材料供应、产品设计、加工制造、产品展销、物流配送等一条龙服务的产业链条;搭建了中国箱包之都信息交互平台、万户通箱包批发网电子商务平台、电商箱包产业园等多元化公共信息平台;建立了阿里巴巴白沟产业带、白沟购、速卖通等多层次电子商务网络②。"互联网+"的新业态、新模式得到大力推广,2020年阿里巴巴白沟箱包会员店铺5000余家,网上销售额突破48亿元③。

2. 发展方向

良好的经济基础和较高的生活品质追求,为箱包产业的发展提供了较大的空间。未来河北将以白沟箱包产业集群为载体,坚持扩大规模、提高质量、创新设计、品牌培育联动发展,主攻优质配件、高端成品,重点发展旅游出行、休闲日用、运动配套、商务通勤等全品类箱包产品。紧紧抓住主流趋势,进行个性化设计,生产轻便、结实耐用、透气、可分区存放的产品,避免相互污染的问题。拓展功能性箱包,考虑保温、驱蚊、防水、开箱照明等实用性问题。细分领域与产品,针对各种领域、多种角色、不同职业的人及老人、婴童等特殊群体,进行产品细分,壮大传统市场,挖掘潜在客户群体。迎合

---

① 背景材料2:六大产业分类发展重点产业集群背景资料,河北省工业和信息化厅,2021。

② 白沟箱包产业形成网络化产销格局[EB/OL]. 河北新闻网, http://hbrb.hebnews.cn/pc/paper/c/201803/29/c60208.html.

③ 白沟新城:打造中国箱包产业走向世界的窗口[N/OL]. 保定日报, https://mp.weixin.qq.com/s/aeiGU2ywJX-YjxJpmtotuw.

绿色发展的时代主题，大范围使用可回收、可重复使用的新型材料，发展可降解的 ABS 材料、新型环保型防霉抗菌材料，进一步研发抗击病毒的新材料①。实现智能化升级改造，研发纳米材料、防爆拉链等高科技材料，发展具有充电、GPS 定位、智能锁、智能行走、电子称重、防丢失功能等新一代信息技术的箱包，提升产品附加值，促进产品的多样性升级，助力河北箱包企业的蜕变重生。抢占数字化平台，发展云端带货新模式，孵化直播网红，举办线上带货节，打响白沟国内自主品牌。

（七）宠物产业

当前，京津冀区域宠物产业发展欣欣向荣。依托宠物产业，河北省邢台市南和区经济实现了快速发展，并因此成为"中国宠物食品之都"。未来需加快南和宠物产业向京津冀其他地区布局，推动京津冀宠物产业协同发展。

1. 基本情况

邢台市拥有 3500 余年的建城史，历史上曾四次建国、五次定都，有"五朝古都、十朝雄郡"之称。目前，邢台市内有多家宠物食品龙头企业，大部分产业集聚在南和区，是"宠物行业的摇篮"。南和区作为全国最大的宠物食品生产基地，素有"畿南粮仓"之称，是传统的农业畜禽饲料加工地，拥有丰富的粮食和畜禽养殖等资源基础。当地宠物产业源自 20 世纪 90 年代，历经萌芽期、发展启动期、快速成长期三个阶段，正在由单一的宠物食品向集宠物干粮、零食、繁育、医疗、电商于一体的全产业链发展。2020 年，全区拥有 4 家全国十强宠物食品企业、46 家规模宠物食品企业、146 家宠物用品企业、92 家上下游链条企业以及 8300 多家相关电商和营销商②。产值 110 亿元，带动就业 6 万余人③，促进宠物用品、物流、电商、包装等相关行业快速发展，形成了全国 4 个第一，年产宠物干粮量、年产猫砂量、宠物饲料十强企业数量、单体规模年产宠物食品量均属于行业翘楚。为抓住机遇，实现高质量发展，南和区以南和经济开发区为载体，规划实施了"一核两区"宠物产业发展平台："一核"即建设集会展、生产、创业、贸易、旅游功能为一体的

---

① 梁玮. 箱包产业"十四五"发展趋势展望——专访中国皮革协会箱包皮具专业委员会会长新秀集团有限公司董事局主席浙江相伴宝产业互联网公司董事长施纪鸿[J]. 北京皮革：中外皮革信息版（中），2021（2）：40-45.

② 河北邢台南和区：宠物产业呈现多业态发展[N/OL]. 邢台日报，https：//szb. farmer. com. cn/2021/20211106/20211106_008/20211106_008_6. htm.

③ 南和宠物产业产值达 110 亿元[EB/OL]. 河北新闻网，http：//m. hebnews. cn/xt/2021-04-23/content_8477252. htm.

宠物产业核心区;"两区"即打造宠物仓储和医疗战略发展平台,行业影响力持续增强。

2. 发展方向

随着年轻人对宠物的喜爱程度不断增加,愿意为"爱宠"买单的人越来越多,萌宠市场的"蛋糕"也越做越大。作为省级特色产业,宠物产业在促进乡村振兴、扩大内需、引导消费、带动区域经济发展等方面发挥了重大作用。未来京津冀宠物产业发展仍将依托南和宠物产业集群,以生产宠物食品为核心,包括宠物主食、咬胶等零食以及维生素、钙类、美毛类、营养品类等保健产品,培育精深加工等配套企业;做优附属用品、清洁用品、服装服饰等宠物用品产业;拓展疫苗接种、疾病预防、诊疗、保健、日常护理等宠物医疗产业;壮大宠物寄养、美容、训练、洗澡、保险、殡葬等其他服务产业;深思宠物体验、宠物观赏、宠物赛事、宠物摄影、宠物社交、宠物会展、宠物创意等衍生产业,打造宠物乐园、迷你动物园、宠物产业小镇等高地;开发"宠物产业+旅游"的新模式,促进宠物产业和旅游业跨界融合发展;拥抱数字化资源,探索产业发展新模式,与阿里巴巴展开深入合作,打造优质网店,培育网红助力直播,发展跨境电商,为产业发展注入更多的内生活力,创建更具影响力的"中国宠物产业之都"。

综上所述,京津冀时尚消费产业集群发展重点如表5-3所示。

表5-3 京津冀时尚消费产业集群发展重点

细分产业	主要产品	主要发展区域
皮革皮毛	裘衣、拳击手套、箱包沙发、高铁座椅、汽车装备等	保定、石家庄、邢台等地
美居家具	胶合板、门窗、建筑铝型材、客厅家具、餐厅家具、酒店家具等	廊坊、石家庄、沧州等地
纺织服装	灯芯绒、毛巾、手套、羊绒衫等	保定、石家庄、邢台等地
自行车（童车）	单/双婴儿推车、折叠婴儿车、普通自行车、山地自行车、变速自行车、折叠自行车等	邢台、邯郸等地
羊绒	羊绒纱线和山羊绒衫、精梳羊绒、棉纱、彩纱、羊毛毡及羊绒被、羊绒衫、毛毡挂件、毛毡鞋等	邢台等地
箱包	学生包、拉杆箱、休闲包等	白沟等地
宠物	宠物繁育养、宠物用品、宠物玩具加工、宠物医疗	邢台等地

资料来源:根据《河北省特色产业发展"十四五"规划》整理。

◀ 第三节 ▶

京津冀时尚消费产业集群典型案例

京津冀时尚消费产业发展至今，其集群化水平得到了进一步提升，形成了一批产业链完整、品牌优势明显、极具产业规模、富有县域特色的时尚消费产业集群，典型的有白沟箱包产业集群、清河羊绒产业集群、辛集皮革皮毛产业集群等。

一、白沟箱包产业集群

（一）基本情况

白沟箱包产业集群是河北省重点建设的县域特色产业集群，也是河北省十大区域特色产业之一。从三国时期发展至今，河北省白沟箱包产业已由简陋的家庭作坊转向流水线作业的专业生产模式，目前已成为全国最大的专业箱包市场，实现了由无品牌到大品牌的"华丽转变"。

2020 年，实施"标准先行、设计支撑、质量引领"为主要内容的品牌发展战略，建立了白沟箱包产业标准体系。① 2022 年，河北制定推进白沟商贸经济高质量发展工作方案，建设白沟数字赋能中心，加速打造高端人才孵化、创新成果转化基地。② 京津冀协同发展、雄安新区设立为白沟带来新的发展机遇，人们印象中的"低价策略"正在白沟淡去，白沟正在演化成为一个设计中心、研发中心、发布中心。

（二）发展优势

随着京津冀产业协同发展中的产业转移与承接，白沟箱包产业集群不断发展壮大，品牌力量在逐渐提升，其发展优势表现在以下几方面。

---

① 以"智"提"质"　白沟箱包满帆再起航［EB/OL］. https：//mp. weixin. qq. com/s?_biz = MzA40Tky NTixMQ = = &mid = 2247547609&idx = 2&sn = 6b9450c7365e36bd2e944d9e3f909583&chksm = 901109eda7668 0fb3948a94a83b14f00e150f6315eeca46c275eee8d7a31d87850b256dcc962&scene = 27.

② 箱包产业走上转型升级路（高质量发展在一线）［EB/OL］. 人民网，https：//baijiahao. baidu. com/s?id=1771922764602544224&wfr=spider&for=pc.

1. 外贸业务的发展潜力

在京津冀协同发展战略的背景下，2016 年国家将白沟箱包市场列为第三批市场采购贸易方式试点，随后被授予"河北省外贸转型升级十佳平台""国家外贸转型升级基地"的荣誉称号。海关监管场站、白沟试点联网信息平台、外贸基地等配套体系不断健全，白沟箱包的外贸之路越走越宽广。2019 年，白沟市场位列中国商品市场综合百强第四，出口覆盖 140 多个国家和地区，其中 90%以上集中在"一带一路"沿线。截至 2021 年 9 月 7 日，白沟箱包市场仍累计出口 69526.91 万美元，同比增长 44.38%。①

2. 中小微企业的发展活力

基于白沟箱包传统的"前店后厂"生产模式，以及新时代高端研发的耗资难题，2021 年，在白沟箱包产业集群内 400 多家规模企业、3000 多家加工企业、7000 多户个体加工中，除了广顺箱包、河北金海豚箱包等少数龙头企业规模较大外，大部分都是中小微企业，构成了经济发展的生力军。② 近两年，中小微企业大力发展电商模式，打通线上销售渠道，通过一部智能手机就可以全方位地展示自己的产品，确保了实现快速复工复产。电商的发展不仅提供了更多的就业岗位，更为中小微企业送来了"甘露"，使中小微企业展现出巨大的发展活力。

3. 便利的物流节点③

白沟拥有省级物流产业聚集区，配有南、北、东三大物流中心。2016 年，该区域搭建起一张由陆运、海运和空运组成的全国物流辐射网，北上漠河、南达南海、东至沿海、西到新疆喀什，物流线路覆盖全国 31 个省（市、自治区）④，并与亚洲、美洲、欧洲等的 130 多个国家和地区建立业务往来。2022 年 1~10 月，白沟新城物流营业收入近百亿元，快递发件量 2 亿余件，收入 20 余亿元⑤。如今，白沟物流产业聚集区正在走向现代化、多元化、国际化，

① 白沟新城：打造中国箱包产业走向世界的窗口［N/OL］. 保定日报，https：//mp. weixin. qq. com/s/aeiGU2ywJX-YjxJpmtotuw.

② 白沟箱包：置身"两大国家级战略"再腾飞［EB/OL］. https：//mp. weixin. qq. com/s?_biz = MjM5MjY1Njc5OA = =&mid = 2672734185&idx = 3&sn = b6f1742113656f2344fc13b7c6d328fc&chksm = bc18f3188b6f7a0e4b08b9d6bb767a6fba5dc24cb9664db51371a033985b68b55dbbad7a1356&scene = 27.

③ 白沟新城构建现代物流发展大格局［EB/OL］. 白沟新城管委会，http：//www. bgxc. gov. cn/news/view_2324. html.

④ 白沟新城 800 亿物流产业呼之欲出［EB/OL］. http：//www. clii. com. cn/zhhylm/zhhylmHangYe-JuJiao/201606/t20160607_3892527. html.

⑤ 白沟新城：打造现代商贸物流新高地［EB/OL］. https：//www. chinaleather. org/front/article/124978/3.

全面打造北方现代物流产业基地。

4. 完整的产业链条

白沟箱包产业集群有箱包交易中心、国际箱包城、原辅料交易中心、工业园、质检中心、物流中心、科研机构几大模块，共同构成了一个完整的产业链条。其中，玉兔女包、柯士比得摄影包、空中鸟等知名品牌是产业链最终产品环节上的核心力量。白沟子非鱼箱包制造厂、白沟金地皇冠皮具厂、白沟双明箱包等规模企业是中间产品环节上的核心力量。完整的产业链条有利于推动白沟箱包产业向专业化、高端化、国际化、品牌化方向发展，实现"白沟制造"向"白沟创造"的转变。

（三）发展困境

虽然白沟箱包在全国乃至世界范围内打响了品牌知名度，但当地产业仍存在产品同质化、产业低端锁定、箱包质量问题频现等不足之处。

1. 产品设计同质化严重，缺乏创新

当前，白沟箱包产业集群大部分企业的市场定位仍是中低消费人群，相似的市场定位导致各个企业生产的产品大同小异，几乎无所差别，加速了企业间的同质化问题。随着越来越多的消费者不断追求时尚、个性化等要素，白沟整个箱包集群几乎没有形成自己的特色，无法抓住大众目光，导致消费者对企业的忠诚度不高，却引来内部的同质化竞争。再有，产品的创新设计需要有所投入，才可能得到回报。白沟箱包产业集群大部分是规模较小的企业，在工业设计上未免有些心有余而力不足，进一步阻碍了产品的创新发展。

2. 产业链地位不高，产品附加值较低

白沟箱包拥有从研发到物流配送完整的产业链条，但由于集群内企业量大而规模小、高端人才紧缺等问题比较突出，目前主要还是集中在生产制造的环节上，产品以中低档为主，始终处于"微笑曲线"中部的不利位置，再加上企业对费力研发新产品、提供高质量售后服务等问题的忽略，使白沟仍以数量规模获利，缺乏核心竞争力。

3. 箱包质量参差不齐，品牌影响力不强

白沟箱包一直以来主张以价取胜，尽管近几年在不断强调产品质量的提升，并取得一定的收获，但假冒伪劣等问题仍然层出不断。市面上的产品小到十几元、大到几百元，定价模糊不清，质量无法保证，给消费者带来选择难题。白沟有"玉兔""柯士比得""斯亨""柏奴"等自主品牌。2020 年，白沟新城已拥有本地注册商标 12276 件、河北省著名商标 38 个、河北省名牌产品

11 个、河北省优质产品 22 个、马德里国际商标 4 件①，但都是区域品牌，其影响力难以与涌入当地的 LV、爱马仕、香奈儿等相提并论，竞争优势明显不足，品牌建设有待提高。

二、清河羊绒产业集群

（一）基本情况

清河产业兴旺、特色鲜明，羊绒产业是其最具特色与代表力的一张亮丽"名片"，享有"中国羊绒之都""中国羊绒纺织名城"等称号。

目前，清河县羊绒产业已形成从原绒采购、分梳、纺纱、织衫、织布到制衣完备的产业链条，其中羊绒原料开始销往马达加斯加、土耳其、秘鲁等新兴市场，出口总值每年以 20% 的速度增长②；配套体系完善，建有省级羊绒产业研究院、羊绒设计中心、羊绒生产力促进中心、德成网络跨境电商基地等 10 余个创新平台。清河羊绒不仅是县域支柱产业，还是全国最大的羊绒原料加工集散地、全国最大的羊绒纺纱基地和全国重要的羊绒制品产销基地，有"世界羊绒看中国，中国羊绒看清河"的美誉。

（二）发展模式转变

历经 40 多年发展，清河羊绒产业早已今非昔比，清河县也从零开始成长为一座羊绒之都，在工业设计、智能化发展、品牌打造、文化培育等领域均取得了重大突破。

1. 工业设计：让"软黄金"告别"白菜价"

清河羊绒产业掌握着世界 40% 的原料，约 10 万名从业人员做着国内羊绒市场约九成的工作，却只赚到一成的钱，工业设计的缺乏一度成为清河羊绒的软肋③。为此，2017 年以来，清河县先后与深圳工业设计行业协会、中国流行色协会合作，引进韩国、意大利等顶尖设计师团队入驻清河，搭建工业设计创新中心、原创设计与展示中心等平台，促使规模羊绒制品企业与知名设计公司签约，从产品 LOGO、款式、包装到市场定位全方位设计；同时，建

① 河北保定白沟产业转型调查："箱包之都"逆风闯市场［EB/OL］. http：//www. ce. cn/cysc/new-main/yc/jsxw/202009/02/t20200902_35651386. shtml.

② 河北清河羊绒原料开始销往马达加斯加、土耳其、秘鲁、尼泊尔等新兴市场［EB/OL］. 全球纺织网，https：//www. tnc. com. cn/info/c-001001-d-3717124. html.

③ 工业设计｜发力"设计+"新品研发忙——清河羊绒企业的忙碌新春［EB/OL］. 河北工信厅，https：//mp. weixin. qq. com/s/LTkyTp4bWy4q-oRKtcpqaw.

设了清河羊绒设计研发中心、省级羊绒产业技术研究院，搭建高端设计师工作平台，重点服务于中小企业，受益企业众多。红太集团与西北农林科技大学等院校共同培育出的"红太优质绒山羊"属顶级水准，一经推出便风靡国际高端市场。河北昭有绒毛纺织有限公司凭借其独特的工业设计和创新能力，与阿玛尼等多家高端品牌展开合作。清河羊绒正在塑造一条科学、健康、完善的"黄金产业链"。

2. 科技助力：让"制造"走向"智造"

研发设计网络化、采购销售智能化、生产管理信息化，这些融入创新科技的生产方式和销售模式一改大众对传统织造的认知。目前，清河羊绒在养殖环节建立了山羊辅助育种信息管理系统；分梳环节形成了50多条自动化联合分梳机生产线；纺纱环节普遍采用现代化智能系统；针织环节新增3500台领先国际水平的电脑横机；后整理环节采用数码印花技术，智能化的产业链条已经初步形成①。智能化发展节省了物质、能源、人力的消耗，为提高效益打下了坚实的基础。在清河，众多羊绒企业正在争相布局"智能化"，河北南冠科技有限公司率先打造了智能纺纱数字车间，实现了数据化管理、车间条码等功能，将工业化和信息化深度融合，推动了产业的升级。清河县通过建立大数据中心和高效智能纺织工厂，促进了"智能生产+智慧市场+柔性供应"的智慧产业集群发展，推动清河羊绒产业数字化转型。

3. 品牌红利：从"羊绒之都"到"世界绒谷"跃迁

清河县政府加大政策力度培育品牌，一方面对获得中国驰名商标的企业，2020年一次性奖励50万元；另一方面采取"政府买单，企业受益"的形式引进知名设计师，为20家企业设计200余款产品，增加效益2000多万元。其中，中国驰名商标5个、中国服装成长型品牌53个，清河羊绒还被认定为"国家地理标志证明商标"②。截至2021年5月，清河羊绒产品商标注册量达4000个，位居全国县级行政区之首③。品牌红利让越来越多的企业从中获利，清河整个羊绒产业的产值从150亿元增长到了240亿元。宏业集团成为爱马仕羊绒围巾全球唯一的羊绒纱线供应商；昭有公司羊绒面料是阿玛尼、MaxMara等高端品牌的首选供应商；浩丽公司创建的FTC品牌畅销欧美市场。除

---

①　小镇资讯：清河羊绒让智造提升传统织造！［EB/OL］. 清河县羊绒小镇综合管理中心，https://mp.weixin.qq.com/s/hZHkeTqQboiRGW5HNn4ueA.

②　凝心聚力奔小康｜清河："羊绒之都"冲刺巅峰［EB/OL］. 河北新闻网，http://hebei.hebnews.cn/2020-09/09/content_8097872.htm.

③　清河羊绒产业：加强自主品牌建设　加快自主创新步伐［EB/OL］. 河北经济网，http://epaper.hbjjrb.com/jjrb/202105/28/con86636.html.

了与 LV、爱马仕、香奈儿等世界奢侈品品牌展开广泛合作，宏业等龙头企业还与海澜之家、南山等知名品牌建立合作关系。

4. 文化助力：弘扬"敢创伟业、事争一流"的时代精神

1994 年，清河首创了以羊绒产业为主体的行业专业展会——中国清河国际羊绒及绒毛制品交易会，也是行业内最早举办、最持久、最具影响力的行业展会。每届交易会都会吸引国内外多名客商的参与，展览上千个品种，签约各种项目。此外，有中国羊绒第一馆之称的"中国羊绒博物馆"建于 2009 年，是国内唯一一家以羊绒为主题的博物馆，填补了我国纺织类博物馆的空白。该博物馆展示了羊绒简史、百科、工艺，归纳了世界羊绒和清河羊绒 40 多年的发展历程，充分挖掘与传播了清河的羊绒历史与羊绒文化，弘扬了清河人民"敢创伟业，事争一流"的时代精神，向外界展现出清河作为中国羊绒之都的创新精神。

(三) 前景展望

科技加持、设计赋能使清河羊绒产业突飞猛进。未来，清河将加大政策支持力度，积极推进产业转型升级，促进羊绒制品向高端化、时尚化发展，将清河羊绒产业打造成为行业发展新标杆。

1. "清河—中国羊绒指数"成为引领羊绒产业发展的风向标[①]

为彰显清河羊绒在业内的地位和影响力，2019 年 5 月清河县政府委托杭州数亮科技股份有限公司，搭建了"清河—中国羊绒指数"，采集清河本地 24 家具有代表性的大中小羊绒企业，发布羊绒价格指数、其他绒价格指数、羊绒景气指数 3 个一级指数及 8 个二级指数。作为国内羊绒价格的权威参考，"清河—中国羊绒指数"能够直观、动态展现羊绒价格走势，反映羊绒加工和流通环节的景气程度，同时也是清河羊绒产业抢占市场话语权、扩大影响力和辐射力、打开市场知名度的重要举措。羊绒指数的发布将助推清河羊绒产业提质升级，引领羊绒产业向数据化、标准化、智慧化方向发展，真正让清河羊绒在世界独树一帜。

2. 电商快车成为经济转型新动力

互联网技术的应用，使清河羊绒搭上了电子商务快车，找到了通向市场的淘金路。从 2008 年开始，清河县就提出"网上市场与网下市场互动，有形市场与无形市场互补"的战略方针，实现了产业和经济发展的"二次飞跃"。清

---

① 挺进"指数时代"！"清河·中国羊绒指数"启动运行 [EB/OL]. 河北新闻网, http://hebei. hebnews. cn/2019−05/08/content_7397797. htm.

河县有 52 个淘宝村、6 个淘宝镇，全县电子商务年销售额超过 100 亿元，其中 80%是羊绒服饰及制品①。随着互联网的发展，直播逐渐成为电商销售的新模式，越来越多的企业和商户正在抢抓网络直播带来的新机遇。2021 年初，抖音落户清河羊绒直播基地。清河羊绒未来将秉持服务、赋能、链接、生态的理念，持续提升运营、服务水平，创新产业带经营模式，加快产业链的互补和融合。在当前时代背景下，电商直播的经营方式将更容易打通国内外市场，促进企业与消费者的沟通联系，清河羊绒产业的发展将显现出勃勃生机。

3. 政策支持助力清河羊绒产业发展

近年来，河北省先后出台一系列政策，以 107 个省级产业集群为重点，聚焦创新、标准、品牌、工业设计等方面，焕发全省县域特色产业的活力。根据《河北省特色产业发展"十四五"规划》，在县域特色产业各行业中，清河羊绒是"十四五"时尚消费产业发展的重点之一。未来将主要依托清河、南宫两大产业集群，开发推广多样化的羊绒制品，推动羊绒产业的绿色、智能化转型。清河将有机会借力政策东风，全力打造国际羊绒时尚引领区，让羊绒制品走上国际舞台，为清河羊绒争得更大的局面。

三、辛集皮革皮毛产业集群

（一）基本情况

辛集皮革皮毛产业历史悠久，明清时期已声名海内外，有"中国皮革皮衣之都"的称号，经过多年发展，现已形成从制革到制衣、制鞋、皮具等为主要产品的较为完整的产业链条，实现了就地转化深加工，形成了皮革机械、皮革化工、毛领加工、皮革辅料等近十个配套行业，催生了原辅材料、毛皮交易、物流配送等专业市场。② 2020 年，规模以上皮革业企业产值占全市规模以上工业企业的 68.8%，增加值占全市规模以上工业企业的 72.2%。③

辛集皮革皮毛产业集群具有较高知名度和影响力，集群内现拥有规上企业 110 家，科技型中小企业 76 家，高新技术企业 2 家，研发投入占比 1.6%，省级公共服务平台 3 个，院士工作站 1 家（河北省皮革院士工作站），知名品

---

① 清河羊绒入选全国百强产业带［EB/OL］. 清河县人民政府，http：//www.qinghexian.gov.cn/news/7270.cshtml.

② 东贞皮业：创新激发活力 传统皮革产业焕发生机［EB/OL］. 河北省工业和信息化厅，http：//gxt.hebei.gov.cn/sme/sc/qyjj/766296/index.html.

③ 辛集："千年皮都"打造千亿级特色产业集群丨河北县域特色产业集群样本 89［EB/OL］. 河北资本，https：//mp.weixin.qq.com/s/M7KnVVSpHjhAPlH83vrZXA.

牌 66 个。① 其中，拥有东明集团、梅花皮业集团、东贞皮业等一批业内龙头企业，构建了河北省皮革产业技术创新战略联盟、河北皮革研究院等重要平台。此外，在产品营销方面，辛集皮革产业集群紧抓数字经济大势，大力发展跨境电商、网红直播带货等新业态、新模式，建立了"快手直播基地"，拥有直播间 30 余个，龙头企业月销售额同比增长近 100%。②

(二)发展优势

辛集不断尝试、勇于探索，持续将皮毛产业做大做强、做专做新，在强大内生动力的驱动下，逐渐形成了超越其他区域的产业优势。

1. 区位交通条件优越

辛集市位于河北省中南部，境内有石济高铁、石德铁路(石家庄至德州)、石黄高速、307 国道、省道衡井线东西横穿全境、省道安新线、县道天王线纵贯南北。③ 同时，辛集距石家庄正定国际机场仅有一小时车程，便于航空运输。此外，河北省内的秦皇岛港、黄骅港、唐山港为辛集皮革的出口提供了较为便利的海上交通条件。可见，辛集便利的交通运输条件是皮革皮毛产业集群发展的一大优势。

2. 市场知名度和行业影响力较高

辛集皮革皮毛产业历史悠久，经过多年发展，其品牌知名度和影响力得到进一步提高，2019 年，拥有中国驰名商标 7 个、河北省著名商标 33 个、河北省名牌产品 19 个、河北省优质产品 7 个，拥有真皮衣王 1 个、领先裘皮衣王 1 个、裘皮衣王 2 个、真皮裘皮名装 3 个，41 个皮装品牌获准佩挂中国真皮标志，通过 ISO9001 认证的企业 37 个、ISO14000 认证的企业 6 个、SA8000 认证的企业 8 个，④ 知名品牌拥有量位居河北省前列。此外，辛集每年都举办(辛集)国际皮革博览会、中国(辛集)国际皮革皮草时装周等国内外知名展会，并依托中国国际皮毛时装博览会(BEIJING FUR)永久落户辛集的优势，成为引领皮革皮毛业的风向标。

3. 研发设计能力较强

辛集皮革皮草服装设计原料丰富，设计元素众多，汇集了辛集时尚产业设计联盟、河北省皮革研究院、国际创意大师坊等研发设计平台，拥有 10 多

① 六大产业分类发展重点集群背景资料，河北省工业和信息化厅，2021。
② 米彦泽. 全省县域特色产业焕发强劲活力[N]. 河北日报，2021-12-23(007).
③ 区域位置[EB/OL]. 辛集市人民政府，https://www.xinji.gov.cn/html/zjxj_qywz/65151.html.
④ 辛集市皮革服装产业发展振兴计划(2019-2022 年)[EB/OL]. 辛集市人民政府，https://www.xinji.gov.cn/app/sy_zfwj/61846.html.

家国内外设计大师团队，牵头制定国家标准3项，发布全球首个《无铬鞣皮革》团体标准，并在全国率先将革皮、羊绒、纺织面料与貂狐貉等细皮完美结合，开发生产了皮衣皮草、羊绒大衣、派克服、迪克服、毛革一体、棉服、羊剪绒、编织毛服装八大类服装，[①] 皮革产品设计和工艺水平居全国前列，已经稳步走上国内外中高端市场。

（三）目前存在的发展短板

辛集皮革皮毛产业虽发展规模较大，但与浙江省、福建省等先进省份相比，尚存在一定差距，主要表现为以下三个方面的不足：

1. 产业结构层次低，产品附加值有待提升

目前，辛集皮革产业已形成了制革、制衣、制鞋、皮具等较为完整的产业链条，但集群内的企业多是劳动密集型企业，长期以来多是生产中低端产品，而高档次、高附加值产品较少，行业发展主要是以量取胜，产业链条亟须向设计研发、品牌运营等方面延伸，提升其工业设计能力，打破中低端市场地位，提高产品附加值。

2. 核心竞争力不够强，专业人才缺乏

一方面，辛集皮革产业集群虽在业内形成了一批龙头企业和品牌，如梅花皮业集团、东贞皮业、"东明"牌等，但在国内外叫得响的自主知名品牌和龙头企业数量较少，产业集群整体知名度还不够高；另一方面，集群内企业的数字化应用水平还不高，缺乏创新平台特别是省级以上研发机构。此外，2019年辛集市皮革技术研发设计人员1200余名，[②] 与浙江省的海宁皮革城相比，专业的设计师和高级设计师数量较少，这在一定程度上不利于今后辛集皮革产业集群的转型升级。

3. 企业环保意识有待增强

现阶段，在辛集皮革皮毛产业集群内，仍存在一些高污染、高耗能的生产企业，多是一些"小散乱污"企业，主要原因有以下两点：一是企业的环保意识不足；二是企业自身处理废水废物废气的设备较为落后，不能做到有效处理。因此，当前在"双碳"目标背景下，企业应增强自身的环保意识，及时改进污水处理设备，建设绿色化、数字化车间，减少污染物排放，实现低碳循环发展。

---

① 辛集市皮革服装产业发展振兴计划（2019—2022年）[EB/OL]. 辛集市人民政府，https：//www.xinji.gov.cn/app/sy_zfwj/61846.html.

② "设计+"促辛集皮革业转型[EB/OL]. 河北省工业和信息化厅，http：//gxt.hebei.gov.cn/hb-gyhxxht/xwzx32/dfgz28/659238/index.html.

◀ 第四节 ▶

京津冀时尚消费产业集群高质量发展路径

时尚消费产业集群是京津冀在"十四五"期间重点打造的产业集群，未来发展要立足各产业特色，突出高端化、品牌化、绿色化发展方向，集中力量做优做强时尚消费产业。

一、以"延链""强链""补链"为重点，提升产业链现代化水平

产业链是创造和实现产业价值的根本途径，完整的产业链是产业集群发展成熟的标志。现阶段，京津冀时尚消费产业链条有待完善，应当以"延链""强链""补链"为重点，促进产业链现代化转型。

(一)植入工业设计，提升产品附加值

未来，京津冀时尚消费产业发展要重点围绕产业链前端环节，坚持以工业设计为主要抓手，加快对产业链的"延链""补链"。集群内要支持培育一批发展规模较大、设计能力较强的龙头带动企业，加强与时尚高校、科研院所的合作，建立企业工业设计中心，在羊绒、箱包、自行车(童车)、皮革皮毛、纺织服装等产业植入专业设计资源，开发新功能、新外观、新品种的高端时尚、个性化的产品，提升产品附加值。如羊绒产业未来可开发推广多样化羊绒及羊绒混纺产品，提升时尚类、轻奢类产品比重①；皮革产业未来可发展高档次、高附加值的羊皮服装革、鞋面革。

(二)提升品牌价值，创新营销模式

在提升时尚消费产业工业设计能力的同时，也要注重其产业链后端的发展，这是一个"强链"的过程，即加强特色品牌培育和开拓营销渠道，提升时尚消费产业的市场知名度和营销力。一方面，以箱包、纺织服装、宠物等特色产业为发展重点，鼓励和支持集群企业尤其是龙头企业结合各区域发展特

---

① 河北省特色产业发展"十四五"规划[EB/OL]. 河北省工信厅, http://gxt.hebei.gov.cn/hbgyhxxht/zcfg30/snzc/894225/index.html.

点，充分挖掘产品的文化内涵，加强产品品牌设计，打造区域品牌和特色品牌，如打造国家地理标识、百年老字号、冀有品牌等。另一方面，集群企业要创新产品的营销模式，培育品牌营销的新业态新模式。鼓励和支持业内龙头企业举办和参加国内外高端博览会、时装周等产业活动，并结合互联网营销模式，继续发展网络红人直播带货、跨境电商等新型营销手段。如宠物产业重点推广宠物食品、宠物用品电商模式。①

二、以创新驱动发展战略为引擎，提升集群企业创新力

创新是实现产业持续发展的驱动力量，时尚消费产业集群的发展更离不开创新的加持。实现创新驱动发展，需要从以下两个方面入手：

（一）增加企业研发投入，推进企业生产数字化

近些年，随着人工智能、大数据等信息技术的快速发展，传统产业在逐步转型升级。京津冀时尚消费产业集群发展要顺应这一趋势，推动纺织服装、羊绒、皮革皮毛等传统产业数字化转型。重点是集群企业要增强创新意识，在技术研发和智能制造等领域投入更多资金，构建智能化工厂、数字化生产车间。如纺织服装、羊绒等产业集群未来发展要重点围绕个性化定制、柔性化制造，在生产车间引进自动化缝制、智能吊挂等技术，发展智能制造。② 皮革产业集群未来发展要充分利用大数据、云计算等新一代信息技术，在排版、裁断、缝制等环节"机器换人"，加快使用识别系统、智能切割系统、3D 打印设备等智能装备。③

（二）建设科技创新平台，激发人才创新活力

第一，鼓励和支持集群企业建设科技创新平台，特别是推动龙头企业加快建设研发机构，提升自主创新能力。如集群企业重点在纺织服装、美居家具等领域，与国内外知名院校、科研院所、业内优势企业合作，汇集各类创新要素和资源，建设技术创新中心、企业技术中心、产业技术创新联盟等重

① 河北省特色产业发展"十四五"规划［EB/OL］. 河北省工信厅，http：//gxt. hebei. gov. cn/hbgy-hxxht/zcfg30/snzc/894225/index. html.

② 河北省服装产业转型升级行动方案［EB/OL］. 河北省工信厅，http：//gxt. hebei. gov. cn/hbgy-hxxht/zcfg30/snzc/636286/index. html.

③ 海宁市时尚产业发展"十四五"规划［EB/OL］. 海宁市人民政府，http：//www. haining. gov. cn/art/2021/8/20/art_1688409_159230. html.

要科技创新平台，提升创新能力。第二，以科技创新平台为依托，注重人才引进和培养，激发人才创新活力。针对目前在皮革皮毛、美居家具、自行车等领域存在技术研发人才、高端设计人才缺乏等问题，未来时尚消费产业集群发展要鼓励企业加快建立院士工作站、博士后工作站等高端人才载体，创新人才引进和培养机制，吸引更多人才。此外，还要加强对在职人员的专业技能培训，丰富其专业知识和技能技巧。

三、以"双碳"目标为抓手，实施绿色低碳发展

"双碳"即碳达峰、碳中和，是我国为改善生态环境质量提出的控制二氧化碳排放量的目标，这一目标的提出对传统产业加快绿色转型发展提出了新要求。在国内绿色发展成为大趋势的背景下，京津冀时尚消费企业应当增强环保意识、引进低碳技术，加快低碳转型的步伐。

(一)引导企业树立环保意识，传递可持续消费理念

时代在不断前进与改变，面对可持续发展的潮流，企业有必要改变以往的商业理念，强化守护环境的责任心，重新定位企业使命，以便赢得更多消费者的青睐。首先，政府要借助互联网手段向全社会大力推广和宣传绿色发展理念，营造绿色消费的大环境；出台规范性文件约束或激励企业行为；牵头重大项目，鼓励企业参与，强化环保意识。其次，向表现突出的企业学习，优先考虑地球资源，在获取原材料、设计产品、实施生产销售、打造品牌、企业管理等方面融入责任理念，既可以展现出负责任的决心，又能够取得商业成功。最后，企业主动走资源节约型、环境友好型发展道路，生产高标准、高品质的产品，以优质产品引导消费者需求，并向消费者宣传品牌在设计、生产、营销等方面植入的可持续理念，进而让客户真正参与到可持续时尚营销中来，最终反向刺激企业的绿色生产，推动全社会的可持续消费。

(二)创新节能减排技术，推进低碳循环发展

加快开展可持续供应链建设，开发可持续性评估工具，根据环境绩效、社会劳动实践、产品设计选择对材料、产品等供应链进行评估，提高供应链的系统性与透明化，促进决策者做出高效率、可持续的抉择。加强科研投入，培育科技创新型企业，强化企业与科研院校和机构的合作；共建技术研发服务平台，突破技术瓶颈，创新节能减排技术；建立成果转化体系，推动技术落地。实施重大项目，将优质资源"请进来"，通过多种形式、各种渠道引进

国内外与时尚消费产业相关的高端企业、先进技术与设备，加大对现代生产技术、环保技术的应用和推广，新设备替换旧设备，实现企业的清洁生产和资源的综合利用。深度融合数字技术和实体经济，制定并实施数字化车间、绿色染整、智能生产等方案，全力推进时尚消费产业的数字化转型与智能化重塑，以期实现提高生产效率和产品质量以及节能降耗减排的目的。

京津冀民生健康产业集群高质量发展分析

随着时代的发展，人类生活方式发生巨大改变，人民生活水平得到普遍提高，社会对健康产品的需求急剧增加，民生健康产业成为引导经济发展、促进社会进步的新兴产业。面对老龄化的机遇和挑战，不少企业开始着手大健康产业生态体系的布局，争做民生健康产业的核心骨干。在京津冀区域，泰康、益邦等行业优质企业积极迎接健康产业黄金发展期，不断引入先进技术，并与周边区域开展合作，共建健康产业发展平台，充分彰显京津冀在民生健康领域的产业优势。现阶段，京津冀民生健康产业蓬勃发展，市场容量不断扩大，产业链全链条布局持续推进，民生健康产业生态趋于完善、走向成熟。

◀ 第一节 ▶

京津冀民生健康产业集群发展概述

1948 年，世界卫生组织对"健康"进行了定义：健康不仅仅是没有疾病或虚弱，还包括在躯体、精神和社会适应方面的完好状态①。随着 2016 年习近平总书记提出"树立大卫生、大健康的观念，把以治病为中心转变为以人民健

---

① 唐钧. 大健康与大健康产业的概念、现状和前瞻——基于健康社会学的理论分析[J]. 山东社会科学，2020(9)：81-87.

康为中心"，"民生健康"这一概念引起国内社会普遍关注。

一、民生健康产业的范围界定

民生健康产业拥有极大的包容性，有狭义和广义之分。通常把向患者提供预防、治疗、康复等相关服务的产业部门称为狭义的民生健康产业，如以医疗卫生知识和技术为核心，服务人民身体健康的医疗卫生服务业就是一种狭义的概念。广义的民生健康产业不仅包括与躯体健康直接相关的狭义内容，还包括营养保健、休闲养生等边缘性产业。总的来说，民生健康产业是以维持健康、修复健康、促进健康为中心而进行的生产产品、提供服务、传播信息等活动的总和[①]。

(一)民生健康产业的划分

综合国内外对民生健康产业的研究，目前对民生健康产业的划分主要有以下三种方式[②]：

1. 基于三次产业的划分

这种划分标准认为，民生健康产业是由与健康联系紧密的二产中的制造业和三产中的服务业结合而成的[③]。其中，健康制造业指产品的生产经营，涉及中药材、医疗器械、药品、医用材料、保健食品、保健用品、体育健身用品、功能化妆品、功能食品饮料、设备等的生产制造。健康服务业包括医疗服务、健康管理、休闲养生、营养保健、咨询服务、健康保险、人才服务、培训考试等服务领域。

2. 基于健康产业链的划分

以医疗前、医疗中、医疗后作为划分依据，保健品、健康体检、健康教育、健康管理等属于前端产业[④]。其中，横跨一、二、三产业的健康食品制造业位于健康产业链的最前端。医疗服务、医疗设备、制药、康复治疗等修复健康、治疗疾病的产业处于产业链的中间。产业链的后端主要包括以实现更高层次健康、健美为目的的体育健身、休闲养生、美容等产业。

---

①④　胡琳琳，刘远立，李蔚东. 积极发展健康产业　中国的机遇与选择[J]. 中国药物经济学，2008(3)：19-26.

②　浙江省发展改革委课题组，焦旭祥. 从文献研究看健康产业的概念与分类[J]. 浙江经济，2013(16)：32-34.

③　宫洁丽，王志红，翟俊霞，席彪. 国内外健康产业发展现状及趋势[J]. 河北医药，2011，33(14)：2210-2212.

3. 基于健康消费需求和服务提供模式的划分

基于健康消费需求和服务提供模式划分，一般分为医疗性产业和非医疗性产业[①]。医疗性产业涉及药品产业、医药服务业、医疗设备业、体外诊断技术等以治疗疾病、恢复健康为目的的产业；非医疗性产业包括保健品产业、健康管理、健康保险、体育用品、健康传媒与文化等产业。

(二) 民生健康产业统计分类

根据国家统计局印发的《健康产业统计分类(2019)》，民生健康产业分为三层(见表6-1)，包括13个大类、58个中类、92个小类、1000多个品种(类)。

表 6-1　民生健康产业统计分类

	健康农业	中药材种植、养殖和采集
		医药制造
		医疗仪器设备及器械制造
	健康工业	健康用品、器材与智能设备制造
		医疗卫生机构设施建设
民生健康产业		医疗卫生服务
		健康事务、健康环境管理与科研技术服务
		健康人才教育与健康知识普及
	健康服务业	健康促进服务
		健康保障与金融服务
		智慧健康技术服务
		药品及其他健康产品流通服务
		其他与健康相关服务

(三) 民生健康产业的主要特征

一般来说，民生健康产业具备如下三个特征：

1. 朝阳产业

民生健康产业不仅涉及修复健康的传统产业，还包括促进健康的健康旅游、健康养老、休闲保健等产业，强调对生命全过程的呵护，是拥有巨大发

---

① 陈亚光，戴锦，徐莉莉. 健康管理及其经营机制创新问题研究[J]. 工业技术经济，2011，30 (7)：66-72.

展潜力的新兴产业。美国经济学家保罗·皮尔泽曾高度评价健康产业，称其为继 IT 产业之后的全球"财富第五波"。从国内市场规模来看，2018 年中国民生健康产业市场规模为 7.27 万亿元，2019 年增长到 8.78 万亿元。根据《"健康中国 2030"规划纲要》，中国民生健康产业 2030 年将达到 16 万亿元的规模，市场需求颇具潜力。目前，随着经济的不断增长、居民健康意识的不断提升，中国正在逐步迈入"健康保健时代"，推动我国民生健康产业蓬勃发展。

2. 产业链长

民生健康产业以维持、修复和促进人们的健康为目标，是一个与健康直接或间接相关的产业体系。也可以说，民生健康产业是一个跨产业、跨领域、跨地域，与其他经济部门相互交叉、渗透的综合性产业，产业链总体呈现出较长的特征。在我国，民生健康产业已形成医药、医疗、保健品、健康管理、健康养老等完整的产业链条。与此同时，新兴业态层出不断，智慧养老、医疗旅游、高端医疗器械、医药物流、体育健身等正在成为新的产业增长点。

3. 覆盖范围广

从民生健康产业的需求主体来看，无论是男、女、老、少，还是患病、亚健康、健康的人，在整个生命周期内，都会对民生健康产业产生不同程度的需求。从民生健康产业行业来看，涵盖以保健食品和中药材种植养殖为主体的健康农、林、牧、渔业[①]；以医疗器械、康复辅助器具、药品、保健用品、健康食品、体育用品等为主的健康制造业；以医疗卫生服务和母婴照料、健康理疗、健康文化、美容化妆、人力教育、咨询顾问等为主的其他健康相关服务业。综合其功能、范畴、规模，还可以挖掘出更广泛的产业链、延长链、融合链及价值链，民生健康产业当仁不让将成为全球第一大产业。

二、民生健康产业集群的空间布局

近几年，京津冀区域民生健康产业协同程度稳步提高，产业布局持续优化。京津冀民生健康产业发展主要集中在三大领域，分别为健康食品产业、健康医药产业以及体育用品产业（见表 6-2）。

[①] 胡琳琳，刘远立，李蔚东. 积极发展健康产业　中国的机遇与选择［J］. 中国药物经济学，2008（3）：19-26.

表 6-2 2021 年京津冀民生健康产业集群的区域分布情况

行业	重点产业集群名称	2020 年度营业收入（亿元）	2020 年度从业人数（人）	2020 年度上缴税金（亿元）	2020 年度四上企业（家）
健康食品产业集群	正定县食品饲料产业集群	17.98	2421	0.37	20
	赞皇县特色食品产业集群	9.2	2345	0.03	6
	行唐县乳业产业集群	73.07	7665	0.9	10
	遵化市食品产业集群	52.31	16081	0.45	21
	玉田县食品产业集群	44.1	4900	0.82	8
	迁西县板栗产业集群	8.91	2550	0.32	4
	滦南县奶业及食品加工产业集群	35.2	1800	0.33	11
	青龙县特色农产品深加工产业集群	12.24	10600	0.51	2
	卢龙县甘薯产业集群	22.69	50160	0.2	2
	昌黎县葡萄酒产业集群	35.5	23263	0.83	3
	涉县食品及生物健康产业集群	15.13	3350	0.38	14
	曲周县生物健康产业集群	62.8	3345	0.63	18
	邱县食品产业集群	80.09	10023	1.16	22
	临漳县食品加工产业集群	28	3418	0.28	12
	鸡泽县辣椒特色产业集群	7.4	3020	0.04	10
	馆陶县禽蛋产业集群	33.79	13687	0.03	4
	大名县食品加工特色产业集群	105.79	7345	2.09	33
	威县农副产品深加工产业集群	46.61	7838	0.19	18
	宁晋县食品加工产业集群	146.55	9725	3.56	18
	南和区食品产业集群	61.82	5822	0.39	8
	南和区宠物食品产业集群	101.45	24389	1.04	11
	隆尧县食品产业集群	127.41	25000	4.09	15
	巨鹿县健康食品产业集群	15.51	1252	0.37	4
	涿州市食品产业集群	27.63	1716	0.35	8
	顺平县肠衣产业集群	65.21	9039	0.44	11
	定兴县食品产业集群	68.57	11336	2.85	16
	望都县绿色食品产业集群	50.5	2750	0.88	7
	阜平县特色食品产业集群	7.22	937	0.11	8

续表

行业	重点产业集群名称	2020 年度营业收入（亿元）	2020 年度从业人数（人）	2020 年度上缴税金（亿元）	2020 年度四上企业（家）
健康食品产业集群	唐县农产品加工产业集群	10.9	965	0.03	9
	涿鹿县葡萄酒产业集群	5.27	3929	0.25	3
	怀来县葡萄酒产业集群	7.91	21246	0.63	3
	沽源县马铃薯产业集群	17.14	1230	0.04	3
	滦平县食品制造产业集群	33.64	3962	0.11	12
	平泉市山杏产业集群	11.92	10938	0.17	17
	平泉市食用菌产业集群	64.63	58382	0.28	9
	兴隆县果品产业集群	24.26	2530	0.25	6
	隆化县食品药品产业集群	39.4	2032	0.08	10
	献县食品产业集群	34.45	4822	1.02	10
	肃宁县食品加工产业集群	20.19	1228	0.18	11
	青县食品饮料产业集群	29.1	3535	1	6
	海兴县鱼子鱼粉产业集群	3.41	450	0.02	3
	沧县食品产业集群	81.67	27031	1.64	23
	大厂县牛羊肉养殖屠宰产业集群	15.5	2582	0.24	11
	霸州市都市休闲食品产业集群	39.8	15615	3.55	12
	深州市农副产品加工产业集群	70.03	3260	0.84	33
	阜城县农副产品加工产业集群	14.9	4408	0.15	13
	安平县肉食加工产业集群	25.99	3252	0.02	8
	武强县农副产品加工产业集群	18.57	2451	0.2	8
健康医药产业集群	元氏县医药化工产业集群	294.53	7820	5.96	33
	内丘县生物医药产业集群	5.25	900	0.08	3
	安国市药业产业集群	546.58	71511	4.92	88
	三河市生物医药和大健康产业集群	44.12	12286	1.23	14
	故城县食品医药产业集群	13.98	1120	0.04	3
体育用品产业集群	海兴县体育器材产业集群	4.63	1685	0.07	3
	定州市体育器材产业集群	98.01	66670	0.3	26

资料来源：背景资料 4：2020 年四季度产业集群数据，河北省工业和信息化厅，2021。

(一)健康食品产业集群

健康食品产业集群在京津冀民生健康产业集群中占据着"半壁江山"，主要集中在承德、张家口、唐山、保定、衡水、邢台、邯郸与沧州。其中，承德食品产业主要以山杏、食用菌、山楂、板栗等特色食品药品的加工制造为主；张家口以葡萄酒、马铃薯种植加工为主；唐山以奶业、农产品加工、食品制造为主；保定以农产品、特色食品、绿色食品加工为主；衡水以食品医药、肉食产品、农副产品加工为主；邢台以粮食、休闲食品、蔬菜加工为主；邯郸以辣椒、禽蛋、休闲零食等为主；沧州以鱼子鱼粉、食品饮料等加工为主。

(二)健康医药产业集群

健康医药产业集群主要分布在北京、天津、石家庄、廊坊、保定、邢台。北京市以医药研发、制造为主；天津市以医疗器械生产为主；石家庄元氏县以医药、兽药制剂、农药生产为主；廊坊三河市以健康养老、医疗器械、生物制药为主；保定安国市以中药材种植加工为主；邢台内丘县以中药材种植加工、保健品生产等为主；邯郸以医药、保健品生产等为主。此外，张家口有康养产业集群，为人们更好地生活而服务；沧州拥有药包材产业集群，是医药产业的辅助性产业。

(三)体育用品产业集群

体育用品产业集群规模相对来说比较小，只分布在保定定州市和沧州海兴县。其中，2021年，定州市体育用品产业生产性企业有260家、营销服务类企业150余家，定州市体育用品的销售网点覆盖全国各大中城市，健身路径、体育健身用品在全国市场占有率分别为25%、15%，力量器械产品的国际市场占有率为25%左右①。

三、健康产业集群的发展现状

经过多年的发展，京津冀民生健康产业逐渐形成了以健康食品、健康医药、体育用品等产业为主的产业体系。下面从这三大产业入手，剖析京津冀区域京津冀健康产业的发展情况。

---

① 外引内联拓空间 转型升级新引擎——定州体品产业集群"亮相"体服会［EB/OL］. 新体育，http://www.new-sports.cn/chanye/202110/t20211030_131719.html.

（一）健康食品产业发展现状

京津冀区域健康食品产业主要分布在河北省。河北省作为农业大省，其粮食产量位列全国第三，蔬菜供应量位列全国第二，肉类供应量位列全国第四，奶类供应量位列全国第五，是京津区域天然的食品供应地。在京津冀协同发展与健康中国战略的大背景下，河北省食品产业正在向营养、绿色、健康方向发展，并取得初步成效，表现为以下三个方面：

1. 经济效益稳步发展

2020年，河北省农副食品加工、食品制造及酒、饮料制造业规模以上企业1128家，实现营业收入3290.05亿元，实现利润总额176.68亿元，分别高于全省规模以上工业7.81个、7.64个百分点。其中，9个主要子行业起到重要的支撑作用（见图6-1），营业收入均在百亿元以上，其合计资产总额、营业收入、利润总额分别占全省食品工业的83.53%、85.86%、82.36%①。在河北省重点发展的280个县域特色产业集群中，宁晋、隆尧、大名的食品加工营业收入均超百亿元；沧县食品加工产业集群、行唐乳业产业集群、深州农副产品加工产业集群、平泉食用菌产业集群等10个产业集群②的营业收入超50亿元。邱县食品加工产业集群、遵化市食品加工产业集群营业收入增速分别为40%、27.49%，高于全省平均水平。③

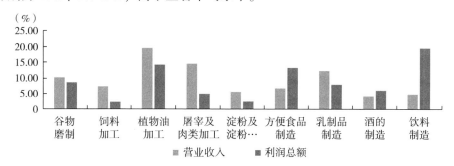

图6-1　河北省食品工业重点子行业主要经济指标所占比重

资料来源：河北省轻工业行业协会。

---

① 【河北名品】行业发布：河北省食品产业研究报告发布（2020年度）［EB/OL］. 河北省轻工行业协会，https://mp.weixin.qq.com/s/KiyNQWW1-jwlQg7uMi0kWg.

② 10个产业集群包括沧县食品加工产业集群、邱县食品加工产业集群、行唐县乳业产业集群、深州市农副产品加工产业集群、定兴县食品加工产业集群、顺平肠衣产业集群、平泉市食用菌产业集群、南和区食品加工产业集群、遵化市食品加工产业集群、曲周县生物健康产业集群。

③ 河北省民营经济领导小组办公室. 关于2020年度全省县域特色产业集群发展情况的通报［Z］. 2021.

2. 食品加工特色区域和产业聚集能力不断提升

食品加工产业已成为提升区域经济竞争力、吸纳农村剩余劳动力的中坚力量。2020年，河北省打造了隆尧、定兴、遵化、邱县等19个食品产业集群，列入省级重点县域产业集群；重点培育了遵化、玉田、青县、隆尧、宁晋、曲周等10个(创建型)食品产业强县；确定了平泉、昌黎、霸州、望都、沧县、深州、南和等20个(培育型)食品产业强县。其中，培育的10个食品产业强县(创建型)营业收入占比达20%，明显超出全省平均水平①。在武汉(中国)食品博览会期间举办了河北省食品产业强县招商推介活动，完成6个产业强县、4个重点企业的招商推介，现场成功签约6个招商合作项目，还引进了大批龙头项目，为健康食品产业发展添砖加瓦②。

3. 品牌基础建设能力持续增强

河北省食品行业正在不断丰富产品种类，增加高端产品的供给，加快产品的创新与服务。目前，河北省已拥有一批具有自主知识产权、市场竞争力较强的品牌，"今麦郎""晨光生物""君乐宝""五得利""华龙""栗源""小洋人"等已经赢得消费者较高的信赖。政府积极招商引资，全力促进河北食品产业升级，稻香村、康师傅、双汇、喜之郎、西麦、马大姐、周黑鸭、益海嘉里、鲁花、光明、达利、颐海、达能、蒙牛、伊利等国内外知名企业入驻河北。2022年，今麦郎高端生物饮料及饮用水生产(隆尧县)、河北玖汇生物一森高端药用酸枣深加工(赞皇县)、河北祥盛家禽绿色食品产业链(曲周县)、同福定兴健康食品同福绿色食品产业园(定兴县)等一批重点项目展开建设③。

(二)健康医药产业发展现状

京津冀是我国重要的医药工业基地，在医药中间体、化学原料药、化学药制剂、生物医药领域均占据着重要地位。健康医药产业主要包括医药制造、中医药、健康养老、健康旅游四个主导产业。

1. 医药制造

在京津冀健康医药产业中，医药制造既是传统产业也是优势产业，产业

---

① 30地入选! 河北省食品产业强县(市、区)名单正式发布[EB/OL]. 河北新闻网，http://hebei. hebnews. cn/ 2020-09/02/content_8087312. htm.

② 6项目现场签约 总投资额56.8亿元 河北省食品产业强县招商推介活动成果满满[EB/OL]. 中国中小企业河北网，http://gxt. hebei. gov. cn/sme/zx/gzdt9/766023/index. html.

③ 河北省2022年省重点建设项目名单[EB/OL]. 河北省发展改革委，http://hbdrc. hebei. gov. cn/web/web/zhdxm/2c9473847e2a4a1b017e2dfc1fba146f. htm.

基础非常雄厚，发展空间十分广阔。以河北省为例，据估算，河北省全行业 2016~2020 年主营业务收入利润率为 8.5% 左右，高于全省工业整体水平 4 个百分点以上①。2021 年 1~10 月，规模以上医药工业营业收入同比增长 10.1%；细分行业八升二降，中药饮片加工和中成药生产增速最快。在县域特色产业集群中，医药化工产业已经形成了以河北诚信、九天医药、河北汇康、中科生物、神威药业、森隆药业等为代表的医药产业。其中，河北诚信集团多次入选中国民营企业 500 强、中国石油和化工企业 500 强、中国精细化工百强。与此同时，作为医疗器械生产、经营、使用大省，河北省现有医疗器械生产企业 1678 家，经营企业 42574 家，产品注册证（备案证）7146 个，在全国排名分别为第 5 位、第 10 位、第 9 位②。三河晟景医疗器械有限公司生产的结肠途径治疗机，集成了 17 项发明专利，是目前国际肠道治疗领域先进技术的代表③。

2. 中医药

京津冀中医药发展源远流长。2019 年，京津冀中药材种植面积超过 148.3 万亩（1 亩 ≈ 666.67 平方米），建有千亩以上中药材种植示范园 300 余个，黄芩、黄芪、知母、柴胡、连翘等产量稳居全国前列。拥有以岭、神威、颈复康等一批实力雄厚的中药知名企业，规模以上中药工业企业百余家④。涉县、内丘、安国、隆化、青龙入选河北省十大道地中药材产业县。享有"天下第一药市""千年药都"美誉的安国市，产业集群覆盖一、二、三产业，形成了从种植、科研、加工、生产到经销、使用的完整产业链条。

3. 健康养老

京津冀区域北依燕山、外环渤海，是全国少有的集山地、丘陵、湖泊、海滨、盆地、高原、平原于一身的区域。各地风景优美，自然环境特色突出，秦皇岛北戴河是旅游度假的绝佳胜地；保定涿州历史悠久、人文资源丰富，再加上邻近北京，是京津"异地养老"的不二之选；张家口、承德空气清新、风景美丽，是知名的康养基地和避暑胜地。廊坊三河已形成以燕达医院、厚德养老为代表的医养结合模式和以中美医院为代表的社区养老模式，全市

①　河北省首部大健康产业蓝皮书面世　助力"十四五"河北健康产业发展［EB/OL］. 中国新闻网，http：//www. heb. chinanews. com. cn/jiankang/20210519414983. shtml.

②　河北现有医疗器械生产企业数量全国排名第五［EB/OL］. 河北省卫生健康委员会，http：//wsjkw. hebei. gov. cn/html/zwyw/20210720/380760. html.

③　特色经济［EB/OL］. 三河市人民政府，http：//www. san-he. gov. cn/tzsh/list?cid=23.

④　【中医药"十三五"成就巡礼】河北：中医药事业产业全面发展［EB/OL］. 国家中医药管理局，http：//www. natcm. gov. cn/xinxifabu/gedidongtai/2020-11-06/18048. html.

共有养老企业 7 家、床位 1.6 万张。燕达健康城是一家集三甲医院、康复、老年养护、医学研究、医护培训于一体的机构，2017 年被遴选为"国家养老服务业发展典型案例"，作为行业典范面向全国推广，成为京津冀协同的典范①。

4. 健康旅游

京津冀中医药和旅游业的融合发展得到进一步提升，安国药王庙文化景区、安国数字中药都、安国市中药都药博园、内丘扁鹊庙景区等被确定为河北省中医药健康旅游示范基地。其中，中药都药博园是安国市根植于千年药文化历史建设的集中药种植加工、科普观赏、中医药旅游、休闲养生、科研教育为一体的基地，如今已经成为供游客采摘、摄影、休闲玩乐以及网红打卡的旅游胜地。文旅融合展现"加速度"，激发经济发展"新引擎"。廊坊大厂县拥有影视小镇，该影视小镇以"影视+"为发展方向，已经构建了影视产业孵化、主题旅游体验等完整的影视文化创意产业链条和全新的生态圈。吴桥杂技大世界将本地杂技文化与民俗艺术展现得淋漓尽致，形成以京、津、冀、鲁及京沪线为主要客源的特色旅游景区，年接待游客达 80 万人次以上。

（三）体育用品产业发展现状

1. 定州市发展情况

定州市的体育用品产业主要集中在西城区、庞村镇、长安办、清风店镇、明月店镇，重点生产健身器材、体育器材、教学仪器、武术器材、塑胶跑道、实验室设备等 3000 余种体育用品和运动器械。2020 年，定州市有 400 余家体育健身用品企业，从业人员达 10 万余人，年产值 113 亿元。2020 年，定州市的体育用品产业对定州市生产总值的贡献率为 6% 左右，在全国市场上的占有率近 15%，产品远销全国各大中城市、乡村、社区，以及海外 50 多个国家和地区②。定州市的"产业+"战略持续推进，进行"体品+旅游""体品+赛事"模式探索，首届中国（定州）体育健身用品工业设计创新大赛、冰雪运动会、旅游产业发展大会暨体育用品产业推介会等活动成功推动体育用品产业向"微笑曲线"两端跃升。

2. 沧州市发展情况

沧州体育用品器材主要集中在海兴县和盐山县，南皮、河间、沧县、泊

---

① 特色经济［EB/OL］. 三河市人民政府，http：//www. san-he. gov. cn/tzsh/list?cid=23.
② 河北定州打造体育用品产业发展新高地［EB/OL］. 中国质量新闻网，https：//www. cqn. com. cn/zgzlb/content/2021-10/21/content_8743602. htm.

头也偶有分布，现已成为中国北方知名体育器材产业基地。近几年，海兴县体育器材在规模、种类、品质等方面都有较大提升，体育用品器材产业注册企业达 170 家，规模以上企业 4 家，"专精特新"企业 5 家，建立省级研发机构企业 3 家、市级工业设计中心 2 家、县级研发机构 3 家，产品包括场馆看台、塑胶场地、健身路径、田径体操器械及以液态冰场为代表的冰雪产品等竞技体育比赛和健身锻炼所使用的各种器械，并销往美国、法国、荷兰、瑞典等十几个国家。2020 年，沧州市全产业链从业人员达 8200 余人，销售收入近 20 亿元[①]。其中宏康、益奥特是河北省具有塑胶场地铺设资质的少数厂家之一。益奥特体育装备有限公司为河北省 A 级工业企业研发机构、沧州市工业设计和技术创新中心，2020 年完成沧州市重大科技成果转化专项"智能化心理康复健身器材研发及产业化"项目并通过验收。

四、民生健康产业集群发展存在的问题

现阶段，京津冀民生健康产业依然存在很多不足，产业聚集程度、产业结构优化水平、产业链完善程度、产业发展动能以及企业管理水平不能满足社会对民生健康产业层次高端、产品多元的要求，一些制约产业发展的问题亟待解决，具体体现在以下四个方面：

（一）产业有效集聚度低，融合发展有待拓展

工业园区是拉动京津冀经济发展的"大马车"，但其在发展过程中暴露出的问题使园区难以形成聚集优势，成为阻碍产业集群高质量发展的因素。一方面，京津冀特色产业工业园区很多是在农村个体户、乡镇企业的基础上形成的，园区在功能、规划、建设标准、管理等方面水平较低，再加上传统健康产业多以劳动密集型为主，产业聚集优势不够突出。另一方面，京津冀健康产业在各县（市）都有不同类型及规模的产业园区，但园区内的企业习惯于"单独作战"，企业间的关联度很低，进而导致生产集中度不高，规模效应不明显。一些园区规划不够合理，缺乏全产业链的系统布局和对接，现代化产业体系建设有待健全。

健康产业覆盖范围极其广泛，对产业间的融合度要求非常高，京津冀各地产业集群在这方面仍面临不少困难与问题。一是企业对健康产业融合发展

---

① 中国（沧州海兴）国际体育器材对标交流活动开幕［EB/OL］. 长城网，http：//cz. hebei. com. cn/system/2021/06/04/100685751. shtml?from＝groupmessage.

的认识不足，更重视医疗对疾病和健康的作用，对体育健身等其他因素有所忽视。二是缺乏对产业融合模式的探究，只是机械地模仿他人。目前，涉县、巨鹿等中药材种植基地及馆陶中医药特色小镇等中医药观光旅游产业已经吸引了大量游客，但健康和养生、养老、体育健身、文化旅游等领域的融合还不够，"健康+旅游""健康+金融"等双功能复合型产品和产业较少，新兴业态的发展速度极其缓慢，无法满足新时代消费者个性化、多元化的健康服务需求。另外，河北县域健康产业集群脚步慢、底子薄、规模小、融资难、业态散等问题都会制约其进一步融合发展。

（二）产业结构不平衡，产业链条延伸不足

在特色产业集群中，规模大、影响力广的大企业、大项目、大品牌相对来说比较少，产业层次整体表现偏低，协作配套能力也不强，"一业独大"的问题比较明显。一是产业集群以同行业的中小企业聚集为主，发展规模较小，工业产量并不高，如元氏县医药化工产业中80%的工业产量要依靠龙头企业。在同质化严重、缺乏大品牌、竞争激烈的环境下，整个产业大都处于全球价值链、产业链的中低端。二是集群内资源型、劳动密集型等传统企业所占比重较大，由于缺乏科研创新，新材料、新技术等高新技术产业所占比重较小。定州体育产品在冰雪、水上、航空等新兴领域及智能健身、专业运动器材领域稍显不足。

各集群的产业链条相对来说比较完整，但在产业链拓展延伸上还不够完善，有必要进一步培育壮大。例如，顺平肠衣的上游原材料大部分是依靠外部提供的，而生产出的产品又是其他肉制品的原材料，整个集群由于工艺简单，始终缺乏高附加值的产品。曲周的天然色素产销量居中国之首，辣椒红色素和辣椒精产销量排名世界前列，叶黄素生产总量居世界首位，但天然提取物的加工始终停留在初加工层面，红色素、叶黄素、辣椒精等产品作为原料进行内销和外销，缺乏成品的深加工，下一步应该向生物医药、养生保健、化妆品等终端消费品方向进一步发展，不断拓展延伸、填平补齐产业链，健全完整配套的产业体系。

（三）创新驱动能力不足，专业人才缺乏

受区域自身发展影响，知识、资金、人才、信息、管理等生产要素在京津冀诸多县（市）是比较缺乏的。一方面，企业从业人员的整体素质偏低，人力资源水平较差，难以掌握现代化的科学技术。另一方面，特色产业集群不仅与高校、科研机构、国内领军企业接触较少、衔接不紧密，而且能够将技

术转化为生产力的科研中介机构和企业的数量少之又少。如行唐乳业产业集群只有 3 家县级产业集群公共技术服务平台，缺少省级以上公共技术服务平台、省级重点实验室、技术研发平台的支撑，与省级示范产业集群要求不相适应。在创新研发投入上，各地更显差距。据国家统计局《2020 年全国科技经费投入统计公报》①，2020 年全国研究与试验发展（R&D）经费投入中，京津冀区域 R&D 经费投入落后于长三角、珠三角区域，创新投入有待进一步加强。

高端人才是促进健康产业发展的重要驱动力，但我国健康产业目前处于起步阶段，专业人才短缺，严重制约了企业的研发与创新能力。

（四）企业管理水平有待进一步加强

京津冀健康产业集群内的企业主要以民营企业为主，由于成立时间短、规模小，缺乏现代化管理运营机制，导致精细化管理略显松散。在生产环境管理上，平泉食用菌产业集群生产方式粗放，集群内普遍存在分散性、一家一户的生产经营状况，由于栽培设施简单、环境控制能力弱，规模 2 万~3 万棒的小菇场仍然占有较大比重。在质量安全管理上，安国市作为国内最大的中药材集散地和出口基地之一，在中药材初加工、中药饮片生产、中药材经营等环节存在一些突出问题，而且随着养殖规模的扩大，粪污加工处理能力稍显吃力，环保压力有所加重②。除此之外，很多小规模企业没有建立自己的网站，在经营管理上采取的是家族传承制；生产车间不够规范，内部噪声没有及时处理；企业环保意识薄弱，节能降耗措施不足。对于整个集群内大多数企业而言，规范化的现代企业制度有待进一步形成。

◀ **第二节** ▶

京津冀民生健康产业集群发展重点

京津冀区域民生健康产业集群发展重点涉及健康食品产业、健康医药产业以及体育用品产业等多个领域（见表 6-3）。

---

① 2020 年全国科技经费投入统计公报［EB/OL］. 国家统计局，http：//www.stats.gov.cn/tjsj/tjgb/rdpcgb/qgkjjftrtjgb/202109/t20210922_1822388.html.

② 背景材料 2：六大产业分类发展重点产业集群背景资料，河北省工业和信息化厅，2021.

表6-3　京津冀民生健康产业集群发展重点

行业	主要发展产品	主要发展区域
健康食品	粮油、乳制品、绿色方便休闲食品、饮料和酒、功能保健食品、果蔬	承德、张家口、唐山、保定、衡水、邢台、邯郸、沧州等地
健康医药	医药制造、医疗器械、兽药制剂、农药生产、中药材种植加工、健康养老、健康旅游等	北京、天津、石家庄、廊坊、保定、邢台等地
体育用品	体育器材、健身器械、户外运动休闲装备、康复辅助器材等	定州、沧州等地

资料来源：根据《河北省特色产业发展"十四五"规划》整理。

一、健康食品产业

京津冀区域健康食品产业主要分布在河北省境内。以冀中南、冀西北、冀东的强筋小麦、糯玉米、油料类花生等为特色资源，加快培育更多大型粮油加工龙头企业，建立粮油加工产业集聚区。以行唐、滦南等区域为主，进一步完善养殖基地建设，延伸乳制品深加工产业链，形成产业集聚区。支持打造以宁晋(泥坑)、定兴(五合窖)、平泉(山庄老酒)、故城(甘玲春酒)、隆尧(隆泉特曲)、威县(洺水特曲)为核心的白酒产业聚集区，以献县、玉田为重点的啤酒产业集聚区，以涿鹿、怀来、昌黎为重点的葡萄酒产业基地。围绕平泉、迁西、沽源、卢龙、鸡泽、兴隆、遵化、望都、曲周等地，依托遵化市工业园区、平山县食用菌现代农业园区、望都县现代农业园区、深州市蜜桃现代农业园区等园区，建设果蔬加工集群。结合区域产业布局和优势，重点发展隆尧方便面、平泉食用菌、望都绿色食品、巨鹿健康食品、霸州都市休闲食品等绿色、保健食品产业基地。[①]

立足国内外食品产业发展的趋势和特点，按照"增加品种、扩大规模、提升品质、延伸链条、培育品牌"的发展思路，依托各地丰富资源和雄厚产业基础，发展区域优势产业、特色产业、潜力产业，促进县域特色产业集群的一产、二产、三产融合发展。重点发展以下六大系列产品[②]：

---

① 《河北省特色优势农产品区域布局规划(2018—2020年)》《河北省食品工业转型升级实施方案》《河北食品工业"十二五"规划》《贵州省"十四五"生态特色食品产业发展规划》《云南省"十四五"食品工业发展规划》《山东省食品产业转型升级实施方案》。

② 河北省食品工业转型升级实施方案[EB/OL]. 河北省工业和信息化厅，http：//gxt.hebei.gov.cn/hbgyhxxht/zcfg30/snzc/658557/index.html.

（一）粮油精深加工

加大对本地原料品质的系统研究，重点开发健康型大米、食品专用米、发芽糙米、留胚米等营养强化产品；发展适合中国人消费习惯的蒸煮类、速冻类、油炸类食品专用粉。针对面类、薯类及其他杂粮等主食品的研发，积极发展低热量、低脂肪、低糖的健康营养型休闲食品、方便食品。发挥冀中南平原河泛区、黑龙港等油料作物产区优势，加大对玉米胚芽油、芝麻油、葵花籽油、胡麻油等特色油脂的加工；开发物理低温冷榨技术，改进化学溶剂萃取技术，进一步提升精深加工能力。加快对稻壳、米糠、胚芽、饼粕、麸皮等粮油加工副产品的综合开发利用，提高循环利用水平。

（二）高端特色乳制品

尽快调整乳制品的工业结构，坚定不移地走"牧草种植—奶牛养殖—产品研发—生产加工—乳粉"全产业链发展之路，提高企业创新竞争力。在积极发展酸奶、液态奶、固体奶粉等符合市场需求的乳制品基础上，立足乳业发展新阶段，进一步迎合市场消费需求，扩大高端液态奶的产能，鼓励婴幼儿配方乳粉、巴氏杀菌乳、发酵乳、蛋白粉等高端乳制品的研发，支持奶酪、黄油、炼乳、乳糖、乳蛋白、乳清粉等附加值高、品质优的特色乳制品的生产。针对婴儿、孕妇、老年人等不同人群、不同功能、不同场景，对乳制品进行不断细分，提高产业的技术含量，推动乳制品向高端化、精细化方向发展。

（三）绿色方便休闲食品

依靠河北省农业资源优势，以打造绿色、方便、安全、健康食品种类为重点，延伸农副产品的加工链条。利用平泉山杏、邢台板栗、昌黎葡萄、兴隆果品等林业资源发展罐头、果脯、蜜饯类休闲食品。依托冷冻调理技术，将馒头、汤圆、包子、水饺等传统中式特色食品以方便食品的形式对外供给和输出，实现地方特色食品的工业化，展现地域风情。进军中高端市场，在推动口味创新的基础上，加入绿色和营养元素，生产别具一格的烘焙、糕点、饼干、糖果、卤制品、膨化食品等系列产品。借鉴"周黑鸭""煌上煌""杜三珍"等品牌运作模式，引进先进技术，培育彰显地域特色的休闲肉制品。设计具有个性、环保、便捷、社交化特征的包装，吸引消费者的目光。

（四）饮料和酒

在白酒行业重点发展浓香型、低浓度、保健型等纯良固态发酵优质白酒和性价比高的"名酒"。瞄准贵州"茅台"、四川"五粮液"、山西"汾酒"等国内知名品牌，提高基础工艺技术，打造冀酒品牌，提升冀酒地位。在葡萄酒行业，主要依托怀来、涿鹿、昌黎葡萄酒产业集群，保证酿酒原料的品质和供应量。鼓励企业加大对新型葡萄酒的研发投入，重点培育朗格斯等高档酒庄酒、收藏酒、定制酒，使葡萄酒文化品位和产品档次得到大幅度提升。在饮料行业，充分利用苹果、梨、山楂、红枣等农产品，发展植物蛋白饮料、谷物饮料、复合果蔬饮料、复合果汁饮料、茶饮料等低热量、营养型饮料。

(五)功能保健食品

当前，市场上像零食一样好吃、便捷又具备保健功能的营养食品深得年轻人的追捧，也是今后食品行业发展的一个重点方向。基于此，河北食品产业集群未来应针对婴幼儿、成年人、老年人等不同群体，发展功能性蛋白、功能性膳食纤维、功能性糖原、功能性油脂、益生菌类、生物活性肽等能够补充维生素、促进睡眠、缓解身体疲劳、改善记忆力、提高免疫力、促进消化等的健康、保健食品。如鼓励行唐乳业和滦南县奶业，根据乳粉功能特性和不同消费人群现状，将乳粉、强化乳粉的功能性成分搭配不同效用的中草药，开发美容养颜、降血脂、减肥、促进大脑发育、改善大脑神经类的功能性营养健康食品。

(六)果蔬产业

在蔬菜种植上，探索推广"党建+合作社+基地+农户"等模式，以专业化、规模化、品牌化的手段助推大成、迁安、玉田、望都、逐鹿、青县、深州、平泉等县(市)果蔬生产基地的转型升级。在蔬菜加工上，重点发展低温脱水蔬菜、切割菜、速冻菜、复合蔬菜汁等商品的初化加工，积极开发蔬菜脆片、膨化蔬菜、保健蔬菜、食用菌调料、风味食品等高档次的深加工产品。果品加工业以浓缩果汁、果酒、果干、罐头为发展重点，进一步提高板栗、核桃、红枣等干果的深加工水平，促进集约化、规范化发展。有效解决和处理果蔬加工中产生的废弃物，提高资源利用效率，促进节能减排。

二、健康医药产业

京津冀健康医药产业要依托多样化的地形地貌和丰富的山地、丘陵资源，构建太行山、燕山产业带、坝上高原区、冀中平原区、冀南平原区的"两带三区"[①]

[①] 河北省关于加快中药材产业发展的实施意见[EB/OL]. 河北省人民政府办公厅, http://hbepb.hebei.gov.cn/zycms/preview/hbhjt/xwzx/shengzhengfuwenjian/101633000435397.html.

中药材生产基地，利用安国"千年药都"的影响力，以大集群聚集、高质量发展为策略，带动周边区域规模化、集约化发展，建设现代化中医药产业体系。以元氏县为周边县域健康医药产业发展的核心引领区，依托元氏医药化工产业园，做大做强以河北诚信、九天医药、河北汇康等为代表的元氏医药化工产业集群，推动医药化工向高端化、精细化、低碳化、规模化方向发展。利用三河环京津区位优势和投资环境，做强以镭科光电、谊安奥美医疗设备、博川医疗设备、晟景医疗等为代表的医疗械器产业。以沧县药包材产业集群为引领，推进药包材工业园区建设，着力打造中国北方药包材领军产业集群。打造扁鹊中医药文化产业园、张承区域康养休闲旅游区等环京津健康养老产业圈，构建绿色、生态、医疗为一体的健康产业基地①。

随着生命科学的快速发展和生物技术的不断进步，化学药、中药、生物技术药品、高端医疗器械和设备等健康医药产业成为世界各国实现高品质转型升级的关键，也是京津冀"十四五"期间重点发展的战略性新兴产业。为实现健康生物医药产业集群的提质升级，打造一流的产业发展生态，扩大产业集群辐射力，今后要重点发展以下五大产业：

（一）医药制造业

医药制造业包括药品、医疗器械、康复辅助器等健康产品的生产制造，具有高技术、高风险、高投入等特点，是国民经济发展最快的行业之一，也是京津冀健康产业实现高品质转型升级、嵌入国内国际价值链中高端的物质保障。今后在现有产业基础上，要重点发展品种多、附加值高的原料药、医药中间体等化学药品，提升产品质量和附加值；鼓励企业研发疫苗、重组蛋白类药物等生物医药产品，不断突破生物技术制药的瓶颈。在医疗器械方面，以市场需求为导向，围绕预防、诊断、治疗、康复等门类，支持河北谊安奥美医疗设备有限公司、三河晟景医疗器械有限公司等重点企业加速实现医疗器械的数字化、智能化生产，重点开发新型影像设备、核磁共振、麻醉机、体外诊断、ICU 产品等高性能医学诊疗设备。

（二）中医药产业

京津冀区域中药材资源丰富，发展历史源远流长，在全国占有重要地位，

---

① 《河北省大健康、新医疗产业发展规划（2016-2020 年）》《浙江省健康产业发展规划（2015-2020 年）》《广西大健康产业发展规划（2021-2025 年）》《海南省健康产业发展规划（2019-2025 年）》《河北药包材企业主动转型"十三五"产业集中度提速》。

是我国中药工业、大健康产业原料的供应和质量保障基地。在发展过程中，应该选择区域优势突出、竞争力强的道地小品种，打造一批颇具影响力的产业。在巩固安国八大祁药、巨鹿金银花等产业地位的基础上，因地制宜发展黄芪、知母、丹参、山楂、桑葚、苦杏仁、柴胡、半夏等品种，打造道地药材精品示范园区。加强研发和生产疗效确切的中药新药，支持对名优中药的二次开发。引导并鼓励企业研发以中药材为基础的保健食品、药膳产品、日化用品，不断向精深加工领域拓展产业链条。健全中药原料资源动态监测服务体系，利用现代仓储物流、电子商务扩大中药材交易规模，推动经济发展实现新突破。

(三)健康养老服务业

健康养老服务业是促进产业融合发展、推动产业链延伸的基础，在价值链和产业链上始终位于高端。实现健康养老产业的大规模、高质量发展，是吸引京津冀消费群体，增强区域养老产业辐射带动力的关键。要夯实医疗服务基础，以移动、数字、技术等为支撑，加强基础设备配置，支持区域医疗中心建设，提高县域医院服务能力。加快形成多元化办医格局，鼓励社会力量开办居家或社区养老服务机构，为老年人提供日常看护、医疗护理、健康体检、保健咨询、健康管理、健康教育等服务，并进一步支持居家养老机构与基层医疗机构的深化合作。支持老年地产发展，建设各类健康养老服务机构，投资老年住宅、老年公寓等生活设施。

(四)健康旅游业

目前，我国居民的养生意识逐渐增强，健康旅游消费趋势愈见上升。但京津冀区域的健康旅游产业仍处于初级发展阶段，本土特色地域文化未得到充分挖掘，核心竞争力有待增强。一是要推动健康旅游融合发展，依托地域特色产业基础，促进旅游业与医药、养生、养老等产业的融合发展，培育中医药养生、生态养生、温泉疗养、禅修养生等新业态。二是加大对非物质文化遗产的保护力度，发展健康文化产业。充分挖掘安国、沧州、廊坊等地中医药和民族医药文化，通过中医医疗机构、养生馆、药膳馆等形式，开展针灸推拿、康复理疗等服务项目，加快构建中医药文化养生服务基地。三是鼓励各市或县依托自然资源和人文特色，开发休闲养生、度假疗养、特色专科等康养旅游系列产品，发展高尔夫、滑冰等具有消费引领性的健身休闲项目。

(五)药品包装材料

药品属于一种特殊商品，在流通过程中易受到周围环境的影响而发生变质，对身体乃至生命产生威胁。而包装材料恰好能够对药品起到保护的作用，提高药品的安全性、有效性。作为药品不可或缺的部分，药包材市场的发展前景可谓十分广阔。今后药包材产业的发展重点：一是要顺应时代发展，实施以信息化、自动化、智能化为重点的技术改造，促进产品的更新换代。推进气雾剂、吸入剂制剂包装等的推广，实时关注高端药品和医疗器械的发展，研发配套的包装材料。二是发展符合国际要求的中性硼硅玻璃、病毒采样管、真空采血管等新型药用包装材料和容器。三是针对特殊药品包装需求等，发展如高阻隔功能性包装、冷链药品包装、自动混药装置以及儿童、老年友好包装等。充分发挥沧县产业优势，建立高效的自动化注塑车间、标准化作业生产线，推进企业向规模化、标准化、高端化、绿色化方向发展。

三、体育用品产业

利用京津冀现有体育用品产业基础优势，以定州、海兴两大体育用品产业集群为核心，引导张家口、廊坊、秦皇岛等地的企业集聚发展。尤其是推进张家口冰雪体育产业发展，积极建设冰雪装备产业园，引进高端冰雪装备制造项目，形成体育运动器材、康复训练装备等体育用品产业集群。以定州恒大、邢台麦迪、石家庄英利奥、沧州市益奥特等企业为重点，不断培育市场主体，打造一批"专精特新"中小企业、专精特新"小巨人"企业①。重点发展以下四类产业：

（一）体育器材

我国体育器材市场起步虽晚，但成长速度惊人，如今体育器材已成为我国体育用品行业的"顶梁柱"。然而，京津冀区域在体育器材的发展上，还存在研发设计能力不足、新兴领域产品少等问题。今后，体育器材产业企业要深入了解校园体育器材需求和要求，不断提升标枪、起跑器、实心球等校区体育器材的安全性、质量性。在竞技体育器材的研发上，抓好科技优势，推广仿生材料，磁、光导纤维、芯片等信息功能材料，树脂基、陶瓷基、金属基等复合材料，以及纳米材料的应用，提升产品的韧性、强度等性能，助推体育器材产业获得质的飞跃。鼓励金特力斯体育设施公司、定州天华体育用

---

① 《河北省体育用品产业发展工作方案》《定州市体育用品产业发展工作方案》《关于加快发展康复辅助器具产业的若干意见》。

品公司等企业，抓好冬奥会重大机遇，研发更多冰壶、冰球等高端冰雪产品，率先抢占冰雪市场，致力成为行业单项冠军。

(二)健身器械

随着全民健身上升为国家战略，民众强身健体的意识越来越强烈，全民健身的浪潮正在席卷而来，健身器材的发展迎来黄金期。今后，可以在扩大健步车、跑步机、动感单车等单功能健身器材规模的基础上，研发扩胸器、引体向上、推肩器、划船器等综合性多功能器材，进一步结合室内外多元化的健身运动方式，积极开发新产品。重点依托龙头企业，加大科技创新投入，推广碳纤维和聚碳酸酯复合材料等新型材料的使用，提升产品性能和附加值。通过传感器、自动化、计算机等技术实现健身器械的智能优化设计，弥补传统健身器械的不足，为消费者提供科学、有效、智能化的服务。

(三)户外运动休闲装备

户外运动兼有旅游、运动、文化、交流的多重属性，随着生活水平和受教育程度的不断提升，划船、攀岩、冲浪、滑雪、露营、野外探险、自驾越野等户外休闲活动受到很多年轻人的喜爱。作为户外运动的重要组成部分，户外运动装备有着稳定和可持续的需求。京津冀体育用品产业集群在户外运动装备上有着一定的优势，但在某些领域较少踏足。今后，既要加强对现有优质材料的深加工，延长产业链，还需要涉足冰雪、水上、航空等新兴领域，重点开发水上滑板、充气船、风帆、滑雪板、冰壶、冰上自行车、滑翔伞、热力气球、动力飞行伞、滑翔机等户外运动产品。支持企业拓展品牌，提升产品附加值，实现差异化生产。

(四)康复辅助器材

康复辅助器材是一种改善身体状态、补偿或替代人体功能，并给予辅助性治疗的产品，在某种程度上还可以起到预防残疾的作用。当前，我国的康复辅助器材已从最初的传统假肢矫形器发展到现在的十二大类产品，可谓门类齐全、种类繁多。京津冀区域在依托资源环境承载力，因地制宜发展劳动密集型康复辅助器材的同时，可重点发展高端智能床、康复治疗器械、健康可穿戴设备、健康监测检测设备、智能养老监护设备、家庭服务机器人、残疾人辅助器具等附加值高、资源消耗低的康复辅助器。大力支持人工智能、脑机接口、虚拟现实等新技术在康复辅助器具产品中的应用，提高产品的智能性、科技性、品质化。

◀ 第三节 ▶

京津冀民生健康产业集群典型案例

随着京津冀协同发展的深入推进，三地的民生健康产业分工合作框架基本形成，加强科技创新，产业不断升级改造，提升产业竞争力，形成了一批具有引领作用的特色产业集群，如北京大型生物制药产业集群、隆尧食品产业集群、安国中药产业集群等。

一、北京大兴生物制药产业集群

（一）基本情况

北京大兴生物制药产业集群以中关村科技园区大兴生物医药基地和北京亦庄生物医药产业园为核心。

大兴生物医药基地设立于 2006 年，位于北京市大兴区南部，是中关村科技园区的重要组成部分，素有"中国药谷"的美誉。基地内拥有相关行业企业、机构 4000 余家，包含中国食品药品检定研究院，中国医学科学院病原所、药物所、动物所、生物所等国家级行业科研检测机构，以及多家世界 500 强企业，如费森尤斯卡比、中华老字号北京同仁堂、百年协和、中关村医疗器械园等，拥有"北京国家生物产业基地""国家新型工业化产业示范基地""首批战略性新兴产业集群""中国生物医药最佳园区"等一系列荣誉称号。

亦庄生物医药产业园位于大兴区北京经济技术开发区内，占地面积 8.7 万平方米，总建设规模 17.8 万平方米，总投资约 9 亿元人民币。园区由商务中心、孵化中心、中试中心、中型企业楼和地下室等建筑组成。其中，商务中心设有银行、餐厅、展示厅、会议室、多功能厅及报告厅等设施，主要为入驻企业提供完善的商业配套服务。孵化中心设有公共仪器测试服务中心、试剂耗材供应中心、洗消间及 90 多个孵化单元，主要为企业研发活动提供有力的条件支撑。①

（二）发展优势

大兴生物制药产业集群的快速发展得益于政策的扶持、科技创新的引领

---

①　园区风貌　北京亦庄生物医药园［EB/OL］. http：//www.bybp.com.cn/html/tppd/tppd-zwlm/yqfm/.

等方面，产业集群在产业升级中不断发展壮大，竞争力不断提升。

1. 政策扶持带动发展

大兴区生物制药产业集群飞速发展的背后，离不开政府政策的扶植与支持。医药健康产业是北京市产业升级发展的重点产业，政府出台了一系列政策助力医药健康产业发展，各项帮扶政策的提出与施行，为大兴区生物制药产业集群发展营造了良好的发展环境，提供了强有力的政策支撑，极大地推动了大兴区生物制药产业集群的发展。2010 年 4 月 23 日，北京市启动实施生物医药产业跨越发展工程，稳扎稳打推行三期工程，通过多阶段的努力，推动生物医药产业高精尖发展，为大兴生物制药产业集群发展提供了助力。2017 年发布的《北京市加快科技创新发展医药健康产业的指导意见》为大兴区生物制药产业集群发展指明了方向，推动大兴区生物制药产业集群实现智能化、服务化、生态化、高端化发展。此外，北京市还于 2018 年发布了《北京市加快医药健康协同创新行动计划（2018—2020 年）》，进一步推动大兴生物制药产业集群的发展。政府政策的不断出台与施行，为大兴生物制药产业集群发展提供了诸多便利，营造了良好的发展环境，是大兴生物制药产业集群形成和不断发展的重要基础。

2. 科技创新引领发展

北京市创新资源丰富，拥有清华大学、北京大学、北京生命科学研究所等 70 家医药健康领域国家级科研院所，医药健康领域创新机构数量居全国首位，为大兴生物制药产业集群提供了丰富的创新支持。此外，北京市还拥有丰富的医疗科技资源，拥有国家药物临床试验基地 57 家，能够助力企业将创新成果转化为现实产品，推动生物制药产业集群实现创新发展。在丰富的科技创新资源的支持下，大兴生物制药产业集群不断发展进步，已成为国家医药领域科技创新的重要基地，推出了众多特色鲜明、效果出色、市场竞争力强的特色产品，2021 年，产业集群内企业拥有上市药品近 300 款，其中一类新药 2 款。产业集群内创新资源不断丰富，聚集了中国食品药品检定研究院等 12 个国家级院所，拥有院士专家工作站 4 个，博士后科研工作站 17 个，企业科协组织 28 家，引进高端创新人才 600 余人，开设创新服务平台 100 余个。① 丰富的科技创新资源为大兴生物制药产业集群创新发展体系的构建提供了坚实的支撑，帮助产业集群打造出了"药物研发—动物实验—临床研究—成果转化"全产业链的医药创新体系，为产业集群实现高科技、现代化发展提供

---

① 大兴生物医药基地：打造具有国际影响力的"中国药谷"［EB/OL］. 国家发展改革委，https：//baijiahao. baidu. com/s?id＝1736835923392354577&wfr＝spider&for＝pc.

了强大的助力。

3. 营商环境支持发展

营商环境的不断优化为大兴生物制药产业集群的发展提供了强有力的支撑。大兴生物制药产业集群始终坚持以企业为主体，将为企业提供良好的服务作为产业集群发展的重要任务，在产业集群发展的过程中持续优化并完善企业服务机制，通过对集群内企业服务机制体制的不断完善进步、推陈出新，构建起了全方位、多层次服务体系，能够为企业的经营提供体贴入微的服务，为企业的经营发展营造良好的环境。大兴生物制药产业集群十分重视集群内企业的诉求与需要，时刻保持着对企业发展的关注与重视，长期对企业进行走访调查，定期举办企业发展座谈会，积极主动了解企业在发展过程中面临的问题与困难，构建企业问题解决机制，提升诉求反馈率和解决率，明确问题的解决期限，持续跟进问题解决流程，缩短问题解决周期，保证及时高效地为企业排忧解难。

在保证服务及时周到的基础上，大兴生物制药产业集群充分吸收和利用各类资源，不断提高服务质量、提升服务效能，通过建立创新发展与成果转化机构，打造企业创新平台，优化企业创新环境，构建行业协会并积极组织参加行业交流会，为企业构建良好的交流平台。具体来说有五个方面：一是举办医药 CXO 大会、全国 IVD 论坛等，搭建行业交流平台，为企业提供对接供需的机会；二是与清华工研院和人工智能研究院、首医大首都医学创新中心合作，进一步发挥基地科研资源优势；三是依托企业家联合会成立细分行业产业联盟；四是谋划与中检院、医科院建设创新成果转化中心，推动科研成果真正转化为可以惠及民生的医疗资源，降低科技成果闲置率；五是依托清华生物安全专家智库，提前谋划园区生物安全专项规划。[①] 一系列服务措施的提出与落实，不断为大兴区生物制药产业集群营商环境的优化工作添砖加瓦，吸引着越来越多的企业安家落户，在产业集群发展提高的过程中发挥着重要的作用。

(三)产业链分析

大兴生物制药产业集群是国家发展高端医药健康产业的重要承载区、北京市生物医药产业发展主阵地，是北京市生物医药产业发展的重要动力之一，在北京市生物医药产业格局中有着重要的地位。随着政策的倾斜帮扶力度不

---

① 大兴生物医药基地：打造具有国际影响力的"中国药谷"[EB/OL]. 国家发展改革委, https://baijiahao. baidu. com/s?id=1736835923392354577&wfr=spider&for=pc.

断加大与社会环境的变化，大兴生物制药产业集群发展速度不断加快，集群发展势头迅猛。数据显示，2021 年 1~8 月，大兴生物医药基地 66 家规模以上企业完成工业产值同比增长 838%，达到 1297 亿元，产值占全市生物医药产业总产值的四成以上，已经跻身千亿级产业集群之列。大兴生物制药产业集群内企业数量不断增长，集群规模持续扩张，至 2021 年 9 月，大兴生物制药产业集群内入驻企业已经超过 5000 家，拥有高新企业 167 家、上市企业 18 家、规上工业企业 66 家，已形成了具有庞大规模与市场影响力的产业集群，在北京市乃至全国生物制药行业中都拥有一席之地。①

大兴生物医药基地是"北京国家生物产业基地"和"国家新型工业化产业示范基地"，是北京市生物制药产业发展的重要前沿。基地内部拥有中国食品药品检定研究院、中国医学科学院等药政检测与药物研发机构，费森尤斯卡比、科兴中维、民海生物、热景生等多家国内外先进医药企业相继入驻，在生物制药、创新化药、高端医疗器械、现代中药等多个领域都有所建树，构建起了以研发检验为主要方向，生物制药、现代中药、创新化药、医疗器械为主要内容，大健康、动物药为补充的"1+4+2"产业格局。

(四) 典型企业——北京同仁堂②

北京同仁堂是中药行业著名的老字号，始创于 1669 年，清朝雍正年间正式成为皇家用药，历经数百年的时代流转传承至今，已成为大兴生物制药产业集群的重要龙头企业之一。

同仁堂产品以其"配方独特、选料上乘、工艺精湛、疗效显著"的特点在海内外市场颇有盛名，产品远销 40 多个国家和地区。其中，王牌名药有安宫牛黄丸、牛黄清心丸、大活络丹、局方至宝丸、苏合香丸、参茸卫生丸、女金丸、再造丸、紫雪、虎骨酒、乌鸡白凤丸、消栓再造丸、安神健脑液、牛黄解毒片、活血通脉片、枣仁安神液、愈风宁心片、国公酒、骨刺消痛液、狗皮膏等。同仁堂顺应时代要求，坚持现代化战略，以中医中药为主攻方向，形成了以制药工业为核心，以健康养生、医疗养老、商业零售、国际药业为重要支撑的生产经营布局，构建起集种植、制造、销售、医疗、康养、研发于一体的大健康产业链条。此外，同仁堂还放眼全球市场，坚持全球化战略，以同仁国药集团在中国香港建立生产基地为标志，实现了从"北京的同仁堂"

---

① 北京大兴生物医药产业基地业绩爆发式增长，成千亿级园区 [EB/OL]. 制药网，https://www.zyzhan.com/news/detail/82300.html.

② 同仁堂集团 | 御药 300 周年 老字号焕发新生机！[EB/OL]. http://www.qq.com.

"中国的同仁堂"向"世界的同仁堂"成功转型,已经在五大洲28个国家和地区建立经营服务终端,将产品远销世界各地,助力中医药国际化。

同仁堂经济实力雄厚,企业效益良好,2022年实现营收153.72亿元,净利润14.26亿元,同比增长16.17%,实现了国有资产的保值增值;先后荣获了"中国商标金奖——商标运用奖""马德里商标国际注册特别奖""首届北京市人民政府质量管理奖""新中国成立70周年医药产业脊梁企业奖"等荣誉称号。2006年,北京同仁堂中医药文化进入国家非物质文化遗产名录。

同仁堂重视新药的开发与研究,拥有一个国家工程中心和博士后科研工作站,科技研发体系健全。仅"十三五"以来,完成新产品研发265个,获得北京市科学技术一等奖的巴戟天寡糖胶囊填补了中药治疗抑郁症的空白。坚持创新工艺技术解决行业共性技术难题,彻底改变了中药生产手工操作的落后局面,对中医药现代化发展有着不可磨灭的重要贡献。

北京同仁堂在集团整体框架下发展现代制药业、零售商业和医疗服务三大板块,配套形成十大公司、两大基地、两个院、两个中心的"1032"工程。拥有境内、境外两家上市公司,零售门店800余家,海外合资公司(门店)28家,遍布15个国家和地区。同仁堂集团被国家工业经济联合会和名牌战略推进委员会推荐为最具冲击世界名牌潜力的16家企业之一,下设7个子集团、2个研究所和多家子公司,拥有2400多个零售点和医疗机构,36个生产基地和110多条现代化生产线,可生产六大类、20多个剂型、2600多种药品和保健食品,安宫牛黄丸、同仁牛黄清心丸、同仁乌鸡白凤丸等一大批王牌名药家喻户晓。

二、隆尧食品产业集群

(一)基本情况

隆尧食品产业集群于20世纪90年代开始萌芽,起步于隆尧县莲子镇西范村。早在90年代前隆尧就已经拥有丰富的农业资源,但粗放的农业生产方式、薄弱的产业基础及单一的销售渠道严重阻碍了隆尧工业化的发展。1994年,今麦郎面业有限公司的前身——河北隆尧华龙食品有限公司(以下简称华龙公司)诞生于隆尧县莲子镇西范村。此后,华龙公司依托优势资源,推出优质小麦繁种基地,开创了"从麦场到卖场"的经营模式,有效地推动了当地农业产业化的进程。成立于1999年的河北中旺食品集团进一步开创了生产专业化、经营集团化、服务社会化、产品商品化的新型现代化农业发展模式。在两大龙头企业的带动下，河北一度从"小麦大省"转变为"面制品大省"，隆尧县也从农业县上升为农业生产加工经济强县。2003 年，莲子镇华龙经济带被正式命名为"东方食品城"，在政府的积极引导下，东方食品城的城镇化建设不断加速，西范村建起了农民别墅区，村民的生活质量得到质的飞跃。隆尧县"建设零干扰、服务全承办、发展无障碍"的投资环境，吸引了日本和中国台湾、浙江、北京、四川、吉林等地的国内外知名企业落户。经过 20 多年发展，隆尧县成功开辟出一条"以龙头企业带动主导产业，以主导产业拉动相关产业，以相关产业激活区域经济，以区域经济促进小城镇建设"的发展新路子。在这种示范作用下，越来越多的食品产业与配套产业集聚于此，逐渐实现产业集群化发展。[1]

2020 年，隆尧县食品产业集群拥有各类食品制造及配套企业 100 余家，从业人员达到 22600 人[2]，形成了以方便面、饮品为主导，兼有面粉、挂面、湿面、粉丝、粉条、酱菜、泡菜、卤蛋、食品馅料、冰糖、咸干花生、瓜子等系列产品和与之相配套的调味品、添加剂、食品容器、彩印包装等系列食品为主的产业聚集区。集群内拥有方便面生产线 56 条、挂面生产线 12 条、大型面粉加工厂 4 座、饮品生产线 13 条、粉丝生产线 8 条、卤蛋生产线 4 条、湿面生产线 4 条，产品销售遍布全国，并远销 40 多个国家和地区。隆尧县食品产业集群注重品牌打造，现拥有中国名牌产品 1 个、中国驰名商标 2 件、省名牌产品 8 个、省著名商标 20 件[3]，该县先后被命名为全国食品产业集群区域品牌试点县、全国食品工业创新发展基地、全国食品工业强县、全国食品工业十大发展特色县。

(二)发展优势

隆尧食品产业集群凭借自然区位及资源优势等逐渐发展壮大，隆尧县相继出台一系列支持政策，推动食品产业共建共享，做强做大产业集群。

1. 龙头企业带动产业发展

在推进农业产业化经营，实现农业现代化建设的过程中，隆尧县龙头企业在其中的作用可谓功不可没。龙头企业是构建隆尧农业产业体系、食品加工体系、经营体系的核心力量，在推动隆尧经济发展的过程中发挥着不可替

① 迅速崛起的隆尧食品工业[J]. 农村工作通讯，2007(10)：63.

② 隆尧：打造产业链条 建设全国食品制造基地|河北县域特色产业集群样本 95[EB/OL]. 河北资本，https：//mp. weixin. qq. com/s/3nKq4dB_nTd_JAx7Y-nihQ.

③ 打通产业链"堵点"！河北隆尧县食品产业全面复工复产[EB/OL]. 河北工信厅，http：//gxt. hebei. gov. cn/sme/ztzl5/hbtscycxtsxqpt33/xgxw/723551/index. html.

代的作用。可以说，华龙公司和中旺集团的成立开启了隆尧县经济发展的"逆袭之路"，莲子镇周边食品企业趁势而起，从无到有、从有到优。此后，隆尧先后引进了龙达包装、红帽子制盖、华丽纸箱等国内一流食品包装配套服务业，进一步为隆尧食品产业的发展奠定了坚实的产业基础。

2. 区位及资源优势

隆尧区位优势独特，距离首都 350 千米、省会石家庄 80 千米、邢台 50 千米；交通便利快捷，县内京广铁路、京港澳高速、石武高铁、107 国道南北穿越，南郝线、隆昔线、邢德线等省级干道东西贯通，是河北省南部西联东出的重要连接点①。同时，隆尧还是粮食生产大县，盛产优质小麦、玉米、棉花、辣椒、大葱等，是全国优质粮生产基地，食品产业发展有得天独厚的优势。县内土地资源十分充裕，大量未开发的土地为工业项目的发展提供了有利条件。

3. 产城融合的协同作用

隆尧县"东方食品城"成立之初，在企业和政府的作用下，进行了道路修整等基础设施建设，西范村建起别墅区，现代化小城镇初露光芒。随后，隆尧县利用全国特色小镇建设契机，不断探索产城融合新模式，进一步推动食品工业和农产品原料基地的协同发展，促进东方食品园区和创业孵化的融合发展。在此基础上还规划了"一镇一带一轴一核"的食品工业小镇空间布局，策划了五大发展片区，直接带动 6 万人参与农村创业创新，成功打造出农村新模式融合发展产业集群，为地方经济发展注入新能量与活力②。

4. 政府对民营企业的支持引导

过去，隆尧依托资源、产业与人文优势，以特色产业为支撑，大力实施"工业立县、开放活县、民营强县"三大战略，形成了包括食品在内的四大主导产业，打造了中国最大的方便面生产基地之一。在全县重商、招商、富商的浓厚氛围下，"建设零干扰、服务全承办、发展无障碍"的投资环境吸引了大量国内外投资者的目光，知名企业先后落户隆尧。出台了《关于招商引资项目建设优惠政策的暂行规定》等一系列优惠政策，对入驻隆尧的重点项目给予挂牌保护。近年来，隆尧还打造了银企对接、政企沟通、企业与企业交流三个平台，进一步助推民营企业高质量发展。

---

① 隆尧县情简介［EB/OL］. 隆尧县政府，http：//www.longyao.gov.cn/list-2-1.html.
② 隆尧县：一核三融协同发展　打造食品产业发展高地［EB/OL］. 河北新闻，http：//zhuanti.hebnews.cn/2020-10/27/content_8161430.htm.

（三）产业链分析

目前，隆尧食品产业集群的"上游"主要包括农产品种植和包材两大类别，"中游"主要包括产品的初级加工和深加工，"下游"包括物流与销售，链条较为完整。其中，隆尧食品产业链的"上游"原料以冀南优质麦产业联合体为重要抓手，依托今麦郎等龙头企业发展"订单农业"。今麦郎集团是隆尧食品产业集群的重要龙头企业之一，位于河北省邢台市，是横跨面品、饮品两大类别的大型食品企业集团，产品远销美国、加拿大、日本等海外 36 个国家和地区。今麦郎如今已经成为集研发、生产、销售于一体的现代化大型综合食品企业集团，对隆尧食品产业集群有着重要的引领和带动作用。隆尧县通过"公司+基地+农户"的组织形式，建立了"五统一"①工作机制，对优质麦的生产进行全过程动态管理；在包装配套服务业上，引进了龙达包装、红帽子制盖、华丽纸箱、厦门合兴等国内一流的从事纸筒、制盖、纸箱、叉子等配套产品生产的企业。在隆尧食品产业链的"下游"，经初加工形成了面粉、食品专用粉、果脯类等产品，深加工形成了挂面、粉丝等面制品以及食品馅料、卤蛋、泡菜等系列产品。

通过上面的论述可以看出，隆尧食品产业链呈现出"偏短、偏低"的特征。隆尧食品产业主要集中在农产品原料的生产和对原料的粗加工上，表现出一种吃"原料"的特征。而发达国家食品行业的一个显著特点是高加工率、高附加值，它们对原料的加工率通常在 70% 以上，甚至达到了 92%。隆尧食品产业集群对原料的加工还不够精细化，总体附加值偏低，不足以与国际食品产业相抗衡。同时，产业集群内龙头企业一家独大，总体是以中小型企业为主，在新产品的研发和销售环节表现较为薄弱，龙头企业可能更注重产品产业化和工业化改进。总体来看，隆尧食品产业集群主体产业链嵌入在国内国际食品产业的中游制造环节。

三、安国中药产业集群

（一）基本情况

安国在中国中医药史上有着不可替代的历史地位和辉煌成就。明朝中叶其规模已有"大江以北发兑药材之总汇"之势；到了清朝，数以万计的国内外

---

① "五统一"即统一优种供应、统一整地播种、统一肥水管理、统一病虫防治、统一机械收获。

客商都被其"极山海之产""尽东南之美"的中草药所吸引，慕名前来。素以"八大祁药"闻名天下的祁白芷、祁紫苑、祁沙参等药材成为出口东南亚的免检商品；以"祁州加工四绝"名扬四海的"蝉翼清夏""百刀槟榔""镑制犀角""云片鹿茸"成为中国中药材加工史上的独门绝技。

安国中药产业集群覆盖一、二、三产业，形成了从种植、科研、加工、生产、经销到使用的完整产业链条。集群内拥有保定中药、药都制药集团股份有限公司等四家中药制药企业，拥有国药乐仁堂河北药业有限公司、安国圣山药业有限公司等多个重点饮片企业①。2020年，中药种植面积常年保持在15万亩左右，年提供商品中药材近4万吨，总产量占全省中药材总产量的70%以上；经营辐射全国各地和东南亚、欧美等40多个国家和地区。养生与中药产业不断结合，全市规模以上生产中药保健品的企业52家，产品覆盖花茶、保健茶等9大类314个品种，年销售额50亿元。药膳不断丰富，已有营养滋补类、抗衰防老类等7个大类200多个品种，50多家药企推出了药食同源产品。②

（二）发展优势

安国有悠久的文化底蕴，加上多年的市场培育，逐渐形成产销一条龙的产业关联度较高的中药产业集群，成为当地的支柱产业。

1. 地域药业文化优势

安国市历史悠久，文化底蕴深厚，特别是中药材文化在中药界有着举足轻重的地位。始建于北宋的药王庙，供奉着中国历史上唯一皇封的药王——邳彤，逐渐演变成药材交易庙会，安国药业随之发展起来。随着药市的发展，安国中成药加工等产业逐渐兴起，还产生了"草到安国方成药，药经祁州始生香"的说法。市场的繁荣进一步繁衍出"十三帮""五大会"等商人组织③，安国成为闻名遐迩的药都。长久的历史积淀，留给安国一支庞大的中药材人才队伍，促进了安国中药材产业专业化、规模化、集群化的形成与发展。

2. 市场需求的培育

健康产业作为战略性新兴产业，市场需求的培育和发展对企业和产业都发挥着至关重要的作用。国家出台了一系列政策鼓励有条件的区域优先发展

---

①　安国概况［EB/OL］. 安国人民政府，http：//www.anguo.gov.cn/info.html?nid=1.

②　安国大力推进现代中医药产业高质量发展　从"药材之都"转向"药品之都"［EB/OL］. 河北省工信厅，http：//gxt.hebei.gov.cn/sme/ztzl5/hbtscycxtsxqpt33/gdscy/bds1/886649/index.html.

③　安国药商：缔造中国北方药都［EB/OL］. 河北新闻网，http：//hbrb.hebnews.cn/pc/paper/c/201709/28/c24863.html.

中药材产业。另外，随着中国老龄人口的增长，传承上千年的中医药在传统优势、副作用小等方面得到人们的普遍欢迎与认可，中药材市场表现出巨大潜力。面对消费者的多样性需求，中药材的价值功效已经超出医学领域，外延至美容护肤、养生、保健等领域，在拓宽行业边界的基础上，也提供了广泛的就业岗位。安国正是基于自身传统的中药材优势与市场需求，才得以实现长足发展。

3. 地方政府大力支持

安国先后出台了《中药企业科技创新奖励办法》《优胜企业（项目）奖补办法》《明星企业奖励办法》等一系列优惠政策，提升园区发展能级。近年来，得益于省、市领导的高度重视与支持，安国市先后建成了现代中药工业园区、现代中药农业园区、数字中药都等一系列产业高端发展平台；与中国中医科学院、天津中医药大学等院校开展合作；建立了河北省中药材质量研究院、中医药质量研究院，并与五家国家重点实验室建立合作平台①。在各级政府的大力支持下，安国中药材产业正在实现大发展、大跨越。

4. 龙头企业的带动

安国中药产业集群的形成与发展离不开龙头企业的带动与引领。药都制药集团股份有限公司是安国中药产业集群的龙头企业之一，旗下有河北红日药都药业、河北茗都药物研究所、安国市天恩药材产品检测、药都集团茗都药业有限公司四家子企业。公司注重信息化技术在工业化生产上的运用，其提取车间自动化控制系统采取了高效、稳定的控制器，高速、安全的工业控制系统，精确、智能的传感器和执行器，再结合工业控制应用软件，整条生产线在国内中药行业属于领先水平。公司的综合实验室通过中国合格评定国家认可委员会实验室的评定，室内设有中试车间、标本室、中药理化室、微生物实验室、气相色谱实验室等部门，检测仪器具备国际先进水平，其监测数据在欧美及东南亚56个国家和地区得到认可。公司凭借优良的选料、精湛的工艺、高品质的产品，在山东、河北、东北三省等北方市场收获了良好的口碑，产品连续三届荣获河北省"消费者信得过产品"奖、"河北省优质产品"奖，还被安国市政府评为"明星企业"，是安国中药产业集群不断发展的重要支撑。

（三）产业链分析

从产业链角度分析，安国中药材产业在药材种植加工环节具有比较明显

---

① 安国：从"药材之都"到"药品之都"［EB/OL］. 河北省投资促进平台，https：//mp. weixin. qq. com/s/SfltdhU6KA5wTGdxLrQmBw.

的优势，但在药品研发和销售环节处于弱势，成为产业进一步发展的阻碍。从安国中药材产业在药材种植、加工、交易环节的良好产业基础、低成本劳动力、较大生产规模、丰富产品种类、中药材交易市场等优势来看，相较于整个中药材产业链，安国中药材产业的价值增值活动是以劳动密集型的原料种植、加工为主，以药品生产和销售为辅。这种依靠劳动力优势和规模经济的价值创造活动，以低附加值为特征，同时具有比较脆弱的位势，使整个产业集群处于产业链的低端环节。此外，由于大多数企业专业化程度不高、高端研发人才聚集不够、产品科技含量不高、管理水平相对滞后等原因，安国中药材产业在新品研发与销售的产业链高端环节，表现乏力。如果安国中药材产业集群持续依赖附加值低的生产加工，其价值创造力和上升空间将变得非常有限。只有培育更多的龙头企业、引进高端人才、打造优势品牌、强化集群互动，才能提升自主研发能力，促进技术创新，推动集群向药物研发、制药销售等产业链的高端环节延伸，从而提升产业集群的整体水平。

◀ 第四节 ▶
京津冀民生健康产业集群高质量发展路径

京津冀民生健康产业应当顺应时代发展潮流，弥补产业发展存在的短板，加快产业转型升级的步伐，提高健康产业绿色化、智能化、数字化水平，进一步释放民生健康产业市场潜力，推动京津冀民生健康产业发展迈向新阶段。

一、实现资源的有效整合，探索融合发展态势

针对集群内民生健康产业规模小、层次低等产业特点，加大对资源的统筹配置，促进资本和优质资源的优化，加快构建"医、养、健、管、游、食+N"大健康全产业链。通过"大鱼吃小鱼"的模式，对小微企业进行并购整合，进一步丰富产品线，延伸产业链。鼓励相关行业的深层次对接合作，充分发挥双方在医药研发、药品流通、品牌营销等方面的优势，相互赋能，携手助推健康产业链上下游资源的进一步整合。秉承合作共赢的理念，在差异化的协同发展中提升集群整体优势。各区域要明确自身定位，依托独特的自然资源及人文资源，有所侧重地将产业市场做大做强，既兼顾了整体利益又保证了自身利益。区域间有必要进行统筹协调，使资源的利用达到最优，进而提

升区域整体服务水平与利润效益。

不断探索民生健康产业与乡村振兴、互联网、旅游、文化等的融合发展，推动京津冀健康产业集群建设融合型产业新体系。构建乡村振兴与民生健康产业联动发展新模式，推进安国、邢台等地县域范围内的黄芪、柴胡、沙参等中药材种植，促进农民增收和农业增效，助力乡村振兴。顺应"互联网+"趋势，发展在线咨询、群众健身指导、青少年体育运动、健康评估等"健康管理服务"，积极推进"互联网+医药工业"，创新实施供应链数字化管理，将互联网对民生健康产业的增长作用发挥到极致。创新健康产业与旅游业融合发展，充分利用安国中药、张家口冰雪、张承草原等特色资源和生态优势，培育养生旅游、休闲度假、生态养老等康旅融合新业态，把河北打造为京津冀区域内知名的健康旅游目的地。紧盯市场风向，发展系列化的保健品、绿色食品、养生茶及保健酒。

二、以科技创新为主题，培育核心竞争力

民生健康产业要想在国内外市场上获得较高的竞争地位，就要不断地进行技术创新，而产业集群的模式为技术创新的产生和扩散提供了非常大的便利。集群的网络结构使新产品、新工艺或新技术一经出现，就会在集群内得到快速传播，进而溢出、渗透，将一个创新活动演变为一群创新活动。

一方面，要加快形成一批具有影响力的产业领军企业，充分利用京津冀协同发展战略，积极吸引区域总部、生产性服务业、外资研发中心等的聚集，重点在医疗器械、生物医药、绿色食品、高端体育用品等前沿领域引进一批民生健康产业领军企业；依托"巨人计划""万企转型"等工程，在各产业集群内自主培育一批健康食品、健康医药、体育用品等领域的龙头企业。另一方面，企业作为技术创新的主体，要具备创新意识，发挥主动性充分"动"起来，不断加大对科研创新的投入，并通过产学研合作、并购企业、定向培养等方式，加强对高端专业人才的引进、培养以及储备。同时，紧随社会消费结构调整的步伐，贯彻"绿色中国"的理念，进行供给侧结构性改革，在健康制造产业中融入食品级材料和智能技术，既减少了垃圾，保护了环境，还能够实现企业的长远发展。

三、注重产品品质，实施品牌创新路径

品质是产业高质量发展的直接体现，产品和服务的质量对企业长远发展

起到直接的作用，也会直接影响区域的发展层次。只有把规模优势转换为质量优势，才会让全社会享受更多"质量红利"。落实企业的质量主体责任，注重将"工匠精神"融入企业文化，引导企业加强质量管理，借鉴并推行首席质量官、卓越绩效管理、精益生产、安全内控等先进的质量管理制度，打好企业质量管理基础。构建社会共治的质量工作体系，开展"标准化+"行动，在中药材种植、食品加工、康养旅游等领域推行标准化建设，以高标准指引行业内涵式发展；加强产品的动态监管，推行网络化管理模式，在健康产品的生产、流通、售后等关口，利用大数据健全质量追溯机制。树立诚信理念，打造京津冀医药健康产业名片，在消费者心里烙上品牌记忆。

　　考虑到京津冀部分民生健康产业集群以规模偏小的中小企业为主，建设国内外知名品牌的难度大、跨度长、成功概率小，集群内的众多企业可以通力合作，浓缩与提炼企业品牌，形成更具广泛性、持续性品牌效应的区域品牌①。按照"企业品牌—行业品牌—区域品牌"的发展方向，针对海兴体育用品、昌黎葡萄酒、安国中药等优势产品，系统性培育一批拥有高知名度和影响力的金牌产品和企业，打造国家级、省级知名品牌示范区，创建冀州特色的区域品牌。发挥专业市场和行业协会的作用，整合产业集群内部企业结构和水平，引导和扶持企业制订品牌战略规划，促进企业与国内外知名品牌的交流与合作，共同实施品牌联合战略，形成利益共同体，提升区域品牌的国内外辐射力。

四、加强要素保障，发挥政府的推动作用

　　民生健康产业是京津冀诸多产业中既有实力又充满活力的产业，但"十四五"期间京津冀健康产业仍然面临开放度低、项目落户困难、平台服务较差的问题，为此，各级政府要坚决担起重任，促进京津冀民生健康产业的快速崛起。

　　一是要在重大战略中体现民生健康产业的发展思路，强化政策保障。在民生健康产业各个领域制订详细的发展规划，并将部分优势健康产业列为招商引资重点产业。平等对待不同类别的投资主体，不论是民办还是公办机构要享受同等待遇的优惠、补贴等各项措施。

　　二是构筑产业集群公共服务平台，为产业集群发展创造氛围良好的软环境，以期实现产业集聚效应。鼓励与帮扶有条件的企业或园区搭建创新药物

---

① 夏曾玉，谢健. 区域品牌建设探讨——温州案例研究[J]. 中国工业经济，2003(10)：43-48.

临床研究、成果转化、委托加工、产品检测等公共技术服务平台；努力建设包含风险投资、民间投资及其他行业资金的多元化投资体系。提供适当经费、场地等支持实力较强的企业与机构在本省或集群内展开健康产业论坛、技术成果展示等行业交流、咨询等活动。发展专业市场，为集群内企业组建产品加工、设备、专业人才、出口贸易等交易平台，如安国中药材市场。

三是强化人才支撑力度，推动高端引才引智。各地政府加快研究制定关于民生健康产业各个领域的高层次人才认定标准，因地制宜地聘用医药制造、健康管理、绿色食品生产等当前急需的高层次人才。支持京津冀各地市在医学院校、职业院校及其他科研机构开设民生健康产业相关人才专项培训基地。在法律和政策规定条件下，对到其他企业从事研发、成果转化的人员给予资金奖励。

第七章
Chapter 7

京津冀材料延伸产业集群
高质量发展分析

材料延伸产业是国民经济发展的重要基础性产业，已经渗透进国民经济和社会生活的各个领域，是支撑新技术、新装备、新工程等各个领域、各个环节创新的基础。对京津冀材料延伸产业集群进行深入研究，有利于推动材料产业链延伸拓宽，强化京津冀新材料产业关联性，加快新材料技术创新成果转化，优化协作配套，提升精深加工水平，打造高端制造供应链，推动京津冀材料延伸产业集群的发展。

◀ 第一节 ▶
京津冀材料延伸产业集群发展概述

材料延伸产业集群是京津冀区域需要重点发展的特色产业集群之一。本节对材料延伸产业集群的范围进行了界定，通过梳理京津冀区域材料延伸产业集群的空间布局与发展现状，深入挖掘其发展过程中存在的问题，为京津冀区域材料延伸产业集群的进一步发展提供参考。

一、材料延伸产业集群的范围界定

材料延伸产业是指在材料产业的基础上，以科技攻关为突破口，推动材料产业链延伸拓宽，突破原有材料产业单一化、基础化的发展模式，促使材料产业向产业链上游攀升，沿产业链自上而下全面发展，形成以高技术、高创新为核心的完整产业链条。材料延伸产业的核心是对材料产业的链条拓展与延伸，产业链自上而下的垂直一体化发展可以消除产业链上下游企业之间资源错配的问题，消除资源配置扭曲，缩短产业链中上下游企业之间信息匹配的时间，减少上下游企业之间的资源交易成本，进而提高产业整体的生产分配效益，推动产业整体进一步发展，增强材料延伸产业的整体竞争力。

材料延伸产业集群是在材料延伸产业纵向发展取得一定成果，已经形成具有竞争力的产业链条的基础上，为了摆脱传统产业链单一发展过程中面临的难以形成较大规模、外部资源供给成本高、基础设施建设困难多、公共服务供给不平衡、不同区域之间资源交流整合困难等问题，将区域范围内的材料产业根据其相似性与互补性，将地缘关系较近的、处于同一条产业链或处于不同产业链但存在较强相关性的同类企业、相似企业整合发展。通过横向与纵向相结合的集聚式发展，能够充分利用区域内材料延伸产业集聚带来的规模效应；将外部交易转化为内部交易，降低交易成本；实现基础设施与公共服务资源整合供给，降低供应成本，提高基础设施与公共服务的供给质量与利用效率；提高资源在不同区域之间流动的效率，降低资源流动过程中的信息成本，提高产业整体的效益。京津冀区域材料延伸产业在纵向发展方面已经颇具成效，在此基础上，应当双管齐下，一方面积极进取、开拓创新，进一步提高材料延伸产业在纵向产业链条上的优势地位，保障材料延伸产业现有的竞争优势；另一方面应当推动材料延伸产业横向发展，将材料延伸产业进行整合优化，形成良好的产业发展环境，提高材料延伸产业的竞争力。通过构建横纵结合的产业发展总体格局，进一步开发材料延伸产业的发展潜力，提高材料延伸产业的竞争力，将京津冀区域具有竞争优势的特色材料延伸产业集聚化发展，最终形成现代化的、具有强大竞争力的材料延伸产业集群。

河北省是京津冀区域发展的基础支撑，京津冀区域材料延伸产业集群主要集中分布于河北省，因此河北省材料延伸产业集群的发展是我们的研究重点。河北省材料延伸产业集群的发展应当选择已有材料产业中纵向发展状况良好，已经完全掌握或能够实现独立自主生产的材料延伸产业，通过将同一条产业链中的上中下游企业、相近链条中的互补型企业整合发展，降低企业的生产成本，提高企业的生产效率，构建具有竞争优势的材料延伸类特色产业集群。河北省在衡水、沧州等地已经形成了一批具有较强竞争力的材料延伸产业集群，玻璃制品、橡塑制品、复合材料、电线电缆等产业在全国乃至世界市场上都占有一席之地，是河北省材料延伸产业集群发展的重点。

二、材料延伸产业集群的空间布局

材料延伸产业集群是京津冀特色产业集群的重要组成部分，发展历史悠久，集群分布广泛，企业数量众多。京津冀区域材料延伸产业集群主要分布于河北省内，而河北省材料延伸产业集群又集中分布于河北省中南部，包含电线电缆产业集群、玻璃制品产业集群、橡塑制品产业集群、复合材料产业集群等多个特色产业集群（见表7-1）。

表7-1　京津冀材料延伸产业集群的区域分布情况

行业	重点产业集群	2020年度营业收入（亿元）	2020年度从业人数（人）	2020年度上缴税金（亿元）	2020年度四上企业（家）
电线电缆	宁晋县电线电缆产业集群	230.47	16681	3.63	115
	河间市电线电缆产业集群	211.00	14000	2.05	63
	文安县电线电缆产业集群	42.74	2745	0.42	12
	雄县电器电缆产业集群	8.12	402	0.11	12
玻璃制品	沙河市玻璃产业集群	278.14	17302	5.32	27
	河间市工艺玻璃产业集群	87.21	68000	0.54	19
	永清县玻璃产业集群	24.56	2688	0.94	6
橡塑制品	滦南县塑胶手套产业集群	47.71	3050	4.25	4
	任泽区橡塑产业集群	69.06	22986	1.81	26
	任丘市橡胶塑料制品产业集群	64.39	5607	0.97	22
	东光县塑料制品产业集群	121.03	25298	0.43	34
	文安县塑料化工产业集群	99.13	26979	1.06	18
	武邑县橡塑制品产业集群	21.17	5092	0.73	21
	景县橡塑制品产业集群	252.35	43575	5.63	61
	定州市橡塑再生资源产业集群	26.37	6851	0.11	13
复合材料	无极县装饰材料产业集群	187.94	50375	0.5	2
	灵寿县特色建筑材料产业集群	27.29	12386	0.82	14
	昌黎县金属材料产业集群	578	17000	33.6	18
	武安市铁基新材料产业集群	49.24	2807	0.78	11
	磁县化工新材料产业集群	29.99	2736	2.23	11

行业	重点产业集群	2020年度营业收入（亿元）	2020年度从业人数（人）	2020年度上缴税金（亿元）	2020年度四上企业（家）
复合材料	威县战略性新能源新材料产业集群	35.66	7325	0.33	27
	清河县耐火材料产业集群	8.5	2720	0.5	7
	柏乡县包装新材料产业集群	16.08	1606	0.88	9
	河间市保温材料产业集群	128.44	41000	1.62	61
	大城县绝热节能材料产业集群	120.02	24700	4.23	47
	枣强县复合材料产业集群	88.59	13588	2.25	27

资料来源：背景资料4：2020年四季度产业集群数据，河北省工业和信息化厅，2021。

电线电缆产业集群主要分布于河北省南部，在邢台、沧州等地形成了宁晋、河间、任丘等多个电线电缆产业集群。宁晋县是中国北方最大的电线电缆生产基地之一，也是全国电线电缆行业三大产业基地之一，被誉为"中国电线电缆之乡"。[①]

玻璃制品产业集群的分布与电线电缆产业集群分布大致相同，主要分布于河北省南部的邢台、沧州区域，在沙河市、河间市均形成了市场竞争力强、产品特色鲜明、具有一定规模的玻璃制品产业集群。

橡塑制品产业集群在河北省南部与中部均有分布，在南部有衡水景县橡塑制品产业集群，中部有定州市橡塑制品产业集群，产业集群分布广泛，市场占有率高，市场竞争力强，是河北省材料延伸产业集群的重要支柱。

复合材料产业集群主要集中于衡水市枣强、冀州一带，经过数十年的不懈奋斗，已形成了集玻璃钢、高端碳纤维复合材料、航空航天用先进树脂基复合材料等产业于一体的综合性复合材料产业集群。

三、材料延伸产业集群的发展现状

本书从发展历程和发展特征两个角度来分析京津冀材料延伸产业集群的发展现状。

（一）发展历程

京津冀区域材料延伸产业萌芽于20世纪70年代，发展至今已有50年左

---

① 我县建立"供应链融资"模式 打造千亿电线电缆产业集群启动仪式举行［EB/OL］. 宁晋县人民政府，https：//www.ningjin.gov.cn/xxgk/content/33681.html.

右的历史，材料延伸产业集群的发展历程大致可以分为三个阶段。

1. 起步阶段

得益于国家改革开放政策的提出，京津冀区域材料延伸产业得以顺利起步。改革开放政策极大地激发了京津冀人民的创业精神与创造潜力，众多小型家庭作坊式企业如雨后春笋般不断涌现。随着国家市场经济制度初步确定，消费者的消费热情日渐高涨，国内市场产品供给缺口大、产品供不应求，经济发展态势火热，企业经济效益不断提升，带动京津冀材料延伸产业飞速发展。众多企业的成功案例激活了企业周边人民的创业活力，走上创业之路的人越来越多，村镇企业数量不断攀升，开始形成以村镇为中心的产业集聚形式，构成了京津冀材料延伸产业集群的雏形。这一时期，京津冀材料延伸产业集群发展主要依赖资源禀赋与国家政策上的优势，各种企业野蛮生长，企业数量多、规模小、分布分散，企业之间缺乏交流与合作，并未形成合理的生产体系，存在生产技术落后、生产力水平低下、产品质量参差不齐、产品同质化等诸多问题，产业供给结构单一、产业发展依赖市场行情、产业集聚度低、抗风险能力差，产业集群尚处于萌芽阶段。

2. 升级阶段

产业集群升级的基础是产业链条的升级。进入 21 世纪后，随着社会经济的发展，人民生活水平提高，市场需求不断扩大。消费者需求的变化对企业生产经营提出了更高的要求，激励企业通过技术升级、经营方式转换等方式，拓展产品种类、提高产品质量、优化产品供给，以满足消费者多样化的需求，产业集群技术水平显著提高。繁荣的商品市场也带动众多技术先进、产品新颖的新企业加入，产业集群生产技术水平不断提高，产品种类日渐丰富，材料延伸产业集群向产业链上下游延伸扩展，产业集群发展水平显著提升。这一时期，河北省材料延伸产业集群的生产技术不断升级，经营方式日益改进，企业规模逐步扩大，企业数量显著增加，产业链条延伸完善，技术创新机制逐步建立，企业间的合作交流日益频繁，企业运营与研发成本逐渐降低，产业集聚的规模效应开始显现。该阶段，产业集群飞速发展，已经形成具有一定竞争力与影响力的材料延伸产业集群。

3. 创新发展阶段

随着经济社会飞速发展、市场需求高速增长以及经济全球化进程不断加快，消费者的消费目标由满足生产生活需要转向追求高品质的美好生活，高端市场成为企业发展的战略高地。京津冀材料延伸产业集群紧扣发展重点，坚持创新驱动发展战略，充分发挥京津冀一体化发展的优势，积极利用京津创新资源，与多家高校和科研院所建立起紧密的合作关系，共同兴办科技创新机构。同时，在龙头企业内设立科研部门，构建起产、学、研相结合的技术创新平台，营造出良好的科研创新环境，为企业进一步发展提供技术支撑，推动产业集群现代化发展。产业集群内部设立统一的产品质量标准体系，建立标准先进、结果严谨、市场认可度高的质量监督检测机构，打造严谨高效的产品质量监督制度，保障产品质量，提高产品的市场认可度，形成产业集群品牌，逐步构建起技术先进、产品高端的现代化产业集群。

(二) 发展特征

经过 50 年左右的发展进步，京津冀材料延伸产业集群已经取得了丰硕的发展成果，构建了技术成熟、规模庞大、规模效应明显、产品种类丰富、市场影响力突出的特色产业集群。产业集群产品特色鲜明、质量突出、竞争力强、市场占有率高，特色产品质量在全国乃至世界范围内得到广泛认可，主要产品销量处于市场前列，市场声望高，在市场上有着重要的影响力。

1. 政府支持力度大

政府大力支持当地材料延伸产业集群发展工作，针对材料延伸产业集群发展制定了一系列优惠政策，提出了宝贵的指导意见，建立了领导包联机制、考核机制等，构建起较为完备的省市县三级工作体系。各市实现了振兴计划全覆盖，省级重点产业集群实现了发展规划、产业链发展实施方案全覆盖，为更好推动京津冀特色产业集群高质量发展提供了科学依据。

2. 创新能力突出

京津冀材料延伸产业集群创新能力突出，集群内拥有多家研发机构和高新技术企业，打造了具有竞争力和创造力的现代化科研中心，创新氛围浓厚，创新平台广阔，企业生产技术先进、更新换代快，拥有众多国家专利，长期处于行业领先地位，竞争力突出，市场认可度高，多家企业在京津冀区域乃至全国市场都占有一席之地。

3. 坚持低碳绿色可持续发展

大力引进环保、绿色企业来集群内投资设厂，积极改进低效浪费、污染严重的落后生产技术，学习国内外先进生产方式，积极开设污染集中处理机构。在企业和政府的共同努力下，京津冀材料延伸产业集群绿色发展进程稳步推进，可持续发展水平不断提高，已经初步形成了生产清洁、资源节约、环境友好的绿色产业集群。

4. 平台逐渐完善

集群内开设多家国家级与省级质量检测机构，施行严格的产品质量评价标准，建立起行之有效的质量监督体系，搭建起质量监管平台。在政府的牵头下，组织成立多家材料延伸产业行业协会，为企业之间协同发展、互帮互助提供信息交流平台。鼓励企业与高校和科研机构合作开办创新机构，为产业集群创新发展搭建起科研创新平台。材料延伸产业集群积极为企业提供全方位、多元化的发展支撑，集群内公共服务水平不断优化和提高，公共服务平台日趋完善。

四、材料延伸产业集群发展存在的问题

虽然京津冀材料延伸产业集群发展取得了一定成绩，但在释放供给侧结构性改革红利、支撑县域经济发展、衔接乡村振兴战略等方面还存在短板和不足，主要体现在以下四点：

（一）有规模而创新不足

京津冀材料延伸产业集群中部分特色产业绝对规模贡献突出，但从相对角度来看，在总体发展上缺乏龙头企业，跨区域整合资源能力较弱，引领创新能力不强。另外，集群内部创新体系和公共服务平台建设不足以有效支撑中小企业在产品开发和技术升级上的迫切需求。产业集群对京津的创新资源利用不充分，产品创新、工艺创新、链条创新、模式创新等还没有形成深度有序的同频呼应。

（二）集聚而协同不足

京津冀材料延伸产业集群内的龙头企业引领带动作用不强，主板挂牌上市企业数量较少，营业收入超 100 亿元的龙头企业更是凤毛麟角。在相互之间的关联上，多数集群产业链数字化网络化协同水平较低，专业化分工、区域协作配套不足，部分区域产业同质化竞争严重，共生共荣的集群生态还不够活跃。价值链环节协同水平不高，产业集群强于制造、弱于设计和品牌营销，向上突围和向外拓展能力不足。

（三）有特色但深度不足

目前，京津冀区域内的材料延伸产业集群有一定特色与优势，但多数产业集群限于本地的竞争与市场活动，参与全球产业链条深度不够，掌握独门绝技的单项冠军数量不足，大部分企业处于价值链中低端，资源整合能力不强，以特色工艺开发高端专用装备能力弱，基于特色产品打造特色服务不突出，品牌形象还不能深入人心。

(四)有服务但生态不优

京津冀材料延伸产业集群内企业两化融合、一二三产融合深度不足，集群内部各类公共服务平台建设不完善、覆盖率低，技术水平高、服务能力强的公共服务平台尤为短缺。生产要素不匹配、环境资源承载力较低，资源倒逼尚未转化为升级动力。企业整体经营管理水平较低，未能建立起完善的现代企业制度，上市意愿不强、准备不足，制约了企业的直接融资和良性循环发展。

◆ 第二节 ▶
京津冀材料延伸产业集群发展重点

产业集群能够发挥规模效应、提高产业整体发展水平的前提是产业要拥有比较完备的产业链，产品具有一定的比较优势，在市场上具有独特的竞争力。只有在满足这个前提的条件下，才能够形成具有鲜明特色的产业集群，构建材料延伸产业高技术、高水平、高质量、高收益的现代化发展格局。京津冀材料延伸产业集群应当以电线电缆、玻璃制品、橡塑制品、复合材料四类产业作为发展的重点(见表7-2)。

表7-2 京津冀材料延伸产业集群发展重点

产业	主要产品	主要区域
电线电缆	超导电缆、盾构机电缆、机器人电缆、核电站专用电缆、海洋工程用电缆等	邢台、沧州等地
玻璃制品	优质基片玻璃、新能源玻璃、超薄电子玻璃、功能化玻璃等	邢台、沧州等地
橡塑制品	聚丙烯橡塑制品、高性能胶管胶带、工程橡塑、汽车橡塑等	衡水、邯郸等地
复合材料	高端玻璃钢制品、高端碳纤维复合材料、航空航天用先进树脂基复合材料等	衡水等地

资料来源：根据《河北省特色产业发展"十四五"规划》整理。

一、电线电缆产业

电线电缆产业是指生产用于传输电能、磁能以及信息的电线电缆产品及其上下游延伸产品的产业链条。电线电缆产业涉及中国实现现代化发展的重要配套产品，在社会生产生活中的应用十分广泛，中国国民经济的各个行业和领域都离不开电线电缆产业的支持。随着人民生活水平日益提高，社会主义现代化建设进程不断推进，电线电缆产业已成为人们日常生活中不可或缺的重要部分，也是中国在现代化发展过程中的基础设施建设的重要支撑。电线电缆产业在我国社会经济发展的过程中有着举足轻重的地位，直接影响着现代社会的正常运行与发展，从个人、家庭的日常生活，到社会各类用电企业的生产经营，再到中国实现社会主义现代化建设的伟大目标，都离不开电线电缆产业的支持。

河北省是京津冀电线电缆产业的主要集聚区。河北省电线电缆产业起步于20世纪80年代，乘着改革开放的春风，实现了自身的飞速发展。至2020年，全省注册资金5000万元以上的电线电缆生产企业已经达到2400余家，其中生产许可证获证企业和通过3C认证的企业1200多家。全省能够生产裸电线、电气装备用电线电缆、电力电缆、绕组线等3000多个品种的电线电缆，从业人员约6万人，产业集中在河北省南部区域，其中邢台的企业数量最多，约占河北省电线电缆生产企业总数的70%。① 京津冀电线电缆产业经过长期不懈努力，已经形成了自身独特的竞争优势，占有较高的市场占有率，特别是在宁晋、河间、任丘等地已经形成了河间市电线电缆产业集群、宁晋县电线电缆产业集群、任丘市电力设备制造产业集群等竞争力较强的县域特色产业集群。

二、玻璃制品产业

玻璃制品产业与国家经济发展紧密相连，是关乎国计民生的重要产业。当今，经济、文化、建筑、科学技术等社会各个领域的进步和发展都离不开玻璃制品行业。玻璃企业的蓬勃发展能够促进区域经济的发展；艺术玻璃、装饰玻璃等特色玻璃产品能够丰富玻璃产品的艺术形式，形成具有特色的玻璃文化；建筑行业需要成熟可靠的玻璃产品来保障建筑的采光、美观等；科学技术领域观测观察仪器的进步也离不开玻璃产业生产技术的提高。我国玻璃制品产业经过改革开放以来的飞速发展，已经成为社会发展的支柱产业，切实影响着人们生活的方方面面。

京津冀区域玻璃制品产业自改革开放以来一直蓬勃发展，玻璃制品产量

---

① 焦琨等. 河北省电线电缆产品产业现状与质量分析[J]. 光源与照明，2020(8)：46-47+64.

在全国玻璃制品产量排名中名列前茅，产业规模庞大、优势明显、特色鲜明，广受消费者欢迎，在全国乃至世界市场上都有一席之地。京津冀区域玻璃制品产业经过长期发展，已经在沙河、河间等地形成了沙河玻璃、河间工艺玻璃等特色产业集群。至 2020 年，沙河已经开设了十个玻璃深加工园区，拥有各种玻璃深加工企业 600 余家，玻璃制品行业年产值达 320 亿元，年产能约占全国的 20%，素有"中国玻璃城"之称。① 京津冀玻璃制品产业虽然已经取得了一定的发展成果，但仍有很大的进步空间，应当坚持以市场为导向、政府为支撑，加快提升工业设计能力和玻璃精深加工能力，进一步推动产业深化发展，构建更高水平的县域特色产业集群。

三、橡塑制品产业

橡塑制品是对橡胶与塑料制品的统称，橡塑制品产业涉及橡胶与塑料制品等多方面的内容。橡塑制品的应用范围广泛，直接影响到国民生产、人民生活及国防军工等各个方面，已经成为社会、经济、科技等领域发展必不可少的重要组成部分。因此，橡塑制品产业是一个国家或区域不可或缺的战略性支柱产业，在国民经济中有着重要的地位。

改革开放以来，中国橡塑制品产业飞速发展，产业规模与竞争力均显著提高，在这个大背景下，京津冀区域的橡塑制品产业发展水平也实现了快速的提升。京津冀区域并非橡胶塑料产品原材料的主要产地，资源禀赋方面相比其他区域不存在明显优势，但京津冀橡塑制品产业凭借着环渤海区域的独特区位优势，开拓创新、积极进取，现已取得了一定的发展成果，在景县、魏县、定州等地都形成了具有特色的橡塑制品产业集群。京津冀区域的橡塑产品以工程橡塑为主，经过几十年的不断发展，已经成为我国第一大工程橡塑制品生产基地，防排水材料、桥梁支座、桥梁伸缩装置及橡胶坝四大类工程橡胶产品在国内市场所占份额达到五成以上。②

四、复合材料产业

复合材料是人们运用先进的材料制备技术将不同性质的材料组分优化组合而成的新材料，在航空航天、汽车制造、化工纺织、医学等领域都有广泛

---

① 李岩，赵志杰. 从四经普数据看沙河市玻璃发展[J]. 统计与管理，2020，35(11)：27-31.
② 周林. 我国橡胶产业集群化成长路径研究[D]. 青岛科技大学，2014.

的应用。复合材料自诞生以来，就一直处于不断创新、飞速发展的状态，各种各样的新型复合材料如雨后春笋般不断涌现。当前，复合材料产业发展前景乐观，汽车、航空、医学等领域对复合材料的需求仍处于上升阶段，各种各样的新产品、新技术的开发都离不开复合材料的支持，复合材料产业面临着前所未有的发展空间与机遇。因此，河北省应当利用好自身现有的复合材料产业的发展基础，抓住机遇，大力发展复合材料产业，构建复合材料产业集群。

京津冀区域复合材料产业主要集中于衡水市，而衡水市的复合材料产业主要集中于枣强、冀州一带。现阶段，枣强等地已形成了集玻璃钢、高端碳纤维复合材料、航空航天用先进树脂基复合材料等产业于一体的综合性复合材料产业集群。虽然河北枣强等地的复合材料产业已初具规模，但各企业的产品同质化严重，没有形成优势互补，同时复合材料产业的生产技术水平较低，产品质量难以满足市场的需要，这制约了衡水复合材料产业的进一步发展。因此，应当大力推动枣强等地复合材料产业特色产业集群的发展，引进研发先进生产技术、提高产品质量、引入新型原材料、增加产品种类、扩大产品应用领域，加快打造北方新型复合材料创新与生产基地，通过复合材料产业集群化发展，充分发挥特色产业集群的优势，提高京津冀复合材料产业整体的竞争力。

◀ 第三节 ▶
京津冀材料延伸产业集群典型案例

材料延伸产业集群是重点培育的产业集群之一，经过多年的发展，不断进行产业链条完善、升级，注重品牌培养，走绿色转型与高端化、国际化的发展道路，形成了一批竞争力强的特色产业集群，典型的有沙河市玻璃产业集群、宁晋电线电缆产业集群等。

一、沙河市玻璃产业集群

（一）基本情况

玻璃制品产业是沙河市的重要支柱产业。自 20 世纪 80 年代以来，沙河市玻璃制品产业经历了产业初创、技术升级、开拓创新三个阶段的变迁，产品生产技术实现了由"小平拉"工艺到格法工艺再到浮法工艺的演进，玻璃制品产业发展成绩斐然，先后被授予"中国玻璃城""中国玻璃产业基地""中国装饰玻璃基地"等称号。

沙河市现已拥有 600 余家玻璃精细化深加工企业，每年能够消化吸收玻璃原片 7500 万重量箱，玻璃深加工率达 40% 以上，玻璃制品百花齐放、种类繁多，涵盖钢化、中空、制镜、卫浴、彩晶、浮雕等 1000 余种玻璃深加工产品，产品优势突出，产业竞争力强，多项主要产品在国内市场占据重要份额。除了在国内市场一骑绝尘之外，沙河市还积极开拓国外市场，多种产品远销海外各地，在国际市场上广受欢迎，声名远扬。沙河市玻璃制品产业不仅生产规模大、产品种类多，产业整体的体量也十分庞大。截至 2019 年，沙河市玻璃制品产业固定资产高达 380 亿元，年产值达 500 亿元。2018 年，经中国质量认证中心综合各方因素评定，认定"沙河玻璃"区域品牌价值为 145.71 亿元。沙河市玻璃制品产业对于行业整体有着重要的影响，是全国玻璃现货、期货、大宗商品三大市场的定价中心。[①]

(二) 发展优势

沙河市是国内知名的玻璃产业聚集地，经过多年的发展和政策的支持，在科技创新方面下功夫，不断进行产业升级，逐渐向现代化、智能化方向发展，逐渐打造成为玻璃产业集群高地。

1. 不断进行转型升级，提高竞争力

在产业发展的各个阶段，为适应新的市场环境与需求，沙河市玻璃产业集群进行了不断的产业升级。2010 年以来，随着玻璃产业的飞速发展，国内玻璃产业平板玻璃产能过剩问题越来越突出，国内建材市场上平板玻璃供过于求，严重影响了市场的正常有序运行，沙河市玻璃产业面临着内外交困的窘境。在外部市场上，全球产业的产业结构转型升级浪潮涌起，对沙河市现有的玻璃产业结构造成了巨大的冲击；在内部，尽管沙河市玻璃产业的生产方式已经进行了多次转变，但仍有严重的污染问题，对沙河市乃至周边区域的环境都造成了严重的污染，对沙河市的生态承载能力造成了严重的破坏，过剩的玻璃产能也造成了资源上的浪费，不符合科学、绿色发展的理念。面对发展困境，沙河市转变发展策略，将玻璃产品的发展重点由以玻璃原片为主转向深加工为主。另外，改变传统的生产方式，推动玻璃制品产业进一步

---

① 河北县域特色产业集群样本之一 I 玻璃之城"的蝉变[EB/OL]. 河北资本，https：//mp. weixin. qq. com/s/huqzBPjVSVmhTV443mPGnw.

深化、细化发展，通过技术进步实现产品的深化加工，提高产品的质量与产业的发展质量，化解发展过程中遗留的产能过剩问题，实现沙河市玻璃制品产业整体效益的提升。

2. 延长产业链，完善产业体系

在激烈的竞争环境下，完善、延长产业链能不断提高产业集群的整体竞争力。沙河市玻璃产业集群以建筑玻璃主导产品为核心，优化产业结构，提高生产效能，构建"纵深化、多元化、清洁化"的产业链条，开始了生产家电家具玻璃、玻璃门窗、工艺美术玻璃的链条化"的发展模式，上下游齐头并进、共同发展，延伸完善产业玻璃、装饰装潢玻璃、玻璃餐具、高档制镜等高档次功能玻璃。在以建筑玻璃为核心的发展模式到达瓶颈之后，沙河市又全力推进玻璃产业高端化发展，由以建筑玻璃为主向以新功能、新用途玻璃为主转变，向发展节能安全、汽车、先进制造、电子光学和新能源玻璃转变，寻求以新玻璃产业为核心，推动沙河玻璃产业生产经营方式实现根本性变革的路径。纵向发展之余，沙河市玻璃产业也没有忽视横向发展，以政府为主导大力推动跨界融合发展，着力打造全国著名高端玻璃产业基地，打响了沙河玻璃的招牌，得到了"中国玻璃城"的雅称。

二、宁晋电线电缆产业集群

（一）基本情况

宁晋县县域经济在蓬勃发展的过程中，电线电缆产业作为主导产业之一，起到了重要的推动作用。宁晋县电线电缆产业发端于 20 世纪 70 年代末 80 年代初，至今已有 40 多年的发展历程。如今，宁晋县已成为全国四大电线电缆生产基地之一，是华北区域规模最大的电线电缆产业集群之一，产品囊括电力、矿用、特种、通信、铝合金等各个方面，产品种类丰富，产业实力雄厚，先后获得"中国电线电缆之乡""河北省电线电缆产业名县""河北省中小企业示范产业集群"等荣誉称号。[①] 至 2021 年，宁晋县拥有电线电缆生产企业 1000 余家，从业人员 3 万余人，产品畅销国内并远销美国、俄罗斯、加拿大等国家[②]，已形成以永进、明达、鑫晖铜业、万方、金世纪、超达、沈阳交联

---

① 宁晋：世界上耐火级别最高的电缆［EB/OL］. 河北资本，https：//mp. weixin. qq. com/s/AxX2WSRHUDDD7qsiInzSrg.

② 河北宁晋：打造电线电缆产业集群［EB/OL］. 新华网，http：//m. xinhuanet. com/he/2021-04/23/c_1127364279_3. htm.

电缆一分厂、泰丰、东方交联、长城等电缆集团为代表，以小河庄、黄儿营、司马、洨口、邱头村为工业园区，辐射带动域内 8 个乡镇 60 个村共同发展的行业发展格局，全县电缆产业年产值逾 300 亿元。[①]

宁晋县拥有多家实力雄厚的龙头企业：晶龙集团是世界上排名前列的单晶硅材料和晶体硅太阳能电池生产商，连年位居世界新能源 500 强前列，2020 年太阳能电池产量 7.5 吉瓦，排世界首位，组件出货量 8.5 吉瓦，居世界前列；玉锋集团是 2021 年中国民营企业制造业 500 强、2021 中国农业企业 500 强、国家级农业产业化重点龙头百强企业、国家高新技术企业，荣获河北省政府质量奖，是全球最大的 VB12 生产销售基地之一；健民公司是全国最大的土霉素生产企业之一。

除了龙头企业之外，宁晋县电线电缆产业集群的实力也不容小觑，是全国四大电线电缆生产基地之一。宁晋县的电线电缆产业主要集中于贾家口镇，至 2020 年，全镇已有 365 家电线电缆企业，其中，产值上亿元企业 47 家、超千万元企业 320 多家，产业产值能够达到华北区域电线电缆产业总产值的 1/4。贾家口镇辖区内设有 21 个行政村，其中，黄儿营西村和小河庄村的电线电缆企业数占到整个贾家口镇电线电缆企业数的 2/3 以上。

（二）发展优势

电线电缆产业是宁晋县的主导产业之一，在龙头企业的带动下，产业集群不断发展壮大，依托核心技术优势，不断提高集群竞争力。

1. 整合优化

宁晋县电线电缆产业发展前期，电线电缆企业主要由各村镇、个人独立承办，聚少成多，以产业内企业数量的提升来实现产业整体的发展。以数量为主的发展模式，在改革开放初期为宁晋县电线电缆产业带来了许多红利，但也埋下了隐患。20 世纪以来，随着国内电线电缆市场的日趋完善，电线电缆产品的销售收入逐渐下降，与此同时，电线电缆生产所需要的原材料价格逐步上升，产品价格下降、生产成本上升的双重压力极大地压缩了电线电缆生产企业的利润空间，企业面临销售难、获利难等问题。

为了解决小企业生产分散、管理困难的问题，宁晋县以村镇为单位将小企业进行整合优化，成立股份制有限公司，吸收众多小企业作为分公司，公司内部实行统一管理、统一规划、统一标准，但各分公司独立自主、分别经

---

① 宁晋：世界上耐火级别最高的电缆 河北资本 https://mp. weixin. qq. com/s/AxX2WSRHUDDD7 qsiInzSrg

营。通过对小企业进行整合管理，宁晋县成功树立了行业发展的整体规范与标准，不仅解决了中小企业发展无序、混乱等问题，而且利用生产资源的整合优化，降低生产成本，提高生产效率，促进了产业整体竞争力的提升，帮助宁晋县电线电缆产业走出了困境。

2. 创新发展

宁晋县电线电缆产业发展混乱的问题通过整合优化得到了初步解决，但尚未形成竞争优势，仍存在产品低端化、同质化、产业链不完善、抗风险能力差等隐患。为了提高产业发展质量、消除发展隐患，宁晋县电线电缆企业近年来努力开拓高端市场，不断加大科研投入，研发出了众多具有自主知识产权的高端产品，用产品质量说话，让高质量、高技术产品成为宁晋县电线电缆产业进入高端市场的"敲门砖"。如明达线缆集团联合科研院所结成战略技术联盟，投资 3 亿元建成了目前华北区域颇具规模的连铸连扎铝合金电缆杆材生产线，获得发明专利和实用新型专利 23 项，并进入航天工程、上海世博会等一大批国家重点工程项目。企业也成为国内铝合金电缆出口龙头企业，年出口 1000 多个集装箱，出口额不仅在河北省独占鳌头，在全国范围内也占有一席之地。[①]

为了消除产品同质化问题，宁晋县大力推动电线电缆产业创新平台的搭建，建设了国家级特种线缆产品检测中心、河北省电线电缆产业技术研究院等机构，为宁晋县电线电缆产业生产技术的发展进步提供了重要支持，为县内电线电缆企业产品多元化发展、提高产业整体的核心竞争力做出了重要贡献。截至 2019 年，全县电线电缆产业企业已拥有专利 136 项，省级科技成果 6 项，自主发明专利 18 项。生产技术的进步与自主创新能力的提高，为宁晋县电线电缆企业的进一步发展注入了活力，如河北宏亮电缆有限公司就凭借自主研发的异型电缆技术成功申请到了国家专利成果，提高了企业的核心竞争力，如今不仅在国内市场上独树一帜，而且打开了国际市场，年出口额近 3000 万元。[②]

3. 打造产业链

延伸产业链也是宁晋县电线电缆产业发展的重要方向之一，产业链的延伸能够提高产业的抗风险能力，提升产业现代化水平。当前，宁晋县正在不断开拓进取，积极引进和建立上下游企业，延伸电线电缆产业链条，对现有资源进行整合，引导企业集中集聚，减少同质化竞争，实现差别化发展，推

---

①② 宁晋：世界上耐火级别最高的电缆［EB/OL］. 河北资本，https：//mp.weixin.qq.com/s/Ax X2WSRHUDDD7qsiInzSrg.

动了河北省电线电缆产业链和价值链向高端攀升。当前，宁晋县电线电缆产业以输配电控制设备为核心，围绕输配电控制设备不断向上下游完善，发展整流器、断路器、电容器、传输监控系统等输配电控制装备产品，形成了完整的输配电装备制造产业链条，构建起了技术先进、竞争力强、知名度高、在市场上具有一定话语权的输配电装备制造产业。

◀ 第四节 ▶

京津冀材料延伸产业集群高质量发展路径

京津冀材料延伸产业集群的发展，要坚持需求导向、目标导向、问题导向，以明确的方向指引发展的路径，有的放矢、对症下药，找准材料延伸产业集群发展的支撑点与落脚点，坚持以创新为动力，通过制定统一行业标准、优化改进产品设计、重视产业品牌塑造、延伸主要产业链条、构建现代化产业园区、推动产业绿色转型等发展路径，延伸完善产业链，加强产业内不同企业间的协作交流，推动材料延伸产业高端化、绿色化发展，实现产品升级、要素升级、链条升级、模式升级，提高京津冀材料延伸产业集群的竞争力，增强材料延伸产业集群在国内、国际市场上的认可度，提升产业集群的发展质量。

一、坚持创新驱动发展战略，提高产业核心竞争力

创新是推动材料延伸产业集群高质量发展的第一动力。京津冀在发展材料延伸产业集群的过程中，必须要坚持以提高创新能力为首要任务，以科研创新为发展重点，以高端化、绿色化为发展目标，不断延伸完善材料延伸产业的产业链，加强各材料延伸产业之间的关联性，推动实现科研成果向生产技术转化，提升材料延伸产业内企业的生产加工水平，打造具有产业特色的高端产品，打入高端市场，提高产业发展层次，实现产业集群的高质量发展。坚持创新驱动发展战略，就要加快落实县域科技跃升计划，抓住京津冀协同发展的战略优势，积极引进、吸收、利用北京、天津的创新资源，推动河北创新资源优化整合，通过建立健全协同创新机制、树立营造科创环境、重视人才吸收培育，强化京津冀材料延伸产业集群的创新能力，提高产业集群的核心竞争力。

（一）建立协同创新机制

京津冀材料延伸产业集群要想实现创新发展，首先，要建立健全完善的协同创新机制，通过制度上的创新，实现各创新要素之间的紧密协同合作，加强科研创新、技术进步、环境构建、人才培育、成果转化等创新环节的联系，提高创新发展水平，加快创新成果转化为现实的生产力，推动产业集群现代化发展。其次，要抓住京津冀一体化发展的机遇，发挥京津冀地域邻近、沟通便利的优势，利用北京、天津的优质创新资源，积极与两地高校和科研机构等创新部门交流合作，为材料延伸产业集群的发展提供技术上的帮助与支持，打造良好的产业集群技术支持路径，提升产业集群的发展质量。再次，要推动产业扩张，鼓励有条件的企业主动向北京、天津延伸发展，利用两地创新资源搭建企业创新部门，为企业技术进步提供内生帮助。最后，要创新人才引进机制，加大人才引进力度，吸收北京、天津的创新资源，在产业集群内部构建创新机构，提高科研成果的转化效率，推动产业集群实现现代化发展。

（二）营造良好科研创新环境

良好的科研创新环境是实现京津冀材料延伸产业集群创新发展的重要基础。企业是产业集群科研创新活动的主体，想要营造良好的科研创新环境，首先，要提高企业的创新能力，大力推动建立高新技术企业，支持产业内现有科技型企业发展，双管齐下，推动产业内具有创新能力的企业在数量和质量上的提高，培养产业集群内部的创新力量，提高产业集群创新能力，树立创新思想，提高创新意识，为营造良好的科研创新环境打下坚实的基础。其次，要充分利用产业集群对创新资源的整合优化作用，在产业集群内部构建科研创新机构，支持建设重点实验室、企业技术中心、工程研究中心、技术创新中心、产业技术研究院等科技创新平台，为产业集群内各企业提供技术支持，帮助不具备自主创新能力的中小企业实现创新发展，提高产业集群创新发展的整体水平。最后，应当积极开展对外合作交流，合理利用产业集群外部的创新资源，以产业集群内部的龙头企业为主导，积极与先进企业、科研机构和高校建立良好的合作关系，组建技术创新交流平台，形成创新发展伙伴关系，推动各部门、单位创新资源相互流动，鼓励创新机构实现共建共享，形成友好互助、共同进步的创新格局，加快构建以市场为导向、企业为主体，产学研用深度融合的产业创新体系。

（三）合理利用人才资源，充分挖掘创新潜力

人才是第一资源、第一生产力。当今社会科学技术的推广和应用无比迅猛，更迭的速度超乎想象。只有会聚各行各业的精英翘楚、顶尖人才，才能突破制约产学研相结合的体制机制瓶颈，让机构、人才、装置、资金、项目都充分活跃起来，推动创新成果转化为切实的生产力。企业是人才的重要集聚地之一，想要激发人才创新潜力，充分发挥人才的作用，就要在企业内部宣传创新思想、树立创新意识、加大研发投入、营造创新氛围，给予人才更大的发挥空间，让人才有用武之地。同时要建立良好的人才引进培养机制，不断丰富人才资源，支持企业建立院士工作站、博士后工作站等高端人才载体，制定人才友好型制度，为人才进入本产业提供经济与生活上的支持，鼓励和帮助企业引进战略科技人才，完善人才引进和培养机制，造就一批具有国际水平的科技人才和创新团队。建设人才培训基地，为企业内员工提供学习深造、强化技能与知识的机会，推动企业内人才知识水平与实践能力的进一步提高，构建产教结合的新型企业模式，推动人才的发掘与进步，实现人才资源的充分利用。构建以能力为导向的人才评价与激励制度，激发人才的创新动力；建立健全知识产权保护体系，确保人才成果归自己所有，保障人才的创新活力，充分发挥人才作为第一生产力的作用，推动京津冀材料延伸产业集群实现创新发展。

二、推动树立产业品牌，提升产业市场认可度

京津冀材料延伸产业集群内部企业构成以劳动密集型企业为主，部分主要产品生产技术含量低，低端化、同质化问题突出，市场上同类替代品多，市场认可度低，没有形成具有特色的产业竞争优势，产品市场占有率达到瓶颈，产业集群扩张空间受限，制约了产业集群的进一步发展。想要突破发展瓶颈，提高发展效能，京津冀材料延伸产业集群应当按照提高产品质量、制定行业规范、树立产业品牌、打造产业文化的发展思路，建立健全产业集群内部质量检测监管机制，制定完善材料延伸产业产品的生产标准，打造培育特色产业品牌，优化产品工业设计水平，增加产品的附加值，增强产品在市场上的竞争力，提升产品的市场认可度，通过高质量的产品助力产业集群实现高端化、品牌化发展。

（一）加强产品质量监管

制定高端化的产品质量标准，建立要求严格、过程规范的产品质量检测机构，打造高标准、严要求的材料延伸产业集群产品质量监督体系，培育产品质量高、产业监管强的高端化产业集群。在材料延伸产业集群内部大力宣

传质量管理思想，树立高质量发展理念，积极发挥龙头企业的带动作用，在龙头企业中率先实行产品质量监督管理制度，提高龙头企业的竞争力，打造高质量发展标杆，以龙头企业带动中小企业积极参与产品质量管理过程，打造全体参与、共建共享的现代化质量管理体系，推动产业集群整体产品质量提升，提高产品的市场认可度，增强产业集群竞争力。

（二）积极参与标准制定

产品标准是评价一个企业产品质量的核心要素。京津冀材料延伸产业集群想要实现高质量发展，应当积极推动各级产品标准的设立，主动参与国际标准、国家标准、行业标准、地方标准、团体标准等各级标准的制定工作，争取产品标准的话语权与主导权，推动产业集群内部标准向外辐射，树立产业标杆，提高产业集群在行业内的影响力。通过发挥产业集群内的特色产品优势，打造特色产品先进标准，争取在特色产业产品质量标准设立的过程中取得领先地位，占据主导优势，将本产业标准推广到各个层次，成为产品标准的制定者。同时，在产业集群内部制定高于现行国家标准、行业标准的企业标准，以高标准推动产业集群在市场竞争中塑造竞争优势，树立产品质量标杆，提高京津冀材料延伸产业集群在国际、国内、区域等各级市场上的竞争力与影响力。

（三）培育产业特色品牌

树立京津冀材料延伸产业集群地域品牌，打造特色产业集群的特色产业品牌，强化产业集群内部优势产品的产品品牌，树立品牌意识，培育、打造特色品牌，提高产业集群对外宣传力度，提高产业、产品的社会认知度与认可度，打造一批具有市场竞争力的强势品牌。以玻璃、电线电缆、复合材料、橡塑制品等特色产业集群为重点，鼓励特色产业集群充分利用产业特点，打造特色品牌，塑造具有吸引力、能够激发认同感的产品文化，提高品牌影响力。同时，要发挥龙头企业的带动作用，构造龙头企业产品品牌，推动企业品牌"走出去"，以企业品牌为基础，打造区域品牌，形成京津冀材料延伸产业集群特色品牌。

（四）注重特色产品设计

随着人民生活水平的不断提高，消费者对于商品的追求也从注重实用性转向实用性、功能性与美观性并重，想要推动产品打入高端市场，树立产业特色产品品牌，必须要充分考虑到产品的功能性与美观性，重视产品工艺设计，打造符合消费者需求的产品。当前，京津冀材料延伸产业集群主要产品的功能性与美观性都还有广阔的提升空间，发展潜力充足，应当积极组织集群内企业学习国内外先进产品的设计经验，广邀国内外设计机构提供发展建议，充分发掘产业集群在产品设计方面的潜力，将发展潜力转化为发展动力。同时，产业集群内部要转化发展理念，树立产品设计意识，鼓励有能力、有潜力的企业开设产品设计部门，提升企业产品设计能力，通过对产品的优化设计，提高产品竞争力。打造产品设计资源交流平台，支持没有能力自主开设设计部门或没有自主设计意愿的企业购买产品设计服务。通过提高产品设计水平，不断优化产品外观与功能，打造实用性、功能性与美观性并重的产品，满足消费者的需要，增强产品竞争力。

三、打造现代化产业链，提升产业发展质量

京津冀材料延伸产业集群想要实现现代化发展，需要提高产业集群内的产业链水平，打造具有竞争力、影响力、创新力、适应力的现代化产业链，强化产业链发展的基础，加快产业集群高级化、创新化进程，增强产业集群的抗风险能力，提高材料延伸产业集群的竞争力，通过产业链的升级优化，推动产业集群的发展进步。

（一）加快产业链锻长补短

京津冀材料延伸产业集群在构建现代化产业链的过程中，应当鼓励优势产业继续创新发展，提高优势产业链的技术水平与影响力，扩大产业优势，提高优势产业链的现代化水平，巩固提高优势产业的行业领先地位，实现优势产业链的现代化发展。在巩固优势产业优势地位的同时，也要重视短板产业与新兴产业的发展，通过技术创新，提高短板产业产业链发展水平，推动新兴产业快速成长，推动产业集群内部产业链多元化发展，打造多方面、多层次的发展引擎，增强材料延伸产业集群的抗风险能力，推动产业集群实现现代化发展。

（二）促进产业链协同发展

在京津冀一体化发展战略的背景下，京津材料延伸产业集群的发展有着得天独厚的区位优势与政策优势，能够充分利用京津区域的创新资源与创新平台，构建协同发展机制，推动生产技术创新，提高产业链的现代化水平。此外，河北省材料延伸产业集群还应充分发挥地域优势，借助北京市转移非

首都功能的契机，承接北京市先进产业链落户河北，吸收北京市转移产业与创新机构，搭建产业集群内部的创新平台，提高知识成果转化效率，提升产业链现代化水平。目前，京津冀材料延伸产业集群的创新机构主要集中于大企业、大园区，应当充分发挥龙头企业与高新园区的带动作用，坚持以大带小、以新带旧，聚力发展优势产业，构建优势产业协调创新机制，围绕供应链整合、创新能力共享、数据应用等关键环节，形成资源开放、能力共享的合作机制，形成资源合力，推动产业集群内优势产业扩大优势，率先实现产业链现代化，再利用现代化产业链的优势，反哺落后产业链，最终实现产业集群整体的现代化发展。

（三）积极引进先进产业链

招商引资是特色产业集群发展的重要途径。京津冀材料延伸产业集群在发展过程中，要积极与政府合作，发挥本地特色优势，加强产业集群内部招商引资队伍建设，打造良好的招商引资环境，吸引先进企业与资本加入，利用京津冀一体化战略，积极引进京津区域优质资本与先进产业链，汇集产业链上中下游企业，补齐产业链短板，突破产业链瓶颈，完善产业链发展格局，提升产业链供应链现代化水平。

四、推动供给侧结构性改革，提高产业供给水平

坚持以扩大内需为产业集群发展的出发点和落脚点，以消费和投资为着力点，积极构建产业集群新发展格局，深化供给侧结构性改革，推动扩大内需战略同深化供给侧结构性改革协同发展，通过提高供给质量带动需求增长，形成需求牵引供给、供给创造需求的更高水平动态平衡，带动产业集群发展水平的提高。

（一）优化供给结构

深化供给侧结构性改革、优化供给结构，改善供给质量，是京津冀材料延伸产业集群实现现代化发展的重要途径。材料延伸产业集群要大力推动数字技术应用，通过数据分析发掘消费热点，找出行业风口，增加热门产品供给，提高供给效率，优化供给结构。提高生产的技术水平与信息收集反馈效率，为消费者提供个性化供给服务，满足消费者的特殊需求，实现产品精准供给，提高供给质量。产业集群内部应当推动构建消费者行为分析机构，搭建信息支持平台，为产业集群内企业生产决策提供信息支撑，优化企业供给

选择，改善产品供给质量，提高企业供给水平。此外，企业在生产过程中，应当在以市场需求为导向的基础上，积极发挥主观能动性，未雨绸缪，不断创新生产技术、增加产品种类、丰富产品功能，主动探索消费者需要，优化供给结构，以供给拉动需求，实现高质量供给。积极探索发展个性化定制、反向制造、共享制造等新型生产方式，打造全方位、多元化、高技术、个性化的供给体系，提高供给效率和质量，优化供给结构，满足消费者多样化的需求。

（二）构建现代化销售模式

大力推动构建现代化销售体系，建设数字化、个性化、多元化的销售平台，形成符合消费者消费习惯的销售模式，打造产业集群电商平台、直播平台、网红销售等新销售方式，提高产品的知名度，树立产业集群品牌。引导鼓励产业集群内企业打造社交媒体与电商平台形象，加强企业与消费者之间的直接联系，充分了解市场需求。加强基础设施建设，建立畅通、高效、便捷的物流体系，提高销售效率，为企业现代化销售模式的发展提供支持，推动京津冀材料延伸产业集群现代化销售模式的构建。

五、加强公共服务供给，打造产业发展生态

公共服务水平是能够直接反映产业集群现代化水平的重要指标，公共服务供给的发展提高是产业集群现代化发展的重要支撑。为了加强产业集群公共服务供给、打造产业发展生态，要在产业集群内部打造高水平、现代化的公共服务体系，构建信息畅通高效、反应及时迅速的公共服务平台，为产业集群内企业发展提供高质量的公共服务支撑，为企业做好后勤保障。

（一）打造科技、金融生态

科技与金融是产业集群发展的两大动力。产业集群应当积极吸收各种创新资源，鼓励企业设立创新机构，积极与京津冀区域高校和科研院所展开合作，打造产业创新交流平台和科技成果转化机制，提高科研成果转化效率和产业集群科技水平，完善产业集群科技生态，以科技创新推动产业集群实现现代化发展。同时，要充分发挥产业集群的规模效应，打造产业集群金融合作平台，以产业集群为主体，吸引外部资本注入，为产业集群的发展提供金融支持，构建集群内企业信用体系，综合评估企业信用能力，以产业集群整体信用为背书，吸引银行业金融投资机构入驻产业集群，开展特许经营、政

府采购合同、知识产权等新型融资，"一业一策"创新金融服务产品，丰富企业融资手段，提高企业融资效率，优化企业融资环境，提升企业融资质量，为企业发展提供金融支持，构建银行、企业、集群协调合作发展机制，打造现代化融资体系，完善产业集群金融生态。

（二）提升公共服务能力

以企业为主体、产业集群为支撑，推动创新资源整合优化，打造集技术研发、工业设计、检验检测、标准推广、人才培训、成果转化、企业孵化、物流配送等功能于一体的现代化公共服务平台，实现产业集群生产资源充分利用，推动发展成果共享，提高产业集群公共服务水平，构建现代化的公共服务体系。推动产业集群内部各企业协同发展，构建全方位、多层次行业协作组织，帮助行业组织内大企业树立企业品牌，提高企业市场影响力；为中小企业提供发声平台，为解决中小企业发展中的困难提供助力，提高产业集群凝聚力与竞争力，提升产业集群公共服务水平，推动产业集群现代化进程。

（三）构建现代化产业园区

产业园区是产业集群发展的主要载体，产业集群想要实现现代化发展，离不开现代化产业园区的支撑。构建现代化产业园区，首先，要加强园区基础设施建设，提高园区承载能力，引进先进废弃物处理技术，充分利用生产资源，提高废弃物回收利用率，降低企业废弃物处理成本，提高企业生产效益。其次，要在产业园区内设立企业评价机制，对企业进行综合评比，淘汰高污染、高耗能的落后企业，吸引先进企业入驻，提高产业集群的企业水平，形成以生产技术领先、产品竞争力强的先进企业为主体的企业格局，提高产业园区的现代化水平。通过引进先进生产技术、提高企业废弃物处理水平、积极引进绿色企业、设立企业生态评价指标等途径，提高生产资源利用效率，减少污染排放，实现少投入、高产出、低污染，构建绿色、清洁、高效的生产体系，打造园区生态文化，提高企业环保意识，构建生态友好、资源节约的现代化绿色产业园区。

第八章
Chapter 8

京津冀中场配套产业集群
高质量发展分析

中场配套产业是民营经济的新亮点，我国提出大力发展制造业的十大对策之一就是大力发展中场产业。中场配套产业受市场波动影响小，生产风险低，并且中场配套产业技术革新快，这使其成为少数具有高附加值的产业之一。因此，各国企业纷纷表示将中场配套产业作为发展核心，积极生产高功能部件，已有的原材料企业及装配企业认识到这种产业优势，也向零件生产方向发展，使中场配套产业规模迅速扩大。京津冀区域中场配套产业的发展可弥补区域内民营经济的不足，为民营经济发展创造条件。同时，中场配套产业作为其他产业的纽带，在自身发展的同时也会提升关联产业的发展水平。

‹ 第一节 ›
京津冀中场配套产业集群发展概述

"中场配套产业"的概念最早由日本提出，中场配套产业属制造业范畴，是介于组装工业和原材料工业之间的零部件、元器件和中间材料制造业，是提供高性能材料、高功能零部件等中间产品的产业群。①

---

① 孙明贵. 日本"中场产业"的兴起及其国际渗透的新特点[J]. 外国经济与管理，1996(8)：3-6.

一、中场配套产业集群的范围界定

"中场"一词借用足球比赛中"中场队员"的含义，中场队员作为联系前锋和后卫的重要纽带，在整场足球比赛中起着承前启后的关键作用。因此，对处于基础原材料生产和最终产品制造之间的中场配套产业来说，在产业关联上也同样起着"中场队员"的作用。[①] 举例来说，电子元器件属于电子信息产业的中间产品，介于电子整机行业和原材料行业之间，在整个电子信息产业链中起承前启后的作用，直接影响甚至决定整个产业的发展。[②] 作为制造业的基础，中场配套产业在长期发展中显现了自身的显著特点和优势：一是受市场波动影响较小；二是市场选择目标不明确，有利于减少国际贸易摩擦[③]；三是技术革新活跃，国际竞争力较强；四是市场容量不断扩大，附加值不断提高。[④]

二、京津冀中场配套产业集群的空间布局

总体来看，河北省是京津冀区域中间产品的重要供应基地，也是京津冀中场配套产业的集聚地。按河北省 107 个重点特色产业和营业收入超 50 亿元的标准划分，河北省中场配套产业集群重点发展汽车及零部件、丝网、管道管件、标准件、铸造、轴承、再制造等产业，这些产业主要集聚在河北省中部及以南区域，即保定、沧州、衡水、邯郸、邢台等地，行业分布较为集中，主要是汽车和装备制造行业。在河北省 280 个县域特色产业集群中，汽车产业集群 17 个、装备制造产业集群 72 个，产业集群数占全省的 31.8%。[⑤]

具体从各产业集群的区域分布情况来看，汽车及零部件产业集群主要分布在怀安、清河、定州、三河、黄骅等区域。其中，怀安县汽车产业集群的营业收入、上缴税金最高，分别达到 253.08 亿元、7.05 亿元；清河县汽车及零部件产业集群的从业人员数、四上企业数最多，分别为 58000 人、57 个。

① 石慧. 中场产业高科技工业品解决方案式营销实施研究[D]. 沈阳工业大学，2008.

② 周如意. 迅速发展的"中场产业"——中国电子元器件行业发展现状与趋势[J]. 微型机与应用，2006(6)：34-37.

③ 董卫政，胡志宝. 中场产业：我国加工贸易发展新思路[J]. 财经问题研究，1997(11)：79-81.

④ 陈敬明，李志红. "中场产业"：中国民营经济的新亮点[J]. 郑州航空工业管理学院学报，2005(1)：102-104.

⑤ 背景材料 1：关于六大产业分类的说明及基本情况。

丝网产业集群主要是衡水的安平县丝网产业集群，其国内影响力和知名度非常高，2020 年集群营业收入超 500 亿元，在河北省 21 个营业收入超 200 亿元的产业集群中位列第二①。成安、盐山、孟村是管道管件产业集群的主要集聚区，位于邯郸和沧州区域，这三个产业集群营业收入均超 200 亿元，其中 2020 年成安县现代装备制造特色产业集群营业收入最高，达 383.59 亿元。邯郸永年区标准件产业集群在全国较为知名，2020 年集群吸纳从业人员 198955 人，四上企业数达 97 家，营业收入近 300 亿元。铸造产业集群主要分布在沧州泊头、邯郸鸡泽区域，其中 2020 年泊头市铸造产业集群的营业收入、四上企业数最多，分别为 186 亿元、115 个。邢台临西、邯郸馆陶是轴承产业集群的主要集聚区，其中临西县轴承产业集群在国内拥有较高的知名度和影响力，2020 年营业收入超 100 亿元。再制造产业集群主要是沧州的河间再制造产业集群，企业以生产制造线缆及相关配套产品为主，2020 年集群营业收入超 50 亿元。河北省中场配套产业集群具体分布情况如表 8-1 所示。

表 8-1　河北省中场配套产业集群的区域分布情况

产业	重点产业集群	2020 年度营业收入（亿元）	2020 年度从业人数（人）	2020 年度上缴税金（亿元）	2020 年度四上企业（家）
汽车及零部件	怀安县汽车产业集群	253.08	4300	7.05	9
	清河县汽车及零部件产业集群	200.50	58000	3.62	57
	定州市汽车及零部件产业集群	182.08	11320	2.80	42
	威县汽车及零部件产业集群	100.23	15985	1.28	44
	涿州市汽车零部件产业集群	68.33	6590	1.61	13
	黄骅市汽车及零部件产业集群	68.75	13956	1.38	26
	三河市高端装备制造产业集群	61.55	14843	5.76	23
丝网	安平县丝网产业集群	628.15	213367	6.46	120
	定州市钢网产业集群	50.02	13500	0.18	31
管道管件	盐山县管道装备制造产业集群	299.20	60000	6.40	93
	孟村县弯头管件产业集群	259.90	33661	3.60	103
	成安县现代装备制造特色产业集群	383.59	49701	3.19	76
标准件	永年区标准件产业集群	282.00	198955	3.81	97

① 河北省民营经济领导小组办公室关于 2020 年度全省县域特色产业集群发展情况的通报。

续表

产业	重点产业集群	2020年度营业收入（亿元）	2020年度从业人数（人）	2020年度上缴税金（亿元）	2020年度四上企业（家）
铸造	泊头市铸造产业集群	186.00	30000	2.75	115
	鸡泽县铸造和装备制造产业集群	50.19	9371	0.68	30
轴承	临西县轴承产业集群	153.68	62532	1.77	26
	馆陶县轴承产业集群	35.58	16003	0.19	21
再制造	河间市再制造产业集群	89.17	62200	0.28	9

资料来源：背景资料4：2020年四季度产业集群数据，河北省工业和信息化厅，2021。

三、京津冀中场配套产业集群的发展现状

"十三五"期间，京津冀中场配套产业集群的各类产业加快发展。作为京津冀重点发展的特色产业集群之一，未来京津冀区域将以中场配套产业为重要抓手，打造万亿级产业集群，筑牢中场配套产业发展基础。

（一）产业集群效应不断增强

近年来，随着政府对县域特色产业集群的愈加重视，京津冀中场配套产业以园区和专业市场为载体，基本上形成了以汽车及零部件、丝网、标准件、轴承、再制造等为发展重点的中场配套产业集群。截至2020年，在京津冀280个县域特色产业集群中，中场配套产业集群占64个，集群占比22.9%，总营业收入5486.8亿元，营收占比23.4%；在京津冀107个重点县域特色产业集群中，中场配套产业集群占27个，集群占比25.2%，总营业收入4548.3亿元，营收占比32.6%。[①] 其中，安平丝网产业集群、成安现代装备制造特色产业集群、盐山县管道装备制造产业集群发展规模持续壮大，营业收入分别达到628.15亿元、383.59亿元、299.20亿元，产业集群效应明显，带动全县就业和经济快速发展。

（二）产品优势进一步凸显

"十三五"以来，京津冀中场配套产业集群迅速发展，部分特色产业在国内乃至全球市场已占有很高的市场份额，如丝网、再制造、标准件、管道管

---

① 资料来源于第五章的表3-1和表3-2。

件等产业。盐山、孟村管道装备产业集群低压管件在国内市场的覆盖率达80%以上，高压管道管件达70%以上；河间再制造产业集群是全世界最大的汽车起动机、发电机再制造基地之一，占国内市场份额的80%；① 邯郸永年标准件产业集群是全国最大的标准件生产加工基地和集散中心之一，产销量超过全国标准件市场的50%；安平丝网享有"世界丝网看中国、中国丝网看安平"的美誉，其国内市场占有率高达85%，出口量占全国的80%以上。② 京津冀中场配套产业集群特色鲜明，产品优势不断凸显。

(三)品牌影响力持续提升

近年来，京津冀中场配套产业在快速发展过程中涌现出了一批特色品牌和区域品牌、省市级优质产品和著名商标，品牌知名度和影响力不断提升，如"中国丝网之乡"(安平)、"中国标准件之都"(永年)、"中国铸造之乡"(泊头)，这些品牌在全国乃至世界都拥有较高知名度，是河北特色产业的象征和标志。同时，清河汽车及零部件产业集群拥有省级名牌产品 5 种、市级以上品牌 26 个、中国驰名商标 3 个、省级著名商标 13 个、市级知名商标 9 个。③ 此外，河北省还积极培育了多个特色产业指数，如安平·中国丝网指数、永年·中国标准件指数等，行业影响力和地位不断提升。

(四)低碳绿色水平不断提升

随着"双碳"目标的提出，京津冀区域坚持低碳绿色可持续发展理念，积极改善生态环境，采取一系列措施鼓励企业进行绿色低碳生产，尤其是重点围绕在装备制造业中占很大比重的中场配套产业集群，为实现碳达峰碳中和做贡献。如泊头铸造产业集群通过淘汰落后产能、工艺和设备，改造生产线，实现二氧化硫、氮氧化物分别下降47%、40%，营收、税金增长均超过20%，形成了在全国推广的"泊头模式"。永年恒创高端标准件产业园成为国内表面处理规模最大、环保投资最多、资源循环利用率和危废自动化控制系统技术最高的产业园区。④ 安平丝网产业集群贯彻落实县政府出台的《关于规范小微

---

① 河北省特色产业发展"十四五"规划[EB/OL]. 河北省工信厅，http：//gxt.hebei.gov.cn/hbgy-hxxht/zcfg30/snzc/894225/index.html.

② 河北资本—安平"中国丝网之都"名传遐迩|河北县域特色产业集群样本7[EB/OL]. 河北资本，https：//mp.weixin.qq.com/s/-zpz80oru_37RvYqLntMew.

③ 背景材料2：六大产业分类发展重点集群背景资料，河北省工业和信息化厅，2021。

④ 河北省特色产业发展"十四五"规划[EB/OL]. 河北省工业和信息化厅，http：//gxt.hebei.gov.cn/hbgyhxxht/zcfg30/snzc/894225/index.html.

企业清洁化生产的实施意见》，实施园区式集中治污改造升级，推进丝网产业绿色转型，助力县域经济发展。

四、京津冀中场配套产业集群发展存在的问题

"十三五"以来，京津冀中场配套产业集群虽取得了一定成就，但对标国内中场配套产业大省，如江苏省、浙江省，仍存在一些短板和不足，主要表现在以下几个方面：

(一)产业链延深度尚需完善

近年来，京津冀区域越发重视产业链问题，加快了对特色产业链条的延链、补链、强链步伐。然而现阶段，京津冀中场配套产业集群仍存在产业链条不完整、协同能力不强的问题。有些重点产业集群的产业链条偏短，上下游之间没有形成完善的协同配套机制，协同效应不明显。如三河市汽车产业的生产主要集中在汽车零部件及专用车改装方面，但在新能源三电系统、智能网联零部件领域，尚未形成相关配套产业，从而致使本地企业间协同能力较弱，对外依赖程度较高。还有邯郸成安装备制造产业集群在轴承、紧固件、仪器仪表、铸锻解热处理等基础配套方面的发展较薄弱，原材料供应、外协配套件等相关产业发育不足，特别是缺乏集设计、制造、服务于一体的成套总包企业，尚未形成以大型主机制造为核心、上下延伸、专业化水平高、规模效应明显的产业链。[①]

(二)产品同质化严重，品质仍需提升

京津冀中场配套产业集群虽已形成一定规模，但产业集群大而不强，产业主要以中低端产品为主，准入门槛较低，致使集群内家庭作坊式的小企业居多，以低价格、低成本获得竞争优势，进而导致集群内企业之间竞争大于合作，还有些企业为了抢占市场份额，在产品生产上偷工减料，以次充好，产品质量整体下降。如在安平丝网产业集群和孟村弯道管件产业集群内，存在"小而散、小而弱、小而全"的问题，个别企业为了抢占市场，不惜采取压低价格的方式，其他企业为了保全市场，也不得不降价销售，[②]这就导致同行企业间竞争激烈，产品同质化严重，质量严重下滑，甚至会

---

① 背景材料2：六大产业分类发展重点集群背景资料，河北省工业和信息化厅，2021。

② 河北资本—孟村：中国管道装备制造又一都｜河北县域特色产业集群样本12[EB/OL]．河北资本，https://mp.weixin.qq.com/s/Aei8hIFW2kvZx_tocWTFOA．

损害企业名誉。

(三)研发创新能力有待加强

现阶段，京津冀中场配套产业集群企业发展主要是通过数量、规模的扩张实现，而有些企业由于自身技术力量薄弱，在技术设备、产品工艺设计等方面落后，导致企业产品主要集中在产业链低端，产品附加值低，高端产品较少，核心竞争力不足。一些产业集群内的企业规模较大，但核心竞争力不足，创新意识与创新投入较少，与数字经济的融合还不够深入，真正的高、新、特、精企业较少，难以占据高端市场，企业核心竞争力偏弱。比如三河汽车零部件产业集群内，企业多生产低技术含量加工零部件，主要供周边区域一些自主品牌的中低端车型使用，企业在新技术研发和引进方面动力不足。①

(四)特色品牌培育有待加强

目前，在京津冀中场配套产业集群内虽形成了一批区域品牌，如临西轴承、永年标准件、安平丝网、盐山管道等，但品牌知名度和影响力较低，区域品牌培育意识亟须加强。如安平丝网产业集群发展至今，虽已有1336余家企业申请注册了商标，其中省级著名商标品牌43件②，但安平丝网在国际市场上的知名度和品牌影响力很小，这就不利于安平丝网的出口，严重阻碍了安平县丝网产业的发展。此外，临西轴承产业集群虽然进行了多年的品牌培育，但企业品牌知名度和影响力仍然不高，2021年拥有3个中国著名品牌、15个河北省优质产品③，注册商标还未实现县域轴承企业全覆盖，产业集群内还没有集体商标和区域品牌。今后，京津冀不仅要打造企业品牌，还要加强培育区域品牌和特色品牌，提升品牌知名度和国内外影响力。

◀ 第二节 ▶
京津冀中场配套产业集群发展重点

在明确京津冀产业集群发展优势及劣势的基础上，要立足京津冀中场配

---

① ② 背景材料2：六大产业分类发展重点集群背景资料，河北省工业和信息化厅，2021。

③ 冀有特色·以特制胜—临西轴承 驶入赶超发展快车道 [EB/OL]. https：//baijiahao. baidu. com/s?id=1708955214080288542&wfr=spider&for=pc.

套产业发展的有利条件,确立产业集群未来前进方向,将产业集群发展重心放在已形成发展优势的产业。

一、京津冀中场配套产业发展的有利条件

京津冀中场配套产业历史悠久,产业基础雄厚,在政府政策的大力支持下,现已发展成为区域极具特色的产业集群之一。京津冀中场配套产业集群发展具有得天独厚的优势,具体体现在以下几个方面:

(一)产业基础与发展潜力

中场配套产业作为一种新型产业形态,是介于原材料制造业与最终产品制造业之间的产业,主要涉及第二产业中的装备制造业与汽车产业,属制造业范畴。京津冀区域作为我国近代工业的摇篮,经过多年快速发展,现已逐步形成了以高端装备制造、信息智能、生物医药健康、新能源、新材料、钢铁、石化、食品八大产业为主导的较为完备的产业体系[1],工业基础雄厚。以河北省为例,河北省是制造业大省,制造业总量连续 14 年排名全国第六[2],2020 年全省制造业增加值增长 5.1%,增速快于工业门类中的其他产业,制造业引领作用突出。装备制造业作为制造业的核心,近年来,河北省装备制造业不断发展壮大,2016 年增加值首次超过钢铁产业,改变了"一钢独大"的局面。如今,河北省装备制造业产值已超万亿元,成为全省工业增长的强劲动力。其中,汽车制造业增加值在 2020 年增长 0.8%[3],拥有长城汽车、中信戴卡等一批行业龙头企业,同时,河北省皮卡汽车、SUV 汽车等产品产量位居全国第一,轻型轮毂零部件市场占有率世界第一[4]。制造业的繁荣发展为河北省发展中场配套产业奠定了良好基础,再加上河北省县域特色产业中场特征鲜明,形成了以轴承、丝网、标准件、汽车及零部件等产业为发展重点的产业格局,发展潜力巨大。

---

① 钢材、汽车轮毂、皮卡、乳制品、维生素 C 等产品产量全国第一 河北:新旧动能转换明显加快 制造强省建设迈出新步伐[EB/OL]. 河北省工业和信息化厅,http://gxt.hebei.gov.cn/hbgy-hxxht/xwzx32/snxw40/891635/index.html.

②④ 河北省工业经济概况[EB/OL]. 河北省工业和信息化厅,http://gxt.hebei.gov.cn/hbgy-hxxht/xxgk6/hbsgyjjgk82/629557/index.html.

③ 2020 年河北省国民经济和社会发展统计公报[EB/OL]. 河北省统计局,http://www.hetj.gov.cn/hetj/tjgbtg/101611739068561.html.

（二）文化与市场优势

京津冀区域特色产业发展历史悠久，文化底蕴深厚。在中场配套产业集群中，沧州泊头铸造业历史悠久、源远流长，迄今已有 1300 多年的历史，伴随农耕文明、工业文明、现代工业文明三个阶段快速发展，享有"中国铸造名城"的美誉，与佛山、无锡并称为"中国三大铸造基地"，其中工量具、平台铸件等产品占全国市场份额的 60%。[①] 衡水安平丝网产业始源于绢罗加工，距今已有 500 多年的历史，丝网文化底蕴深厚，拥有"世界丝网看中国、中国丝网看安平"的产业地位。目前，丝网产业作为安平县的支柱产业，丝网生产已遍及全县 8 个乡镇、230 个村庄，2020 年产业集群从业人员高达 213367 人，丝网产值占国内市场份额的 85%，出口量占全国的 80% 以上，丝网产业对全县GDP、财政收入、农民纯收入的贡献率均达 70% 以上，[②] 拉动经济作用明显。现阶段，河北省现有重点汽车及零部件产业集群 7 个、重点丝网产业集群 2 个、重点轴承产业集群 2 个、重点管道管件产业集群 3 个、重点铸造产业集群 2 个，以及永年标准件产业集群、河间再制造产业集群，[③] 形成了"中国丝网"（安平）、"中国标准件"（永年）等区域知名品牌，市场影响力不断提升。

（三）政策优势

近年来，伴随京津冀协同发展、雄安新区规划建设和筹办北京冬奥会三件大事的协同推进，中场配套产业发展迎来了新的机遇。2021 年，河北省将中场配套产业发展列入《河北省特色产业发展"十四五"规划》中，将其作为河北打好产业基础高级化攻坚战的重要抓手，并在《河北省县域特色产业提质升级工作方案（2021—2025 年）》和《河北省建设全国产业转型升级试验区"十四五"规划》中相继提到，以盯紧龙头、协作配套为主要目标，突出专业化、精益化、融合化，以汽车及装备零部件、金属制品等铸造和再制造部品部件等为重点，做强做大中场配套产业，力争到 2025 年将其打造为超万亿产业。地方政府也针对汽车、标准件、丝网等特色产业颁布了一系列政策文件，如《安平丝网产业振兴发展规划（2019—2022 年）》《永年区标准件产品质量整治和行业规范提升工作方案》《定州市汽车产业发展战略规划（2018—2025 年）》等，

---

① 河北资本—泊头铸造：革故鼎新，向绿而行|河北县域特色产业集群样本 69[EB/OL]. 河北资本，https：//mp. weixin. qq. com/s/6BpelqC2vFRrB2E3V8Ks9Q.

② 背景材料 2：六大产业分类发展重点集群背景资料，河北省工业和信息化厅，2021。

③ 河北省特色产业发展"十四五"规划[EB/OL]. 河北省工信厅，http：//gxt. hebei. gov. cn/hbgy-hxxht/zcfg30/snzc/894225/index. html.

覆盖产品质量、工业设计、产业链完善、绿色制造等领域，为中场配套产业发展提供有力的政策支持，从而推进县域特色产业向价值链高端发展。

二、京津冀中场配套产业集群的发展重点

中场配套产业是制造业发展的关键一环，其生产的中间产品在整个产业链中占据重要地位。目前，京津冀在汽车及零部件、丝网、管道管件、标准件、轴承、铸造以及再制造等领域优势突出，因此，这些中场配套产业也是京津冀重点建设领域(见表8-2)。

表 8-2 京津冀中场配套产业集群发展重点

产业	主要产品	主要区域
汽车及零部件	汽车发动机、变速箱、制动器、电机、电控、锂电池、汽车电子、纯电动汽车、新能源物流车、环卫车等	张家口、邢台、沧州等地
丝网	网纱、窗纱、钢板网、冲孔网、护栏网、输送网、石油钻井、化工、医学、航空航天等领域的高端丝网产品等	定州、衡水等地
管道管件	高压特种管件、油气管道、电力管道、煤盐管道、船舶、锅炉、新型复合材料等	沧州、邯郸等地
标准件	医疗设备、机床、油气田装备等关键件再制造及增材制造	邯郸等地
轴承	汽车、医疗器械、机器人等高档精密轴承	邢台、邯郸等地
铸造	镁铝合金、耐腐蚀铸件、海洋工程装备铸件、特种大型矿冶重机、轨道交通铸件等	沧州、邯郸等地
再制造	医疗设备、机床、油气田装备等关键件再制造及增材制造	沧州等地

资料来源：根据《河北省特色产业发展"十四五"规划》整理。

(一)汽车及零部件

汽车产业是国民经济的支柱产业，是建设制造强国的重要支撑。京津冀区域汽车产业虽起步较晚，但经过多年发展，已成为京津冀区域装备制造业的重要支撑产业。

1. 基本情况

作为京津冀区域重点培育的特色产业集群之一，汽车零部件产业在不断发展壮大，产业主要分布在北京、天津、张家口、廊坊、保定、沧州、邢台

等区域，现已形成清河、威县、定州、黄骅、涿州、三河、怀安等重点汽车及零部件产业集群，产品生产主要涉及发动机零部件、变速器、制动器、轮毂、安全气囊、安全玻璃、蓄电池、汽车辊压件等领域，[①] 种类丰富，产业链条较为完整。同时，各大汽配优势产业集群充分发展园区模式，会聚了一批行业龙头企业，如长城汽车、御捷车业、沃尔沃、吉利、北汽集团等，培育了凌云、新宏昌、长安睿行等多个知名品牌，产业发展潜力巨大。

2. 发展方向

依托京津冀雄厚的汽车工业基础和各大优势产业集群，围绕新能源汽车、节能环保汽车、智能网联汽车等领域，重点发展汽车发动机、汽车电子、制动器、电机、电控等关键零部件，推进汽车及零部件产业链向智能化、高端化方向发展。一是实施创新能力提升行动，延伸产业链条。依托长城汽车、中信戴卡等龙头企业，引导企业与区域内高校、科研院所在动力电池、智能网联汽车等领域合作建设汽车相关产业技术和研发中心。同时，推进汽车及零部件产业高层次技术的攻关。重点突破动力电池、制动器、电控、轻量化材料等产业化瓶颈，发展高附加值、知识密集型的高端零部件[②]，解决产业发展的"卡脖子"难题。二是重视品牌培育，提升产业竞争力。重点强化汽车品牌文化内涵设计和推广工作，充分利用国内外汽车展会、产业峰会等重大活动，推广汽配品牌。同时，重视产品工业设计与汽配产业链的深度融合，聚集设计要素资源集中攻关，形成一批工业设计创新成果。三是深入国际产能合作，进行产业链精准招商。赴欧美、上海等国内外汽配产业发达区域进行招商推介活动，重点引进汽车和关键零部件制造的领军企业，加强汽车产业集聚。

（二）丝网

丝网是传统工艺产品，属于建筑五金行业，产品涵盖多个门类，主要应用在建筑、化工、石油等生产生活领域中，有时也在航空、国防等高端领域可见。丝网产业在我国的发展历史悠久，早在公元 1895 年，以铜丝为原料生产丝网的技术就传入了河北省安平县，产业遍及河北、山东、上海、河南等地。

1. 基本情况

河北省现已形成安平丝网和定州钢网两大重点产业集群。其中，安平丝

---

① "雄安新区"话题下，细说河北汽配产业集群（上）［EB/OL］. 商用车与零部件，https：// mp. weixin. qq. com/s/3JF8te7UI5ccezby8TZM6w.

② 河北省汽车产业链集群化发展三年行动计划（2020—2022 年）［EB/OL］. 河北省工信厅，http：// gxt. hebei. gov. cn/hbgyhxxht/xwzx32/tzgg83/675040/index. html.

网产业集群国内知名度和影响力较高，被誉为"中国丝网之乡"，是中国最大的丝网产销基地之一，2020 年，安平丝网产业集群营业收入超 600 亿元，从业人员高达 21 万人①，对周边区域的辐射带动作用日益明显。定州区位优势显著，丝网产业主要分布在紧邻安平县的李亲顾镇和高蓬镇，产品出口占比较大，产业规模不断发展壮大，对区域经济和社会发展有着显著的推动作用。丝网产业成为一项助推县域经济发展的富民产业、特色产业。

2. 发展方向

京津冀丝网产业未来发展应在继续巩固护栏网、窗纱、钢板网、网纱等优势产品的前提下，依托安平丝网、定州钢网两大优势产业集群，重点开发室内装饰、石油钻井、化工机械、医学、航空航天等领域的高端丝网产品，提升产品性能和品质，推动产业向高端化、智能化、国际化方向发展。

一方面，以创新驱动为引领，引进先进设备和工艺，进行设备技术改造和升级。对于定州钢网产业来说，可重点围绕六角网、菱形网等优势产品，推进编织装备机电在一体化、智能化方面实现突破。此外，安平可依托河北省丝网产业技术研究院，与省内高校、科研院所深入合作，围绕丝网产品制造需求，开发拉丝、织机等核心装备，加强产品技术研发，打造世界网器技术研发中心、高端网器制造基地与交易流通中心②。另一方面，迎合市场需求，开展柔性化定制服务，提升产品附加值。引导并鼓励企业延伸产业链，向产业链两端拓展产品。前端针对已有的优势产品开展个性化定制并植入工业设计，满足客户相应需求，中端重点发展高端线材及零部件，后端可发展并推广面向高端应用领域的丝网制品，如不锈钢印刷网、无纺丝网等，提升产品的技术附加值。

（三）管道管件

管道管件产业属管道装备制造业，主要研发和制造各种管道系统技术装备，其产品主要应用于核电、化工、建筑、输气、机械制造等诸多基础行业，是一个伴随城市化进程、产业关联度较高、技术资金密集型的现代朝阳

---

① 丝网产业简介［EB/OL］. 安平县人民政府，http：//www. anping. gov. cn/art/2019/9/16/art_828_173919. html.

② 河北省特色产业发展"十四五"规划［EB/OL］. 河北省工信厅，http：//gxt. hebei. gov. cn/hbgy-hxxht/zcfg30/snzc/894225/index. html.

产业。[1]

1. 基本情况

京津冀管道装备制造业主要集聚在沧州区域，现已形成了盐山管道装备制造产业集群和孟村弯头管件产业集群。其中，盐山管道装备制造业闻名全国，是中国最大的管道装备制造业基地之一，产品种类齐全，占国内市场份额的 40% 以上，成为河北省知名的重点产业集群。孟村与盐山相邻，两大集群产业链衔接，占据国内管道装备制造业的半壁江山。2021 年，集群内汇集了华洋钢管公司、河北圣天管件公司等一批业内龙头企业，拥有生产企业1831 家，从业人员 3.3 万人，年产值超 200 亿元[2]，成为全县的支柱产业，带动县域经济高质量发展。

2. 发展方向

随着我国国民经济和基础设施建设的快速发展，市政工程、农业、建筑业等行业的市场需求不断加大，管道管件产业作为朝阳产业，发展前景十分广阔。未来，京津冀管道管件产业发展要紧紧围绕盐山、孟村、成安等优势产业集群，重点发展油气管道、高压特种管件、煤盐管道、新型复合材料等高、新、特、精管道管件产品[3]，引领产业向高端化、智能化发展。一是瞄准高端、高压、高附加值方向，向发展高、精、特、新产品业态转变，从单一钢铁材料向复合材料、PE 材料等新型材料发展，从粗放式生产方式向自动化、智能化生产方式转变[4]，开拓中高端市场。二是提升技术创新能力，注重材料和工艺创新，重点突破高强度管线钢、热轧穿孔后冷轧或冷拔等关键技术工艺，将自身打造成为集研发、生产和服务于一体的国内一流的管道管件制造基地和全球管件行业贸易物流基地。

（四）标准件

标准件又称紧固件，属于工业机械领域的基础零部件，包括螺栓、螺母、垫片等[5] 其应用范围广泛，小到桌椅板凳，大到航天飞机、机械设备等领

---

① 盐山：全国最大的管道装备制造业基地 l 河北县域特色产业集群样本 3[EB/OL]. 河北资本，https：//mp. weixin. qq. com/s/NCoFpJ6xcu5CPNHJVCi6nQ.

② 河北沧州：壮大管道装备制造产业 助推河北高质量发展[EB/OL]. 人民网，http：//he. people. com. cn/n2/2021/1125/c192235-35022686. html.

③ 河北省特色产业发展"十四五"规划[EB/OL]. 河北省工信厅，http：//gxt. hebei. gov. cn/hbgy-hxxht/zcfg30/snzc/894225/index. html.

④ 背景材料 2：六大产业分类发展重点集群背景资料，河北省工业和信息化厅，2021。

⑤ 一颗小螺钉，永年大产业！河北永年标准件产业经来了[EB/OL]. 邯郸市人民政府，https：//www. hd. gov. cn/hdyw/xqdt/yn/202010/t20201019_1384019. html.

域，因而被称为"工业之米"。①

1. 基本情况

河北省邯郸市永年区是河北省内标准件产业的主要集聚区，经过多年发展，产品现拥有 100 多个类型、10000 多种规格型号②，年产值近 300 亿元③，是河北省十大特色产业之一，永年区也因此享有"中国紧固件之都"的称号。永年区有 17 个乡镇，363 个行政村，其中有 200 多个村、30 万人从事标准件生产销售。2022 年，紧固件产量达 560 万吨，同比增长 14.3%；产值 385 亿元，同比增长 12.5%；营业收入 347.5 亿元，同比增长 10.1%；上缴税金 5.3 亿元。目前，永年区已成为国家中小企业特色产业集群、河北省中小企业特色产业集群。④

2. 发展方向

未来，京津冀区域标准件产业发展应以"提升低中端产品质量、提高中高端产品市场份额"为目标，按照"完善产业链条、注重质量和品牌、产业转型升级"的总体思路，重点依托永年标准件产业集群，大力发展智能爬架、光伏配件、高端紧固件、高端冷镦机整机及不锈钢紧固件等高端产品，推动标准件产业向中高端迈进。

一方面，瞄准产业链高端，围绕高性能紧固件结构设计与优化、高端紧固件材料成型与加工等产业发展方向，组织团队赴宁波、温州等区域进行产品招商活动，积极引进高端异形件、汽车紧固件、不锈钢紧固件等高端产品，同时，充分发挥河北省标准件产业技术研究院、河北省标准件行业协会等重要平台落户永年的优势，加强与省内高校合作，推进高强度/智能紧固件制备技术、紧固性能检测及智能工艺装备技能等关键技术突破，重点研发高铁、汽车等高精尖紧固件产品和紧固件模具，增强企业自身的研发能力。另一方面，围绕绿色产品、绿色工厂、绿色园区和绿色供应链，推广绿色低碳制造模式。以永年标准件产业园区为重点，重点对标准件生产企业和标准件产业配套的物流运输、电气焊加工、非道路移动机械四个方面实行全面整治提升，

---

① 永年"紧固件之都"的"微笑曲线" | 河北县域特色产业集群样本 8[EB/OL]. 河北资本，https：//mp. weixin. qq. com/s/VC9ThpAjseOpczowBudStg.

② 背景材料 2：六大产业分类发展重点集群背景资料，河北省工业和信息化厅，2021。

③ 以螺丝如何成就河北永年成为"中国紧固件之都"？答案在这里[EB/OL]. 河北新闻网，http：//hebei. hebnews. cn/2020-10/16/content_8152274. htm.

④ 永年标准件市场荣获第十三届中国商品市场综合百强[EB/OL]. https：//www. hd. gov. cn/hdyw/xqdt/yn/202311/t20231114_1990204. html.

实现全链条整治。①

(五)轴承

轴承是现代工业的基础零部件，用途广泛，大到高铁、汽车、飞机，小到家用电器、儿童玩具，都遍及轴承的身影。轴承产业是国家的基础性、战略性产业，在国民经济和国防建设中发挥着极大作用，被称为"装备制造业的心脏"。②

1. 基本情况

京津冀区域轴承产业主要分布在邢台临西、邯郸鸡泽等区域，其中临西轴承最为知名。轴承产业是临西县的特色产业，拥有40多年的发展历史，现已形成了集生产、销售及配套企业于一体的临西轴承产业集群。③全县轴承产业集群主营业务收入205.4亿元，年生产能力7.6亿套，涵盖4000余个产品型号，销量占全国1/10，并远销90余个国家和地区，④行业影响力不断增强。

2. 发展方向

轴承产业作为一项基础性产业，未来发展势头良好，应大力推进轴承产业向高端化、智能化迈进，向产业链、价值链高端攀升。⑤未来，京津冀轴承产业发展应依托临西轴承产业集群、馆陶轴承产业集群，以轴承为主，重点发展医疗器械、工业机器人、汽车等高档精密轴承，拓展高端市场。一方面，依托轴承产业技术研究院、飞龙公司、银河公司等龙头企业，围绕"智造"目标，聚焦工业机器人轴承、高速高精轻量化轴承等重点产业领域，攻坚工业机器人减速器轴承研发、超精密轴承研发等关键核心技术，开发高档轴承产品。同时，加快发展低污染、低能耗的民用轴承等产品。另一方面，依托品牌建设研究院临西分院、中国轴承智慧供应链平台"找轴网"等重要平台，打造知名品牌，以质量和品牌推动轴承产品由后市场和代加工向主机配套等高端市场转变，提升市场影响力。

---

① 永年区标准件产业再整治再规范再提升实施方案[EB/OL]. 标准件微平台，https://mp.weixin.qq.com/s/zdFSIyNe0NKviunDLICl9g.

② 河北：冀有特色 | 临西轴承：转型升级促蝶变[EB/OL]. 新华网，http://www.he.xinhuanet.com/finance/2021-07/31/c_1127716865.htm.

③ 背景材料2：六大产业分类发展重点集群背景资料，河北省工业和信息化厅，2021。

④ 临西轴承零部件产业集群入选国家中小企业特色产业集群[EB/OL]. http://www.xingtai.gov.cn/ywdt/jrxt/xtyw/202310/t20231030_676702.html.

⑤ 河北临西轴承产业凭"智造"向高端迈进[EB/OL]. 河北新闻网，http://m.hebnews.cn/hebei/2020-11/20/content_8218762.htm.

（六）铸造

铸造业作为经济建设中的基础行业，应用范围广泛。我国铸造业发展历史悠久，早在3000多年前就有铸造工艺，历经多年发展，我国已成为世界铸造机械大国之一，铸件产量占全球的40%以上。[①]

1. 基本情况

京津冀区域内，泊头、献县、迁西、鸡泽、唐县、冀州等县（市/区）已形成了多个铸造业特色产业集群，其中泊头铸造发展规模最大，与佛山、无锡并称为"中国三大铸造基地"。泊头铸造源远流长，距今已有1300年的历史，素有"中国铸造名城"的美称。产品涵盖工艺品、市政设施、工业品三大类别，涉及机床铸件、工量具、汽车配件、军工及航空航天配件、核用装备等十多个系列、千余个品种，产品种类丰富，覆盖全国各地，还远销至日本、意大利、美国等50多个国家和地区。[②]

2. 发展方向

铸造业是工业的基础行业之一，也是实施绿色化改造的重点行业，未来发展必然要以创新驱动为引领，推进铸造业向现代、高端、绿色发展。[③]京津冀铸造业发展依托泊头铸造产业集群、鸡泽铸造产业集群，在巩固工量具、平台铸件、汽车覆盖件模具铸件等优势产品的同时，聚焦镁铝合金、海洋工程装备铸件、耐腐蚀铸件等高端产品，攻关模仿仿真技术、质量检测及修复、特种压铸工艺、差压挤压铸造等关键技术和工艺。此外，重点对铸造企业进行绿色化改造。大力培育绿色标杆企业，在行业范围内采用智能和节能减排的先进装备，如高效节能的熔炼设备、铸件高效自动化清理成套设备、黏土湿型砂高效成套砂处理设备等，来构建绿色、智能、高效的生产线，淘汰落后产能，从而促进铸造业转型升级和产业高质量发展。

（七）再制造

再制造是对废旧产品实施高技术修复和改造的一种生产活动，且再制造产品的质量和性能不亚于原型新品。[④]与原制造新品相比，再制造产品可节省

---

① 泊头铸造：革故鼎新，向绿而行|河北县域特色产业集群样本69[EB/OL]. 河北资本，https：//mp. weixin. qq. com/s/6BpelqC2vFRrB2E3V8Ks9Q.

②③ 泊头市：铸造名城　涅槃重生　铸造产业转型升级　高质量发展之路[EB/OL]. 河北省市场监督管理局，http：//scjg. hebei. gov. cn/info/28527.

④ 徐滨士，刘渤海. 再制造认证认可发展策略思考[J]. 认证技术，2010（3）：44-47.

成本 50%、节能 60%、节材 70%、降低污染排放 80% 以上①再制造产业虽然在我国起步较晚，仅有 20 多个年头，但我国政府高度重视再制造产业的发展，已将其列为国家战略性新兴产业，并且在《中华人民共和国国民经济和社会发展第十四个五年规划和 2035 年远景目标纲要》中明确提出要"规范发展再制造产业"。② 当前，在"双碳"目标愿景下，再制造作为循环经济"再利用"的高级形式，将成为推进我国制造业转型升级、实现绿色发展和高质量发展的重要抓手。

1. 基本情况

京津冀区域再制造产业主要集中在沧州的河间市，是河间市的传统支柱产业，现已形成了河北省重点特色产业集群——河间再制造产业集群。目前，河间市拥有黄河以北唯一一家国家级再制造产业示范基地，现有再制造企业 466 家，从业人员 6.2 万人，2020 年实现营业收入 89.8 亿元③，产品涉及发电机、变速箱、钻头、启动机等十余种，其中汽车起动机、发电机再制造产品占国内市场份额的 80% 以上，成为国内最大的汽车发电机、起动机再制造基地之一。④

2. 发展方向

京津冀区域制造业发达，有必要大力发展再制造产业来提高装备制造水平和促进经济转型升级，未来发展应重点依托河间再制造产业集群，大力发展汽车及零部件、智能装备、石油钻采等再制造产业。一方面，充分发挥河间国家级再制造产业示范基地和示范企业的优势，加大再制造技术研发和创新力度，聚焦汽车零部件、机床、工程机械、医疗设备等领域，推广应用无损检测、柔性加工、增材制造等绿色基础共性技术，推进关键技术工艺的产业化。另一方面，创新再制造产业的发展模式。依托河间再制造产业园、迁西再制造产业园，结合工业智能化改造和数字化转型，在商贸、物流、售后服务等领域应用再制造产品，并引导支持再制造企业与冶金、钢铁、化工等制造企业合作，为其开展定制化服务，⑤ 进一步促进再制造产业高质量发展。

① 关于推进再制造产业发展的意见[EB/OL]. 中国政府网，http://www. gov. cn/zwgk/2010-05/31/content_1617310. htm.

② 幺新. 加快发展再制造产业 促进经济绿色高质量发展[J]. 表面工程与再制造，2021，21（Z1）：15-16.

③ 郑建卫. 河间：神奇再制造 朝阳新产业[J]. 表面工程与再制造，2021，21（5）：31-33.

④ 河间全力建设国家再制造产业示范基地[EB/OL]. 河北新闻网，http://hbrb. hebnews. cn/pc/paper/c/201712/05/c37698. html.

⑤ 河北省"十四五"循环经济发展规划[EB/OL]. 中国循环经济学会，https://www. chinacace. org/news/view?id=12842.

◀ 第三节 ▶

京津冀中场配套产业集群典型案例

京津冀协同发展中产业先行，河北积极承接优质产业项目，发展中场配套产业，逐渐走向专业化，逐渐形成了各类龙头产业，培育成各地的特色产业集群，拉动地方经济发展，主要有盐山管道装备制造产业集群、安平丝网产业集群、定州汽车及零部件产业集群等。

一、盐山管道装备制造产业集群

（一）基本情况

盐山县产业特色鲜明，管道装备制造业已成为当地的支柱产业和特色产业，历经多年的发展，形成了河北省县域特色产业集群——盐山装备制造产业集群。

2007 年，盐山县被国家命名为"中国管道装备制造基地"，利用这一优势，盐山县委、县政府确定了"以商兴县"发展战略，把管道管件聚集区作为管道装备制造产业提档升级的重要载体，在园区规划建设国家级研发中心、物流中心、电子商务中心等项目，[①] 建设基础设施完善、承载能力强的高端产业平台，推动产业扩规升级，并逐步向成熟期迈进。2022 年，全县拥有管道装备制造业企业 2238 家，总资产超百亿元，主营业务收入 300 多亿元，从业人员 8 万多人。全县管道装备产品达 21 大类、2400 多个品种，形成了核电火电风电、输油输气、市政管网、整机装备四大产业链条，管道装备国内市场占有率达到 40%，其中高压特种管件的市场占有率达 50% 以上。多数企业参与制定了多项国家标准和行业标准，成为河北省重点产业集群。

（二）发展优势

进入 21 世纪以来，盐山装备制造产业集群步入快速发展时期，逐步成长为盐山县的支柱产业，具有集群规模大、技术水平高、龙头企业带动作用强、

---

① 沧州管道装备产业发展综述（上）[EB/OL]．沧州机关党建网，http：//www.czjgdj.gov.cn/article.asp?id=6296.

企业资质等级高、营销网络健全等特点。

1. 集群规模大

盐山管道装备制造业依托盐山经济开发区内的蒲洼城、正港、五里窑三大工业园区,现已形成了产业配套齐全、功能完善的河北省颇具规模的管道装备制造产业集群。截至 2022 年 10 月,全县共有管道装备制造企业 1947 家,其中规模以上管道装备制造企业 92 家,年钢铁吞吐量 1000 万吨,带动就业高达 8 万余人;① 产品种类丰富,主要包括螺旋钢管、阀门、弯头、异径管、无缝钢管、防腐保温管道、耐磨等,其中管材产品有 5 类、200 多个品种,管件产品有 12 类、2000 多个品种,② 产品广泛应用在电力、石油化工、市政等领域,发展规模不断壮大。

2. 技术水平高

近年来,盐山县近百家管道制造企业联合清华大学、航空航天部 304 所、北京钢铁研究院、哈尔滨工业大学等科研院所和高校,开展产学研合作,相继建成 1 个国家级技术检测服务中心、2 个省级重点实验室、2 个省级科技服务平台、3 个省级企业技术研发中心和 1 个省级产业技术研究院。③ 如今,全县管道装备行业共获得授权专利 872 件,其中授权发明专利 52 件,有 24 项产品填补国内空白,④ 多家企业产品技术处于行业尖端,如宏润公司拥有目前世界上尖端的热挤压厚壁合金技术、兴亚公司球墨铸铁技术、世盛公司管道防腐技术、沧海公司核电管道加工技术等,同时,X70 高钢级大口径三通、耐磨管道、保温管道等多项产品占据高端市场。此外,集群内多家企业参与制定 10 项国家标准、5 项行业标准,创新能力不断提升。

3. 龙头企业带动作用强

截至 2021 年,盐山管道装备制造产业集群内会聚了一大批行业龙头企业,如宏润、昊天、沧海、中原等。其中,沧海集团生产的 ODF 钢管是目前国际先进的管道成型技术⑤;宏润集团生产出一系列高端产品,已成为全球第四家、国内第二家生产大口径厚壁无缝钢管的企业,与国内同行业企业相比,

① 特色产业 [EB/OL]. 盐山县人民政府,http://www.chinayanshan.gov.cn/chinayanshan/tscy/202201/26225a c064964135851af06a40536a18.shtml.

② 背景材料 2:六大产业分类发展重点集群背景资料,河北省工业和信息化厅,2021。

③ 改革发展之旅 | 走进盐山县管道装备制造业产业集群 [EB/OL]. 河北新闻网,http://m.hebnews.cn/hebei/2021-05/10/content_8499283.htm.

④ 河北省盐山县全面推动管道装备制造业质量提升 [EB/OL]. 中国经济网,http://www.ce.cn/cysc/zljd/zlxx/202111/03/t20211103_37055950.shtml.

⑤ 改革发展之旅 | 走进盐山县管道装备制造业产业集群 [EB/OL]. 河北新闻网,http://m.hebnews.cn/hebei/2021-05/10/content_8499283.htm.

资质水平较高,① 逐步在世界管道装备制造领域占有一席之地；昊天节能装备公司是全国唯一一家既能生产聚乙烯外护管,又能研发生产保温管道的大型企业集团。目前,全县已形成以宏润、沧海、中原、凯瑞等龙头企业为核心,涵盖市政管道、核电火电、输油输气领域的三大产业链条,在龙头企业强烈的带动作用下,助推盐山县域经济高质量发展。

4. 企业资质等级高

截至 2022 年 10 月,集群内有 426 家生产企业通过 ISO 系列国际质量体系认证,100 余家企业获得电站压力管道产品制造资质证书,72 家企业为国家电力、中国石化两大企业供货,② 50 余家企业先后获得 API(美国石油协会)、ASME(美国工程师协会)、船级社等高端资质认证,③ 其中沧海核装成为亚洲第 1 家、全球第 13 家通过 API Q1：6H-0013 体系和产品认证企业。④ 此外,在品牌培育上,集群拥有 4 项中国驰名商标、1 项中国著名品牌、26 项省级著名商标和品牌等。

5. 营销网络健全

盐山管道产品销售覆盖全国各地,除西藏外,全国各省份的地级市都设有销售网点或办事处,在外营销人员达 3 万余人,同时,产品还远销中东、日本、美国等 40 个国家和地区。此外,盐山县数百家企业跟随时代潮流,在迅速发展的数字经济背景下,建立了各自的电子商务平台,并依托已建成的中国管道装备制造基地电子商务中心、中国(盐山)管道装备网络展览会等优势平台逐渐向外拓展营销渠道,国内外影响力不断扩大。

(三)发展困境

管道装备制造产业在盐山县发展壮大,既带动了当地经济发展,同时也帮助盐山摆脱了贫困县的帽子,成为人民持续增收的重要途径。然而,盐山管道装备制造产业集群依然存在不少问题,导致产业发展难以更上一个台阶。

1. 产业链不完善,产品附加值低

虽然盐山管道装备制造产业现已形成了涵盖市政管网、核电火电、输油输

---

① 背景材料 2：六大产业分类发展重点集群背景资料,河北省工业和信息化厅,2021。

② 特色产业[EB/OL]. 盐山县人民政府, http：//www.chinayanshan.gov.cn/chinayanshan/tscy/2022 01/26225ac064964135851af06a40536a18.shtml.

③ 【管道志专栏·002】盐山县管道装备制造业发展简介及优秀摄影作品展示[EB/OL]. 实干兴盐(盐山县委办), https：//mp.weixin.qq.com/s/lVzzW9zoZqhQ2T3rL7it4g.

④ 盐山：全国最大的管道装备制造业基地 | 河北县域特色产业集群样本 3[EB/OL]. 河北资本, https：//mp.weixin.qq.com/s/NCoFpJ6xcu5CPNHJVCi6nQ.

气的三大产业链条，但产业链的延链、补链环节还较为薄弱，产业链尚不完善。目前，大多数企业仍主要集中在生产制造环节，在中间环节缺乏一定的工业设计，产品精度不够，再加上集群内多为中小企业，企业为了抢占市场，内部竞争激烈，甚至不惜以次充好，牺牲产品质量，导致产品同质化严重，且大多以中低端为主，产品附加值低，严重时还会损害企业声誉，不利于企业长远发展。

2. 资金投入不足，创新能力不强

盐山县管道装备制造产业集群内大多为民营企业，且以中小企业为主，企业规模小、资金链较短，尤其是在产品研发创新上，投入资金较少。虽然目前盐山县管道装备制造产业集群拥有 1 家省级院士工作站、52 件授权发明专利、4 家国家级高新技术企业①，但相比国内其他管道装备制造的发达省份，数量较少，反映出集群内大多数企业自主创新能力不强，仍然靠花钱买技术，不愿投入大量资金、人才来进行技术研发，导致一些产品技术难题难以攻克，仍需从国外大量进口，产品缺乏核心竞争力。

3. 人才储备不足，缺乏专业技术人才

近年来，随着盐山管道装备制造业的发展壮大，其在促进全县经济发展的同时，也相应也带动了就业，2020 年盐山管道装备制造产业集群拥有从业人员 6 万余人。但与此同时，集群内也呈现出劳动力文化水平低、缺乏高端技术人才的问题。由于盐山是一个县城，在其县域内没有高等院校、科研院所，一些本地的大学生为了自身更好的发展，都愿意留在大城市，所以无论在科研环境、生活环境还是工资待遇等方面都难以吸引高层次人才，再加上本地人才普遍文化水平低，人才储备不足，不利于管道装备制造业的长久发展。②

二、安平丝网产业集群

（一）基本情况

安平丝网作为安平县最具代表性的名片，是安平县的支柱产业和特色产业，迄今已有 500 多年的历史，安平县也因此被称为"中国丝网之都"。素有"世界丝网看中国，中国丝网看安平"的美誉。

2022 年，安平丝网产品涵盖制品类、编织类、非织造类等 6 大系列、400

---

① 河北省盐山县全面推动管道装备制造业质量提升[EB/OL]. 中国经济网，http://www.ce.cn/cysc/zljd/zlxx/202111/03/t20211103_37055950.shtml.

② 宋立楠. 借助"一带一路"破解传统制造业困境——以河北省盐山县管道装备制造业为例[J]. 中共石家庄市委党校学报，2016，18(3)：19-23.

多个品种、6000 多种规格，产品种类丰富，应用范围广泛。其中，编织类丝网的出口量和产销量占全国的比重在 80%以上，① 产品不仅销往全国各地，还远销美国、澳大利亚、日本等 190 多个国家和地区，② 年出口量 3.6 万标准箱，出口总额超 10 亿美元。集群内会聚了捷通、鹤煌等行业龙头企业，带动全县经济发展。

（二）发展优势

安平丝网产业基础雄厚，经过多年的发展，深入进行全产业链发展，以数字经济为契机，不断加快科技成果转化，激发产业集群内生发展动力。

1. 政策优势

安平丝网产业集群的繁荣发展离不开政府多方面的支持与帮助。近年来，安平县政府紧紧围绕"产业振兴、结构调整"这个核心，聚焦产业创新、绿色发展、优化营商环境等方面制定了多项政策，如《安平县特色产业振兴计划》《安平县丝网产业发展规划》《关于支持民营经济高质量发展促进工业转型升级实施意见》《安平丝网产业振兴发展规划（2019—2022 年）》，同时，在引进国际高端设备、标准制定、品牌建设挂牌上市等方面制定扶持奖励措施，为当地丝网产业发展营造良好的政策环境。③

2. 区位交通优势

安平地处燕赵腹地，位于河北省衡水市，东邻衡水饶阳县，南与衡水深州市、石家庄辛集市接壤，西邻石家庄深泽县，北邻保定安国市、博野县，地理位置优越。同时，安平县处于石家庄、北京、天津的三角中心，在京津两小时经济圈内，北距北京 200 千米、雄安新区 50 千米，东距大广高速 7 千米，西距石家庄正定国际机场 90 千米，④ 境内有保衡、石港两条省级公路穿过，位于京九铁路大动脉沿线，交通便利。优越的地理位置和便利的交通条件为安平丝网产业发展奠定了基础。

3. 产业规模优势

安平丝网迄今已有 500 余年的发展历史，产业基础较为雄厚。作为安平县的支柱产业，安平着力推进科技创新，大力发展具有核心竞争力的特色产

---

① 天下网都，魅力安平［EB/OL］. 安平县人民政府，http：//www. anping. gov. cn/art/2022/1/13/art _808_390550. html.

② 背景材料 2：六大产业分类发展重点集群背景资料，河北省工业和信息化厅，2021。

③ 安平：百年丝网，从"新"出发［EB/OL］. 河北新闻网，http：//hs. hebnews. cn/2021－03/22/ content_8427574. htm.

④ 安平，就是这么好看！［EB/OL］. 安平官微，ttps：//mp. weixin. qq. com/s/dZWRHEuhW3QULB- vdLhEQg.

业集群。至2023年，凝聚了268家会员企业、3500余家准会员企业，在全省县域特色产业集群中第一个组建成立省级产业协会——河北省丝网产业协会，并在雄安新区成立了协会分会，拥有护栏网协会、边坡防护网协会、滤材滤器协会等7家县级行业协会。组织27家企业参加了俄罗斯石油展、土耳其建材展等90个境外展会，助力企业开拓国际市场。

4. 创新研发优势

安平丝网产业集群内汇聚了一批具有先进技术和设备的行业龙头企业、产业研发创新平台等，丝网产品逐渐向高端化、智能化方向迈进，在产品创新研发上具有一定优势。如河北鹤煌网业股份有限公司是国内颇具规模的聚酯造纸网专业生产企业，属于中型高新技术企业，公司现拥有国内同行业最先进的整套检测仪器及设备，产品多次获省科技进步奖、国家重点新产品，填补多项行业空白，已达国际先进水平。[①] 英凯模、捷通等骨干企业也是如此。同时，安平县先后建成了河北省丝网产业技术研究院、河北省丝网产品质量监督检测中心，并联合河北大学、北京科技大学等高校，组建产业技术联盟等。目前，全县共组建丝网研究所9家，形成了22人的博士团队，[②] 拥有省级科技孵化器1家、省级工业企业研发机构13家，攻关了多项关键核心技术，[③] 科技水平不断提高。

(三)安平丝网：古"网""金"来奔高端

产业兴则县域兴，产业强则县域强。为巩固丝网产业发展优势，安平县积极开展技术创新，推进丝网产业绿色化、智能化转型；同时，加快工业化与信息化融合进程，以互联网平台为依托，帮助丝网企业开拓市场，从而在世界范围内打响了安平丝网的知名度。

1. 产业转型：织就绿色增长霓裳

丝网产业作为一项传统产业和劳动密集型产业，集群内多以中小企业为主，企业发展参差不齐，大部分企业都存在工艺技术和设备落后、能耗水平高、环境治理水平薄弱等问题。近年来，安平县委、县政府针对这些问题，聚焦绿色发展理念和"双碳"目标，出台《关于规范小微企业清洁化生产的实施意见》《安平丝网产业转型升级实施方案(2019—2021年)》，其中包括对引进

---

① 安平"中国丝网之都"名传遐迩 | 河北县域特色产业集群样本7[EB/OL]. 河北资本，https://mp.weixin.qq.com/s/-zpz80oru_37RvYqLntMew.

② 背景材料2：六大产业分类发展重点集群背景资料，河北省工业和信息化厅，2021.

③ 安平：百年丝网，从"新"出发[EB/OL]. 河北新闻网，http://hs.hebnews.cn/2021-03/22/content_8427574.htm.

先进设备的企业给予 5%~10% 的补贴等多项措施，并谋划建设浸（喷）塑、滤器滤材、丝网表面处理等 13 个专业园区，引导一些村镇的小微企业入园，有效解决中小微企业散乱污的问题，① 将环保压力转化为绿色发展新动能，促进丝网产业转型升级。

2. 创新升级：从"安平织造"迈向"安平智造"

当前，在"一带一路"倡议和京津冀协同发展背景下，安平县立足新发展理念，紧抓机遇，改造升级传统丝网产业，通过创新提升、科技引领、扶优劣汰等举措，再造产业发展新优势。② 2021 年，安平县新增高新技术企业 26 家，省级科技"小巨人"企业 2 家，省级"专精特新"企业 3 家，省级科技型中小企业 307 家。③ 全县整体科技创新能力由 C 级上升为 B 级，挤占河北省前 45 名。④ 同时，安平丝网企业依托国家丝网实验室、省丝网产业技术研究院等研发平台，授权发明专利 53 项，实用新型专利 1500 多项，外观专利 300 多项，参与制定各类标准 37 项，⑤ 科技研发能力不断提升。此外，安平县还培育并成功发布了"中国丝网指数"，对于推动丝网产业的标准化建设和精准化管理具有重要意义。以上举措推进丝网产业由"织造"向"智造"转变。

3. "走出去"和"电商换市"：迸发产业新活力

近年来，随着"一带一路"倡议的不断推进，安平县加快"走出去"步伐，丝网产业进军国外市场，产品销往 190 多个国家和地区，相继建设了"河北安平经济开发区驻南非代表处"和"中国安平丝网展销中心"，打开非洲国家的新兴市场，在俄罗斯、越南、印度等国家和地区投资建厂，设立办事处、海外仓等，市场不断拓展。⑥ 同时，安平县以此为契机，借助"互联网+"的东风，大力发展电子商务，相继建成了丝网产业线上线下相结合的市场交易平台、世界丝网总部基地、电子商务创业基地，并充分利用中国搜丝网、旺达物流

①　安平县推动丝网产业集群绿色升级的调查［EB/OL］. 安平县人民政府，http：//www. anping. gov. cn/art/2018/12/17/art_146_128256. html.

②　安平丝网转型升级再造产业发展新优势［EB/OL］. 河北新闻网，http：//hbrb. hebnews. cn/pc/paper/c/201708/24/c16711. html.

③　安平"织造"解锁"数字密码"向安平"智造"加速迈进［EB/OL］. 长城网，http：//hs. hebei. com. cn/system/2022/01/22/100865431. shtml.

④　新起点　新征程 | 第 21 届中国·安平国际丝网博览会开幕［EB/OL］. 中国经济网，http：//city. ce. cn/news/202110/22/t20211022_7330228. shtml.

⑤　安平丝网产业　以创新实现高质量发展　第 21 届中国·安平国际丝网博览会［EB/OL］. 河北经视，http：//news. sohu. com/a/565746176_100114195.

⑥　安平"中国丝网之都"名传遐迩 | 河北县域特色产业集群样本 7［EB/OL］. 河北资本，https：//mp. weixin. qq. com/s/-zpz80oru_37RvYqLntMew.

网、阿里巴巴等电子商务平台，打造"网上丝网商城"，改变传统销售模式。①目前，全县大多数企业都有自己的网上销售平台，网络贸易额已占到丝网销售收入的80%以上，安平丝网产业不断迸发新活力。

三、定州汽车及零部件产业集群

（一）基本情况

定州汽车及零部件产业是河北省汽车工业的重要组成部分，其产业发展可追溯到2002年，汽车产业作为河北省首批10个重点产业之一，定州市贯彻落实省政府政策，紧抓"央企如冀"战略，引进央企——长安汽车集团落户定州并设立河北长安汽车股份有限公司，该公司将定州作为其小型商用车和出口车的生产基地，定州汽车产业从此兴起。同时，2002年定州市也随之成立定州经济开发区，汽车及零部件产业主要汇聚于此。经过多年发展，定州市依托经济开发区，培育并成长了一批汽车及零部件龙头企业，孵化出一条从汽车整车制造、汽车零部件加工到汽车整车及配件销售的汽车产业链条，形成了"整机+配套+服务"链条完整的产业集群（见表8-3）。②

表8-3　定州汽车及零部件产业链条具体情况

产业链	龙头企业	产品
汽车整车制造	河北长安汽车有限公司、保定长安客车制造有限公司	主要生产微型车、客车及校车等产品
汽车零部件加工	以河北宏远机械有限公司、定州市中邦工贸有限公司、定州市四新工业有限公司为代表（120余家企业）	长安汽车配套生产零部件产品
汽车整车及配件销售	以定州市安特汽车商贸有限公司为代表（10余家企业）	销售长安牌汽车及相关配件

资料来源：喜讯！这对定州来说绝对是大好事！［EB/OL］. 定州融媒，https：//mp. weixin. qq. com/s/qrhlN7b2o LoV6QL0POjT-w.

定州市汽车及零部件产业集群历经20余年的发展，产业地位日益提升，先后被授予"河北省智慧产业集群"和"河北省新型工业化产业示范基地"等荣

---

① 冀有特色 | 安平丝网：老产业焕发新活力［EB/OL］. 新华网，http：//www. he. xinhuanet. com/finance/2021-07/31/c_1127716866. htm.

② 定州市特色产业集群高质量发展有新招［EB/OL］. 河北省工业和信息化厅，https：//mp. weixin. qq. com/s/eIQYdLFYOhDWxQfmu7f5EQ.

誉称号。目前，在整车生产方面，以河北长安汽车和长安客车为主要代表，整车生产数量 19.5 万辆，相关配套企业 160 余家，产品主要涵盖皮卡、轻客、新能源汽车及配套冲压件等零部件领域。① 同时，在定州经济开发区内，汽车整车及零部件加工企业 160 余家，规模以上工业企业中，汽车零部件机械加工企业达 31 家，从业人员达 1 万余人。② 2020 年，定州市汽车及零部件产业完成主营业务收入 182 亿元，实现工业产值 185 亿元，利润 4.03 亿元，从业人员 11320 人，产业发展规模日渐壮大。

定州市汽车零部件产业依托经济开发区加快发展，集群内涌现了一批龙头企业，如定州市中邦工贸有限公司、保定长安客车制造有限公司、河北长安汽车有限公司等，其中，长安汽车和保定长安客车是河北省汽车产销量最大的小型商用车和轻型客车制造企业。③ 在品牌培育上，目前，在定州经济开发区内，拥有汽车名牌产品和优质产品 27 个，省级政府质量奖企业 2 个，省质量管理先进企业 3 个，中国驰名商标 2 个，④ 如长安睿行、长安神骐、新长安之星等知名产品，产业影响力日渐提升。在产品创新上，河北长安接连推出了高端皮卡、氢能大巴、新能源物流车、负压救护车等高技术含量车型，⑤ 正大力建设新能源实验室和国家新能源汽车在线监测大数据平台，⑥ 定州汽车及零部件产业正逐步向现代化、高端化、智能化方向迈进。

（二）SWOT 分析

基于上述研究基础，本部分采用 SWOT 分析方法，客观分析定州汽车及零部件产业集群发展的优势与劣势、机遇与挑战，从而对该产业集群的发展情况有一个全面的认知。

1. 优势分析

区位交通、政策支持、产业基础等有利条件是定州汽车及零部件产业集

---

① 河北新力量——定州［EB/OL］. 定州新闻, https：//mp. weixin. qq. com/s/UG5sYSD44T9ZQGOTBtqUbg.

② 定州市特色产业集群高质量发展［EB/OL］. 长城网, http：//dingzhou. hebei. com. cn/system/2020/01/03/100153867. shtml.

③ 背景材料 2：六大产业分类发展重点集群背景资料, 河北省工业和信息化厅, 2021。

④ 喜讯！这对定州来说绝对是大好事！［EB/OL］. 定州融媒, https：//mp. weixin. qq. com/s/qrhlN7b2o LoV6QL0POjT-w.

⑤ 定州：推进创新发展、绿色发展、高质量发展迈上新台阶［EB/OL］. 河北省工业和信息化厅, http：//gxt. hebei. gov. cn/hbgyhxxht/ztzl11/2021qsgyhxxhgzhy/snzg/770106/index. html.

⑥ 定州市 2020 年经济社会发展"成绩单"鼓舞人心［EB/OL］. 河北新闻网, http：//hebei. hebnews. cn/2021-02/26/content_8390389. htm.

群在短时间内迅速发展的原因，具体如下：

（1）区位交通优势。定州隶属河北省保定市，位于北京、天津之翼，石家庄、保定之间，距石家庄、雄安新区均 70 千米，距北京 180 千米、天津 200 千米、黄骅港 165 千米、正定国际机场 38 千米，[①] 处于"京津冀一小时都市圈"内，自古就有"九州咽喉地，神京扼要区"之称，地理位置优越。市内有京广铁路、朔黄铁路、京港澳高速、石津高速等多条铁路公路干线横贯东西南北，已形成"三高三铁三国道五省道"[②] 的交通格局，交通较为便利。当前，在京津协同发展战略背景下，定州市将依托自身区位优势，着力打造"京廊保石轴线上重要节点城市""北上南下、东出西联的重要物流基地"，为今后汽车及零部件产业的长远发展提供良好的交通条件。

（2）政策优势。定州市坚持"汽车立市"，主动融入"京津冀协同发展""雄安新区建设"等战略，立足汽车及零部件特色产业，在产业链、绿色发展、创新发展等方面给予汽车企业政策支持与帮扶，先后出台《定州市加快推进汽车产业发展实施方案的通知》《定州市特色产业振兴计划（2019—2022 年）》《推进工业企业重点技改项目工作实施方案》等政策文件。在优化产业链条方面，开展产业链精准招商、以商招商，依托河北长安汽车公司，整合优势资源，吸引一批补链、延链、强链等项目落户定州。[③] 在产业创新方面，专门设立定州市汽车产业创新发展基金，实施产业倍增计划，全面提高企业的自主创新能力。此外，定州市还积极引导汽车企业入区进园、集聚发展，进一步做大做强汽车及零部件产业。

（3）产业基础优势。定州市汽车零部件产业依托央企——长安集团逐步发展壮大起来，产业基础雄厚。一方面，集群内拥有河北长安和保定长客两家整车制造企业，河北长安是河北省产销量最大的微车企业，保定长客是河北省谱系最全、产销量最大的新能源车企。两大龙头企业在定州的落户，又相继推动其他一批汽车零部件配套企业成长起来，如宏远机械、中邦公司等。此外，定州市濒临长城汽车保定生产基地，在其配套供应半径内，未来在汽车配套领域发展前景广阔。另一方面，零部件产业围绕整车制造集群化发展特征明显，整车配套明显。随着宏远机械、河北海特等零部件配套企业的快

---

① 定州概况［EB/OL］. 定州市人民政府，http：//www. dzs. gov. cn/col/1598682388236/2020/08/29/15986824 12463. html.

② "三高三铁三国道五省道"：京港澳高速、曲港高速、石津高速，朔黄铁路、京广铁路、京广高铁，107 国道、515 国道、337 国道，省道 S113、省道 S234、省道 S238、省道 S331、省道 S332。

③ 延伸产业链条扩大生产规模 做大做强汽车及零部件特色产业集群［EB/OL］. 定州融媒，https：//mp. weixin. qq. com/s/_qnl4iRyG1aXI2GMFJOY_Q.

速发展，定州汽车及零部件的产业链条逐渐形成，以两大整车制造企业为核心，相关配套企业集聚发展。同时，定州市配套企业积极向外延伸，成功为北汽集团、中国重汽提供配套产品。由此可见，定州市汽车及零部件产业集群具备坚实的产业基础，未来发展可期。

2. 劣势分析

制约定州汽车及零部件产业集群发展的瓶颈因素主要体现在以下三个方面：

（1）企业创新研发能力偏弱。定州市经济开发区内虽汇聚了一批整车制造及零部件配套企业，但大多数企业尚不具备技术研发部门和自主研发能力，创新能力不足。河北长安和保定长客这两大整车企业依托于长安集团，在产品研发和创新等方面有一定的优势。而那些后发展起来的零部件企业，由于发展规模较小、资金链较短、承受风险能力较弱，因而在产品开发和创新能力建设上资金投入不足，无法与整车制造企业同步产品设计和技术，存在一定的滞后性，进而影响了整个产业的创新发展。

（2）产业链处于低端，产品附加值低。定州市汽车及零部件产业的产业链尚处在中低端，这主要体现在产品的技术含量较低，以中低端产品为主，高端产品占市场份额较小。虽然目前定州市拥有一定数量的汽车及零部件企业，但从产业链环节来看，尚缺乏汽车关键零部件企业，尤其是成型关键零部件生产企业，产品技术含量较低，多占据中低端市场。此外，在零部件企业布局上，与邻近的保定徐水区相比，定州的零部件配套企业距离长城汽车整车工厂较远，不方便与中间供应商联系。

（3）龙头企业竞争力还需提升。定州市现拥有河北长安和保定长客两家大型整车制造龙头企业，产品种类丰富，但产品附加值普遍偏低，主要以商用车和交叉型乘用车（微车）为主，虽有轿车、SUV车型，但相比国内同种车型的整车生产企业，产品竞争力不强。而且这两家整车企业的核心零部件及原材料采购、主要销售市场都在定州市以外，这就难以对定州本地的汽车零部件企业形成良好的带动作用，产业带动有限。

3. 机遇分析

经济社会环境中蕴含着各种有利于产业发展的条件，正是因为充分把握发展机会，定州市汽车及零部件产业才得以乘势而上，迅速发展。

（1）国家战略为定州市汽车及零部件产业发展带来重要历史机遇。定州市作为京津冀新型节点城市，紧抓京津冀协同发展、雄安新区建设、河北省直管改革三大战略机遇。在京津冀协同发展战略背景下，定州市当前正围绕疏解非首都核心功能、平台建设等方面展开，作为省直管市，在承接产业转移、开展国家和省级试点改革等方面占有一定优势；同时，雄安新区建设如火如荼，重点建设任务中涉及汽车、能源、交通等领域，这其中必将引进一批重点项目，特别是汽车企业向雄安集聚，在雄安设立集团总部、建立科技创新中心等，这可能会加快定州承接汽车制造产业转移的步伐，为定州汽车及零部件产业发展带来难得机遇。

(2)河北汽车市场发展向好为定州市汽车及零部件产业发展奠定基础。近年来，河北省汽车市场发展势头强劲，2020年销量突破100万辆，在全国31个省份(不含港澳台地区)中位居第六，汽车整车产业全国排名第九。其中涌现了长城汽车、石家庄中博、沧州明珠等国内同类产品的龙头企业，形成了保定长城汽车、定兴汽车等11个汽车产业集群,① 对河北省经济贡献明显。定州市作为京津冀重要节点城市，汽车工业是其主导产业之一，可以依托区位优势及河北汽车市场良好前景，向外延伸市场，辐射京津冀及华北、东北的广阔市场。

4. 挑战分析

定州汽车及零部件产业集群虽具备一定发展优势，但也面临很大的挑战与竞争。与发达区域相比，定州市汽车及零部件产业的优势只是相对优势，定州市一定要深刻认识当前产业发展形势，积极迎接挑战，将汽车及零部件产业进一步打造成为支撑地方经济发展的支柱产业。

(1)外贸汽车零部件企业对定州本土企业不利。近些年，伴随我国汽车产业的发展壮大，一些外资汽车零部件企业相继在中国开拓市场，在中国建立分公司、生产工厂等。无论在产品开发、技术实力还是营销经验上，这些跨国公司都处于世界领先水平，这无疑对中国本土汽车零部件企业带来不利影响。定州汽车零部件企业以自主企业为主，主要为保定长客和河北长安服务，在产品研发、设计、创新等方面处于劣势地位。在外资汽车企业的冲击下，定州本土汽车零部件企业发展较为艰难。

(2)各地特别是省内汽车企业竞争激烈。河北省汽车产业在繁荣发展的同时，也存在着企业竞争激烈等问题。河北省内有多家汽车企业，主要集中在保定、沧州等地。汽车产业已成为保定的支柱产业，而且长城汽车总部就设在保定市，近年来长城汽车也积极向周边区域延伸，布局汽车零部件及相关配套产业。然而对于定州来说，这将不可避免地与保定、石家庄、沧州等地开展竞争，定州汽车产业要想避免产品同质化竞争，立足产业长远发展，就

---

① 河北省汽车产业链集群化发展三年行动计划（2020—2022年）［EB/OL］. 河北省工信厅, http://gxt.hebei.gov.cn/hbgyhxxht/xwzx32/tzgg83/675040/index.html.

必须坚持产品差异化策略，积极进行产品工业设计，培育定州汽车产业的特色与竞争力。

◆ 第四节 ▶

京津冀中场配套产业集群高质量发展路径

中场配套产业集群作为京津冀在"十四五"期间着力打造的产业集群，应遵循各产业发展重点，坚持以"盯紧龙头、协作配套"为主要目标，做精做深中场配套产业，向专业化、精益化、融合化方向迈进。

一、走创新发展之路

创新是制造业发展的动力源泉，也是京津冀中场配套产业实现可持续发展的必要途径。因此，要不断提升区域科技研发能力，攻关关键技术和核心技术，同时加快搭建技术研发平台，提升产业创新研发能力，助力京津冀中场配套产业走创新发展之路。

（一）加强核心技术精准攻关

目前，京津冀中场配套产业集群中的轴承、管道管件、标准件等产业仍存在技术上的"卡脖子"难题，亟须解决。如今，随着新一代信息技术、智能制造装备、智能互联网汽车的迅猛发展，京津冀未来要把握当下机遇，聚焦汽车零部件、标准件、轴承、再制造等重点产业，以产业链推进创新链建设，开展关键核心技术、共性技术和前沿技术的攻关，同时实施重大科技专项行动，加快关键零部件的科技成果转换。此外，充分发挥重点领域龙头企业的引领作用，鼓励其与国内外高校、科研院所、产业链上下游企业合作，推进产学研结合，共同攻关一批技术难题，填补国内空白。如在管道管件领域，未来要着力突破大口径感应加热弯管和三通生产工艺技术、高强度管线钢的重大工艺等关键技术工艺。[①]

---

① 背景材料2：六大产业分类发展重点集群背景资料，河北省工业和信息化厅，2021。

（二）加快建设技术研发创新平台

产业的创新发展离不开创新平台这一大载体。目前，与国内中场配套产业大省安徽、浙江相比，京津冀中场配套领域的技术创新平台数量相对较少。未来，重点围绕铸造、管道管件、丝网、轴承等产业，一是实施企业梯度培育行动，加强企业研发投入，培育一批科技型领军企业、高新技术型企业，支持建设企业创新中心、产业技术研究院、重点实验室、技术创新等科技创新平台，如加快布局建设孟村国家级管道装备检测中心、河间电线电缆产业技术中心、安平丝网国家级重点实验室等；二是依托国内高等院校、科研机构，联合各产业领域的龙头骨干企业，共同组建产业技术联盟，加强科研技术的攻关，提高企业的自主创新能力，如盐山联合清华大学、北京交通大学、北京科技大学及中国石油天然气管道局设计院共建"盐山管道装备技术自主创新研究中心"，不断完善产业创新体系。

二、走产业品质提升之路

目前，京津冀丝网、轴承、管道管件等产业在发展过程中，产品大多以中低端为主，产品附加值较低，难以占据高端市场。因而，京津冀今后发展中场配套产业应注重产品质量，推动产品高端化升级。同时，要增强品牌意识，打造国际知名品牌，提升京津冀中场配套产业的竞争力和知名度。

（一）强化产品质量

首先，聚焦丝网、再制造、汽车及零部件、轴承、标准件等重点领域，加快"补链、延链、强链"步伐，植入工业设计，开展柔性化定制服务，推广无损检测、机器视觉等先进检验检测技术，提升产品检验检测精度和效率，从而提升产品质量。其次，鼓励产业链链主企业、行业龙头企业与高等院校、科研机构开展产学研合作，以高端化、智能化、精益化为方向，加快推进高端产品的研发生产。如安平丝网产业集群今后重点开发应用于室内装饰、化工机械、制药设备等领域的高端丝网产品；永年标准件产业集群今后重点开发高端紧固件、高端电力装备等高附加值产品。

（二）开展品牌建设行动

品牌是特色产业发展具有代表性和象征性的名片，在一定程度上影响特色产业的发展。京津冀中场配套产业集群虽然形成了一批区域品牌、知名商标、国家级和省级优质产品，但品牌的国内外影响力较为缺乏。因而，在未来发展过程中，要重点加强品牌培育，开展品牌建设行动。依托产业园区、产业集聚区等载体，以丝网、管道管件、轴承、再制造等特色产业为突破口，注重产品品牌设计，鼓励行业龙头企业、单项冠军企业、高新技术企业争创国家级、省级知名品牌及各级政府质量奖等，进一步扩大永年·中国标准件之都、泊头·中国铸造名城、安平·中国丝网之都等这些区域品牌的影响力。同时，紧跟时代潮流，迎合市场需要，充分运用跨境电商、展览会等重要平台，积极进行产品推介活动，精准开展产业营销。

三、走绿色发展之路

京津冀中场配套产业集群中多以制造业为主，如铸造、管道管件、标准件等高耗能、高污染产业，不可避免地会对生态环境造成一定破坏。为此，京津冀中场配套产业集群在今后发展过程中，要围绕绿色产品、绿色园区、绿色工厂和绿色供应链，推广绿色低碳制造模式。同时，对产业园区内存在"散乱污"的企业要进行关注，通过采取必要措施，提升园区治理水平，改善园区企业发展质量。

（一）推广绿色低碳制造模式

首先，鼓励支持铸造、轴承、标准件等领域的企业在产品开发阶段提前考虑产品原材料的资源消耗情况、是否会对环境造成影响，并且提倡企业引进先进装备，发展绿色和数字化生产线，建设绿色和数字化工厂，把对环境的破坏降到最低，实现资源的可持续利用。其次，促进"两化"融合，强化数字化赋能。在中场配套领域，引导并鼓励企业采用5G、大数据、人工智能等先进技术，着力打造云制造服务平台，推进生产制造、研发、销售服务等环节"上云入云"，对生产全过程进行动态化监测，推进绿色低碳与数字化深度融合。

（二）实施园区整治提升行动

目前，园区是各类特色产业发展的载体，要充分利用园区优势，推进各类产业转型升级和高质量发展。如今，京津冀中场配套领域虽形成了一批产业园区，如河间京津冀再制造产业园、临西轴承工业园区、定州长安汽车工业园区等，但各园区尚存在一批高耗能、高污染的"散乱污"企业，园区治理水平亟须提升。因此，中场配套产业集群未来发展应以各园区为载体，聚焦汽车零配件、轴承、铸造、再制造等重点产业领域，按照"重点发展一批、改造提升一批、清理退出一批"的原则，对园区内的"散乱污"企业开展无证无照经营检查、落后产能淘汰、污染防治等综合整治工作，推进园区建立清洁、高效、低碳循环、可持续发展的绿色制造体系。此外，在开展园区整治工作的同时，引导并鼓励一批高标准、高质量企业入园进园，提升园区水平。

第九章
Chapter 9

京津冀现代装备产业集群
高质量发展分析

　　制造业是我国国民经济的重要支柱产业，2010 年我国制造业产值超过美国，位居世界第一，并连续 11 年蝉联，成为全球范围内的制造大国。制造业为现代工业社会提供了先进装备和物质基础，在实现经济高质量发展、构建新发展格局的过程中占据重要地位。我国的制造业一般来说可分为两大类，分别为装备制造业和消费品制造业。其中，装备制造业是工业制造业的核心，承担着为各经济部门提供设备、带动相关产业发展的重大任务，是支撑我国工业发展的重要基石。京津冀区域是我国装备制造产业发展潜力最大、产业规模最强的区域之一，完善京津冀装备制造发展格局，关乎国民经济的发展和国家综合实力的提升。

◀ 第一节 ▶
京津冀现代装备产业集群发展概述

　　"装备制造业"这个概念可以说由我国独创，世界上其他国家包括国际组织在此之前没有提到过，它最先在 1998 年我国的中央经济工作会议上被提出，会议明确表示要注重装备制造业的重要性，并提出了发展装备制造业的战略方针。装备制造业又称装备工业，是为国民经济不同部门进行生产和再生产以保障国家安全而提供各种生产技术装备的各类制造业的总称，因此，可将装备制造业看作生产生产资料的行业。

一、现代装备产业集群的范围界定

关于装备制造业的范围界定，学术界尚没有形成一致的结论，一般按照国民经济行业分类标准对该行业产品范围进行划分，并将其分属为七类行业，如表9-1所示，包含细分行业的186个小类①。

表9-1 装备制造业分类

类别	定义
金属制品业	包括各类结构性金属制品制造、不锈钢产品制造、金属工具制造、金属包装容器制造以及日用金属制品制造
通用设备制造业	可分为9类机械工业，包括锅炉及原动机制造、金属加工机械制造、起重运输设备制造、类似机械品制造、传动设备制造、熔炉及电路制造、通用零部件制造及维修等
专用设备制造业	主要制造用于特殊用途的设备，包含9种机械工业，具体涉及建筑类产品、印刷类产品、化工冶金类产品、日用化工专用设备等的制造
汽车制造业与铁路、船舶、航空航天和其他运输设备制造业	涉及汽车整车制造、汽车零件加工、铁路及城市轨道制造、船舶运输设备制造、航空航天设备及相关零件生产制造以及其他运输设备制造
电气机械和器材制造业	主要包括发电机、电动机及微电机等电机以及相关领域零件制造，变压器、电容器、配电开关、电子元器件等输配电及电路控制设备制造，以及光纤光缆、电线电缆、电池、绝缘产品和各种电工器材的制造
计算机、通信和其他电子设备制造业	包括计算机制造、通信设备制造、电视广播设备制造、雷达及相关产品制造，以及视听设备、电子器件、电子元件和其他电子设备制造
仪器仪表制造业及文教办公用品制造业	包括汽车测试仪器、空调设备仪器、环境保护仪器等通用仪器设备制造，导航、气象及海洋专用仪器设备、地质勘测专用仪器设备、教学专用仪器设备等专用仪器仪表制造，钟表与计时仪器制造，显微镜等光学仪器以及各类眼镜制造，幻灯机、投影仪、复印机等文化办公用品制造

资料来源：按照《国民经济行业分类》整理。

现代装备制造业中的"现代"两字体现在技术在传统装备制造业的应用上。随着科技革命和产业革命的逐渐兴起以及市场需求逐渐向多样化、国际化的方向发展，传统装备制造业的制造技术以及制造模式已无法满足现代制造业发展需求。为提升产业竞争优势、促进国际产业转移，各国纷纷加大力度投资和研发面向装备制造业的先进制造技术，致力于技术与装备制造业的融合。

---

① 张冰. 减排视角下河北省装备制造业转型发展研究[D]. 燕山大学，2018.

先进制造技术包括机械工程技术、计算机及网络通信等电子信息技术、先进的现代管理技术、数字自动化技术以及材料制造技术等，这些技术交叉融合在产业链设计、制造、供销、物流、售后、回收的每一个环节，使装备制造业与高新技术成果结合，不断向数字化、智能化方向发展，实现从制造到智造的转变，"现代装备制造业"的概念由此产生。根据多数省份的划分经验，智能装备、农机装备、节能环保装备、新能源装备等特色产业都可归入现代装备产业的范围。

我国装备制造业发展势头强劲，并逐渐展现出了集群化特点。产业集群是指在地理上邻近、在产业上有竞合关系的关联性企业、专业化供应商、服务供应商、金融机构及其他机构集聚而成的空间经济组合形式。现代装备产业集群以具备一定规模的装备制造业核心企业为主导，包含上游零部件、机器设备及服务等专业供应商，下游服务型企业和客户，以及横向辅助产品、竞争性产品、其他配套产品制造企业等与装备制造业关系密切的各类企业。提供制度创新、机制设计以及扶持帮助的政府、高校、金融机构、中介机构等组成集群内的支撑性机构，加上生产性资源、外部环境等要素，共同构成了相互作用、相互联系的产业集群系统。装备制造业以现代装备产业集群作为发挥自身优势、克服自身劣势的平台，集群化发展有利于降低企业的生产成本、交换成本，实现最低成本生产，提高规模经济效益。此外，集群内各企业细化、优化产业链分工，并与高校及科研机构形成创新联盟，实现最短路径协作，推动现代装备产业集群实现创新发展。

二、现代装备产业集群的空间布局

京津冀现代装备产业集群主要分布在天津、邯郸、唐山、石家庄、沧州、邢台以及张家口等地。

京津冀中部区域的现代装备产业集群多集中在天津、石家庄。天津市北辰区形成了高端装备制造产业集群；石家庄市装备制造业在高新区、藁城区、鹿泉区、井陉矿区、平山县等县（区）内形成了以产业园区为基础的集群化发展模式。在元氏县装备制造业产业集群、栾城县装备制造产业集群基础上发展起来的石家庄装备制造基地是石家庄市五大基地之一，也是河北省省级产业聚集区。

京津冀南部区域的现代装备产业集群多集中在邯郸、邢台。装备制造业是邯郸市确定的主导产业之一，全市拥有多个特色产业集群，逐步形成了以白色家电、新能源汽车、节能环保设备、冶金矿山为主导产业的装备制造业产业体系，其中成安县装备制造产业集群年收入超 100 亿元，临漳县装备制造产业集群、魏县装备制造产业集群年收入均超 50 亿元。邢台市拥有任泽区邢家湾机械制造产业集群、襄都区装备制造产业集群等规模性产业集群，位于邢台市主城区东部的邢台经济技术开发区是发展特色装备产业的重要基地，该产业聚集区以冶金机械、应急救援、新能源装备为核心产业。截至 2021 年 3 月，开发区内已聚集 130 余家装备制造企业，年产值 70 多亿元①。

京津冀北部区域的现代装备产业集群多集中在唐山、张家口、承德、秦皇岛等地。唐山迁安市装备制造产业集群位于迁安现代装备制造业产业聚集区，是河北省 32 个重点发展的园区之一②；玉田县立足于与京津相邻的区位优势，承接京津产业转移，拥有以电子专用设备、汽车零部件、包装机械为核心的装备制造业产业集群，截至 2021 年 9 月，县内规模以上装备制造企业已达 25 家③；古冶区重点发展以新能源汽车、精密电子、环保设备为主导的高端装备制造产业集群，截至 2021 年 3 月，区内装备制造企业已达 23 家④。张家口市拥有宣化区装备制造产业集群、张北县新能源产业集群，其中，宣化区产业集群主要发展冰雪相关设备制造产业，旨在打造冰雪经济新的增长点。2020 年，宣化区共有 7 个冰雪产业相关项目投入运营，全年冰雪装备器材营收实现 5663 万元。截至 2021 年 11 月，宣化冰雪产业园已有 12 家企业入驻⑤；张北县拥有完整的新能源产业链，是河北省两大新能源产业集群之一，被列为河北省重点支持的县域特色产业集群。承德市高新技术产业开发区则拥有以仪器仪表、汽车零部件、新能源客车为主导的装备制造业产业集群，截至 2021 年 5 月，开发区内已有 17 家以上具有一定规模的装备制造业企业⑥。秦皇岛海港区的装备产业集群以节能环保设备、汽车零部件、新能源产业为主要发展产业，截至 2021 年 7 月，区内已有 22 家规模以上装备制造企业

① 河北邢台：打造装备制造产业集群 助力高质量发展［EB/OL］．河北新闻网，https：//mr. mbd. baidu. com/r/LUMc2GEFGg?f=cp&u=130c50df7aed8acb.
② 迁安现代装备制造业产业聚集区［EB/OL］．河北招商网，https：//hebei. zhaoshang. net/m/yuanqu/detail/3156.
③ 唐山玉田：打造装备制造产业集群［EB/OL］．长城网唐山频道，https：//ml. mbd. baidu. com/r/LUNKWziEFi?f=cp&u=4fefcf0410241cc3.
④ 河北古冶：打造装备制造产业集群 助推高质量发展［EB/OL］．新华社，http：//www. gov. cn/xinwen/2021-03/27/content_5596227. htm#1.
⑤ 宣化区 赋能城市美好 深耕冰雪经济［EB/OL］．河北省人民政府，http：//www. hebei. gov. cn/hebei/14462058/14471802/14471717/14471782/15096545/index. html.
⑥ 河北承德：打造装备制造产业集群 助推经济高质量发展［N/OL］．潇湘晨报，https：//mo. mbd. baidu. com/r/LUPkhMxS3m?f=cp&u=33a7088abd6e11ec.

入驻①。

京津冀东部区域的装备产业集群集中在沧州市。其中，东光县包装机械产业在东光镇、连镇两个区域形成了极具规模的产业集群，是全国最大的纸箱包装机械生产基地之一；泊头县泊头工业区拥有大规模的环保设备产业集群，是长江以北最大的环保设备生产基地之一。

三、现代装备产业集群的发展现状

改革开放以来，京津冀装备制造业不断发展，河北省是京津冀装备制造业发展的重点区域，其现代装备产业集群的形成经历了萌芽期、培育期及成长期三个阶段②。

（一）萌芽期（2006~2009 年）

萌芽期是指装备产业集群从无到有的阶段。2006 年，河北省装备制造业开始萌芽。到 2008 年，河北省装备制造产业已初具规模，规模以上企业共有 3006 家，占全国装备制造业企业数量的 2.42%，拥有 60 多万名行业职工，总资产达 2351 亿元，实现工业增加值 837 亿元，占全国装备制造业工业增加值的 1.45%，销售收入达到 3077 亿元③。即便受全球金融危机冲击，2008 年河北装备制造业仍保持了较高的增速，增长比例为 18.8%④；2009 年，河北省提出大力发展装备制造业，计划将装备制造业打造成为除钢铁产业外的第二大支柱产业，产业规模持续扩大，一年内实现增加值 1033.5 亿元，占同年河北省 GDP 总值的 6.07%，低于钢铁行业在 GDP 总值中的比例（12.46%）⑤，成为河北省第二大支柱产业。尽管河北省装备制造业在这一时期增长迅速，但仍存在很多问题。

1. 产业结构方面

这一时期，河北省装备制造业以基础类装备制造业为主，其中通用装备

---

① 秦皇岛打造装备制造产业集群　助推区域经济发展［EB/OL］. https：//mq. mbd. baidu. com/r/LUQcf4mxUY?f=cp&u＝6a1792463289dd7c.

② 刘大勇. 战略性新兴产业集群演进路径研究——以河南省为例［J］. 区域经济评论，2016（1）：89-94.

③ 倪立芹，张国平，高洪岩，陈彩霞. 河北装备制造业的现状和发展思路［J］. 北华航天工业学院学报，2009，19（6）：26-27+37.

④ 李涛. 纵向看成效明显　横向比差距尚存——"十一五"以来河北装备制造业发展状况分析［J］. 统计与管理，2012（3）：70-71.

⑤ 边继云. 河北省装备制造业竞争力提升路径研究［J］. 中国市场，2011（15）：66-67+90.

制造、电气机械类制造以及交通运输装备制造三大产业在 2008 年共产生了 150 亿元利润，在全国占据较大的市场份额，尤其电气机械装备制造业实现了较大份额的产业增加值①。但是基本类设备制造业之外的一些产业，如计算机整机制造、网络通信设备、电子产品等产业并没有优势，甚至还处于空白阶段。

2. 产业布局方面

从整体上来看，河北省装备制造业较为分散，大多数传统装备产业都分布在唐山市、石家庄市以及保定市等地，主要生产机车车辆、汽车、输变电设备以及矿山、纺织机械等，而电线电缆、通信设备等产业并不发达②，零散分布在其余的市、县区域内。

3. 产业聚集程度方面

虽然河北省建设了一批装备制造业的产业园区及基地，培养了一批具有优势的企业，但整体上来说，河北相关产业的集中程度并不高，无法形成规模经济，企业分工的专业化、细致化程度不足。在装备制造业的七类产业中，只有金属制品产业集群程度较大③，分工水平较高，形成了一定的竞争力，其余产业的集聚程度均有待提高。

4. 企业规模方面

这一阶段，河北的装备制造企业规模普遍较小，在已有的 3000 多家企业中，只有保定天威一家企业主营业务收入能够突破 100 亿元大关，能够达到 50 亿元的企业也只有长城汽车、天威英利和华洋线缆 3 家④，河北省境内并没有形成具有国际影响力的、能够起到带动引领作用的规模性龙头企业。

5. 技术创新方面

大多数装备制造企业的技术创新能力较低，企业技术研发经费投入低于全国平均水平，远落后于经济发达的东部区域。企业生产的产品大多属于低附加值、高成本的初级产品，高技术型产品生产较少，且相当部分产品的核心零件、核心技术在很大程度上依赖国外进口，企业创新意识薄弱，缺乏进行技术研发的积极性和主动性，装备制造业整体的科研能力远落后于国际先进水平。

（二）培育期（2010～2012 年）

培育期是指政府开始有计划地规划装备产业集群发展、培育产业集群雏

---

① ② 倪立芹，张国平，高洪岩，陈彩霞. 河北装备制造业的现状和发展思路[J]. 北华航天工业学院学报，2009，19(6)：26-27+37.

③ ④ 边继云. 河北省装备制造业竞争力提升路径研究[J]. 中国市场，2011(15)：66-67+90.

形的时期。2010~2012 年是河北省装备制造产业集群的培育期。2010 年，河北省装备制造业增长 26.7%，规模以上装备制造业企业 4312 家，主营业务收入首次突破 5000 亿元大关，达 5632.9 亿元，占河北省工业企业主营业务总收入的 17.8%①。2011 年仍保持较快的发展速度，到 2012 年，河北省装备制造企业数量占全省工业行业企业的 1/3，一年内贡献了近 2000 亿元的工业增加值，占同年工业总增加值的 18.9%②。具体发展情况如下：

1. 产业聚集程度方面

这期间，河北省装备制造业集群化水平不断提高，产业集群已经逐步发展起来，各地陆续形成了初具规模的装备制造产业集群。全省逐渐建设发展起来多家大型产业园区，如唐山市建立起省级现代装备产业园区、曹妃甸工业产业园区、迁西产业园区、迁安产业园区以及开平产业园区等，并以大型产业园区为依托将同类装备制造企业聚集起来，形成了近 15 个装备产业集群；沧州盐山建立起以管道制造业为核心的装备制造业基地，集群内拥有完善的装备制造业配套体系，该产业集群也被选入中国县域特色产业集群 100 强③。但是，河北省这一时期的装备制造产业集群规模普遍较小，对区域经济发展的带动作用不明显，全省装备制造产业集群以及规模以上产业园区的数量与发达省份相比仍存在差距，装备制造业集群化水平仍需进一步提高。

2. 产业布局方面

河北省装备制造业布局集中程度大幅提高，分布在唐山市、沧州市、石家庄市以及保定市的装备制造企业占据全省装备企业总量的 60% 以上，尤其保定市和沧州市产业聚集程度远超其他市，装备制造业已发展成为两市的主导产业，每年对全市工业的主营业务收入贡献率分别达到 43.7% 和 32.9%④。

3. 产业结构方面

这一时期，河北省主导装备制造业仍以传统产业为主，主要生产基础类产品，如电器机械制造业、金属制品业、专用机械制造业、交通装备制造业以及通用设备制造业等，尤其通用装备制造业中的金属锻造及零部件修理制造业对整个通用装备制造业的行业增加值贡献率占到了 60.5%⑤。其他技术密集型产业发展较为缓慢，电子通信设备制造业、仪器仪表制造业、办公器械、轨道设备、环保设备以及能源产业等高技术产业虽然也开发了一批新产品，

①　刘冬. 河北省装备制造业产业链升级模式研究[D]. 燕山大学，2013.

②　马瑞琳. 河北省装备制造业集聚发展研究[J]. 商，2013(19)：296.

③　李占平，王辉. 新形势下河北省装备制造业发展对策研究[J]. 统计与管理，2011(3)：71-72.

④⑤　李涛. 纵向看成效明显　横向比差距尚存——"十一五"以来河北装备制造业发展状况分析[J]. 统计与管理，2012(3)：70-71.

但整体来看，这些新兴产业的竞争力并不强，产业增加值在河北省装备制造业中排名靠后。

4. 企业规模方面

多数企业年销售额可达到 500 万元，2011 年收入超 2000 万元的企业有 3390 家，企业规模整体来看有所扩大，并形成了保定天威、长城汽车、河北长安、唐山轨道客车、中钢邢机等一批骨干企业[1]。但河北装备产业集群的骨干企业数量并不算多，且没有形成发展优势，难以带动其他装备制造业发展，龙头企业仍需继续做大做强。

5. 技术创新方面

这段时期，河北装备制造业在技术研发投入方面有所增加，部分地市如唐山市的企业创新能力得到了很大的提高。唐山市建设了 34 个企业技术中心，其中有 1 个国家级、22 个省级[2]。但河北省装备制造业的整体创新水平仍然不高，由于缺乏自主创新能力，研发投入的增加并没有带来很多创新产品的产出，核心技术、核心零件缺少自主知识产权，产品生产仍以技术含量低的低端产品为主，高技术产品、高附加值产品较少，产业链处于价值链低端，装备制造业整体层次较低。

（三）成长期（2012~2020 年）

成长期是装备产业集群不断壮大规模、完善集群功能并快速发展的时期。2012~2020 年是河北装备产业集群的成长阶段。这期间，河北省以高质量发展为目标，不断增强细分行业供给能力、完善产业体系、优化营商环境，实现了装备制造产业集群的快速发展，2020 年装备制造业实现 1213 亿元的主营业务收入，占到河北省县域特色产业集群主营业务总收入的 5.2%。

1. 产业集群方面

这期间，尤其是"十三五"时期，河北省建设发展了多个国家级、省级产业园区，装备制造业依托制造基地具有了大规模制造基本盘优势，吸引重点项目以及产业链上下游企业包括原材料厂商、生产厂商、装备制造厂商、经销厂商以及售后服务商不断集聚，装备制造企业集群化水平不断提高。全省 280 个特色产业集群中，现代装备产业集群数量达 22 个，其中 7 个为河北省重点装备制造产业集群，部分集群已经形成了明显的产品优势。例如，沧州

---

① 李涛. 纵向看成效明显 横向比差距尚存——"十一五"以来河北装备制造业发展状况分析[J]. 统计与管理，2012(3)：70-71.

② 李占平，王辉. 新形势下河北省装备制造业发展对策研究[J]. 统计与管理，2011(3)：71-72.

东光纸箱包装机械产业集群国内市场占有率超过 65%，出口 126 个国家和地区；盐山县管道装备制造产业集群国内市场占有率达 40%，其中高压特种管件的市场占有率在 50% 以上。

2. 产业结构方面

河北省装备制造业产业结构持续优化，高端装备制造业成为发展重点，智能装备、农机装备、节能环保装备、新能源装备等先进装备产业在细分市场和特定区域形成了较强的竞争力，轨道交通装备制造业、新能源汽车制造业、航空装备制造业以及工业机器人等先进装备制造产业集群快速发展。此外对高端装备业的投资力度也大幅度增强，2020 年智能装备制造重点建设项目达 16 个，共计投资 18.4 亿美元，环保、节能及能源装备类产业重点项目有 7 个，共计投资 39 亿美元。

3. 技术创新方面

河北现代装备产业集群发展以创新驱动为原则，不断提高技术创新投入水平，科技型企业以及研发机构数量明显增加，创新效率大幅提升，新专利申请数屡创新高，技术型新产品投入使用。省级工程实验室建设超过 44 个，其中有 5 个达到了国家级别；省级企业科研中心、工程技术研发机构超过 200 个，其中 15 个是国家级别的科研中心①。此外，河北省装备制造产业集群注重数字化、智能化水平的提升，加速突破利用数字技术、信息技术，对传统装备制造业实施"互联网+协同制造"模式，推动传统产业向自动化、精细化、智慧化的方向转型升级。例如，石家庄装备制造业在近几年先后创立了 86 个市级以上创新平台，科林电气等 17 家企业已经将生产车间打造为省级数字化车间②，并在多项关键技术上取得了突破。

4. 产业布局方面

河北省装备制造产业集群分布范围较广，邯郸市、石家庄市、张家口市、秦皇岛市以及唐山市都将装备制造作为主导产业之一，并培育发展了多个高质量装备制造业产业集群。其中，石家庄市高端装备制造产业集群发展已形成优势，目前致力于打造千亿级装备产业集群；保定市、沧州市以及邢台市的装备产业集群竞争力强劲，其中沧州市泊头县环保装备产业集群、邢台新能源产业集群已形成完善的产业体系。

5. 企业规模方面

2019 年，河北省装备制造业上市企业数量相比 2012 年增加了 6 家，企业

① 张冰. 减排视角下河北省装备制造业转型发展研究 [D]. 燕山大学，2018.

② 打造千亿级产业集群！石家庄加快现代装备制造业高质量发展 [EB/OL]. 石家庄发布，https：//baijiahao.baidu.com/s?id=1716639249051831729.

数量增幅达 50%；企业总资产平均量（当年资产数量总额除以企业数量）呈跨越式递增，2019 年河北省装备制造业总资产平均量相比 2012 年增长了 130.9%，体现出河北省装备制造业企业规模强劲的增长势头①。龙头企业不断发展壮大，围绕骨干企业、重点优势产业形成的产业集群分工专业、细致，很多装备产业集群已经形成了颇具影响力的产品品牌。

四、现代装备产业集群发展存在的问题

几十年来，京津冀现代装备产业蓬勃发展，但要想形成真正意义上的具有竞争力的产业集群，仍面临以下几个需要解决的问题：

（一）产业集群创新能力有待提高

装备制造业是一个对技术水平要求较高的产业，产业之间具有很强的技术关联性和技术衔接性。虽然河北省现代装备产业集群已经形成了一定规模，技术研发投入产出水平也有所提升，但多数集群仍存在技术创新能力不强的问题，部分关键技术以及高端装备仍然依靠进口。具体体现在以下几个方面：

1. 企业自主创新能力薄弱

企业是技术创新的主体，但目前很多装备制造企业缺乏自主创新意识，不能积极主动地对产品以及产品生产方式、营销模式等进行创新，企业创新能力差，技术投入水平不高，企业研发机构的建设力度不够大，产品同质化严重，技术含量低，很多企业在科技创新方面并没有发挥出主体作用。

2. 创新平台建设不够完善

河北省已经形成了初具规模的装备制造产业集群，但多数集群内部缺少技术研发中心等创新平台或创新服务平台。部分已经建立创新平台的装备产业集群由于建设不完善，面临创新产出效率低、技术研发能力弱的问题，缺乏有效的科研产出。此外，以企业为主体的装备制造产业集群创新体系并不完善，企业与高校、科研机构等联系不紧密，产学研联盟创新体系并没有产生预期效应，不利于知识、技术的传播和扩散，不能有效地将创新资源转化为新产品、新成果。

3. 创新型人才短缺

河北省在经济发展水平、基础设施建设、社会制度、文化等方面落后于北京、天津，导致京津区域在人才方面产生的虹吸现象十分严重。此外，河

---

① 黄菲. 京津冀装备制造业技术创新对经济绩效的影响研究［D］. 河北大学，2021.

北省人才引进政策力度不够，难以吸引技术型、管理型人才，部分产业集群例如东光县包装机械产业集群甚至面临人才外流的问题。由于缺少一流的高等院校，河北省在人才培养方面也落后于京津两地，后备人才供给不足，难以为现代装备产业集群高质量发展提供人才保障。

（二）产品深度不够，产业链有待升级

京津冀装备产业发展已经具备了一定的规模，形成了完善的产业制造体系，产品门类比较齐全，但仍存在生产数量大但生产质量低的问题。

1. 产品品牌意识不强

河北省很大一部分装备制造企业生产时只注重制造，不注重产品的设计和产品质量的提升，缺乏品牌意识，产品的品牌营销力度远远不够。部分装备产业集群虽然已经形成了特有的品牌优势，但品牌影响力不大，品牌知名度较低，只有少数品牌入选"中国驰名商标"。例如，东光县的包装产业集群建立起来的产品品牌曾在 2016 年区域品牌价值评价榜具有高达 41 亿元的品牌价值，东光县也因此被评为"全国区域品牌价值百强县"，但是仍然需要在国际上提高知名度，品牌建设仍需进一步加强。

2. 产业层次偏低

在众多装备制造产业细分产业中，金属制品业、通用设备制造业是河北省产值较高的产业，电气机械制造业、通用装备制造业次之。但这些产业生产的产品多以中、低端为主，产品技术含量偏低，深加工产品、最终消费品、高技术型产品所占比重不高，一些高附加值产品的生产仍属于空白领域，产业集群内缺乏具有竞争力的核心产品。例如，魏县装备制造产业集群就存在产品初级、低质、趋同等问题，且集群内产业结构以传统产业结构为主，战略性新兴产业比重不足，无法占据高端市场。

3. 产业链发展水平低

不少装备制造产业集群的产业链建设水平仍有待提高。例如，唐山滦州市装备制造产业集群就存在集群内部产业链短的问题。产业链短会大大削弱上下游企业之间的协同性，导致企业间难以实现优势互补，集群发展没有完善的配套产业提供支撑，资源利用效率难以保持在较高水平，这对装备制造产业集群的发展不利。

（三）数字化水平较低

现阶段，河北省大多数装备产业集群仍处于数字化转型阶段。数字技术装备及基础设施是实现数字化的基础，但目前集群内部技术设备较为落后，

数字化平台处于建设初期，加上集群内企业自主创新能力较弱，技术研发不足、成果应用较少，集群数字化、智能化转型十分缓慢。此外，政府对数字化转型的政策支持力度不够，激励机制、扶持机制还不够完善，龙头企业对于数字化、智能化改造并不积极，产业内部数字化系统应用程度低，企业员工缺乏数字化技能培训，对产业集群数字化发展造成阻碍。

(四)环境污染严重

装备制造业是实现国民经济发展的支柱性产业。然而，装备制造业的发展往往意味着能源的大量消耗以及环境的污染，河北装备制造业的发展也不例外，特别是"十二五"时期，河北装备制造业在取得较快发展的同时也造成了大量的能源消耗，对环境造成的污染也十分严重。近年来，河北虽然通过倒逼装备制造业转型升级实现了单位GDP能耗的降低，但距离实现产业集群的可持续发展仍存在差距①。一方面，政府对于装备制造企业降低能耗、减少污染、实现绿色化转型缺乏政策上的激励与支持，缺少利益诱导机制，对于积极开展节能减排工作的企业没有出台相应的政策予以奖励。另一方面，河北省装备制造产业集群内大多数企业的社会责任感不强，生态环境保护意识十分薄弱，缺乏调整产业结构、治理环境污染的积极性和主动性。此外，河北省现代装备产业集群污染治理水平不高，大多数企业对于装备制造产业生产过程中产生的各种废弃物只能进行简单的处理，不具备复杂的安全处置技术，难以实现对污染物的再加工和再利用，一些关键的清洁技术仍依靠国外进口。

◀ 第二节 ▶
京津冀现代装备产业集群发展重点

京津冀现代装备产业集群的发展方向是以提升装备产品质量为基础，大力提升装备产业集群的数字化、智能化、高端化水平，这需要做优一批重点装备产业，实现一批京津冀特色产业装备本地研发和产业化，建设一批具有国际竞争力和国际影响力的百亿级先进装备产业集群。具体来讲，京津冀应大力发展以下几种装备产业(见表9-2)。

---

① 杨楠. 河北省装备制造业生态产业链构建及稳定性研究[D]. 华北理工大学, 2019.

表 9-2　京津冀现代装备产业集群发展重点

产业	主要产品	主要区域
智能装备	专用仪器仪表、导航、测绘、气象及海洋专用仪器，高档和专用数控产品，矿山装备，智能电网装备，立体停车装备等	北京、天津、唐山、沧州等地
农机装备	播种机、收获机械、大马力拖拉机、割草机、捡拾压捆机、青饲料切碎机、饲料压粒机、茎秆调制机等	邯郸、邢台等地
节能环保装备	脱硫设备、污水处理成套设备、水污染防治设备、固废处理设备、海洋环保设备	沧州等地
新能源装备	风电总装、塔筒、叶片等风电装备，光伏产品，氢能源装备等	北京、天津、沧州等地

资料来源：根据《河北省特色产业发展"十四五"规划》整理。

一、智能装备

高端装备制造业是一种战略性新兴产业，对装备制造业的发展具有极大的带动作用，是提高产业创新水平、实现产业高质量发展的重要抓手。高端装备制造业由智能装备产业、卫星应用产业、轨道交通装备产业、航空产业以及海洋装备产业共同构成。其中，智能装备产业是将物联网等信息技术以及先进的制造技术深度融入制造过程的产业，可对软件制造、硬件制造及其制造水平实施全方位、全过程的感知、检测、控制、执行和服务。智能装备产业可满足市场对高精密度、高品质产品的需求，并为其他产业的发展提供高端智能装备，推动各类产业数字化转型进程。京津冀智能装备产业面临着良好的发展机遇：一方面，三地陆续出台了各项政策支持智能装备产业的发展，提出"要大力发展装备制造业，尤其要发展高端智能装备"。另一方面，在地方政府各项政策的扶持下，京津冀智能装备产业加强技术创新、不断突破技术瓶颈，机器人、数控机床等逐渐发展为核心产业，智能仪表、医疗器械等智能装备产业发展势头良好。京津冀区域当前要重点建设先进装备制造基地，重点建设高档专用数控产品、矿山装备、智能电网装备、立体停车装备、航空装备、纸盒纸袋机、瓦楞纸箱、捆扎机、打标机等智能装备领域，提高装备的开放性和联网管理性能，加快推动装备制造产业数字化、智能化转型。

京津冀区域对智能装备产业的发展建设可依托已有的规模性产业集群，如天津北辰高端装备制造产业集群、唐山迁安装备制造产业集群、唐山滦州市装备制造产业集群以及沧州东光县包装机械产业集群等。迁安装备制造产业集群已形成良好的发展优势，集群内龙头企业不断发展壮大，并对周围产业产生了极强的带动作用，形成了极具竞争力的产品品牌，一些专用装备的制造可依托该产业集群实现良好的发展。唐山滦州市装备制造产业集群拥有京津区域性汽车商贸物流中心、信息中心等先进的创新服务平台，依托该产业集群可实现工程机械装备、汽车装配、矿山装备以及智能电网装备等重型智能装备的生产。沧州东光县包装机械产业集群从 20 世纪 70 年代初开始建设，已经聚集了 1000 多家包装机械类企业，是全国范围内规模最大、产品市场范围最广、产品种类最丰富、产品性价比最高的包装装备产业集群之一，东光县因此也成为全国最大的纸箱包装机械生产基地之一，被称为"中国纸箱包装机械之乡""中国包装名县"，要依托东光县包装机械产业集群，继续发展包装机械装备，将产品品牌推广到全球市场。

二、农机装备

农业发展机械化是实现农业农村现代化、助力乡村振兴的重要抓手和关键支撑。随着农业生产技术水平不断提高，京津冀农业生产逐渐向机械化方向发展，智能农机从农业生产的部分环节发展到几乎全产业链条，农业发展对农机的需求从非刚需转变成刚需。京津冀区域认真贯彻落实《国务院关于加快农业机械化和农机装备产业转型升级的指导意见》，结合区域农业机械化程度，对农机装备的发展做出了重要规划。在技术创新方面，要充分注重农机装备产业的科技创新能力，一方面，要加强高端农业装备及关键核心零部件的研发生产，加强农机产品品牌建设，加大产品营销力度，打造具有全国影响力的产业品牌。另一方面，要在产业技术薄弱的领域实现突破，重点研发智能农机作业信息感知、决策智控等关键核心技术。河北省是京津冀区域的粮食主产区，在机械化程度提升方面，河北省提出要在 2025 年将农作物耕种领域的农业机械化程度提高到 88% 以上，将水产、畜牧养殖以及农产品加工领域的机械化水平提升到 55% 以上①。要实现以上目标，需要对现有农机产业结构进行优化。一方面，要提升已有农机产品的竞争力，重点发展播种机、收获机械、大马力拖拉机、割草机、捡拾压捆机、青饲料切碎机、饲料压粒机、茎秆调制机等"耕种管收运贮"先进农机装备，将现有优势企业向"专精特新"的方向打造，培养一批行业内的领军企业。另一方面，要加快农机装备产

---

① 河北省人民政府关于加快推进农业机械化和农机装备产业转型升级的实施意见[EB/OL]. http://www.njhs.moa.gov.cn/gdxw/201909/t20190919_6328304.htm.

业向绿色化、智能化方向发展，依托区域创新体系，加强产学研合作，共同攻关核心技术，开发高端农机装备。

农机装备产业可依托农机装备产业集群来实现优化调整，打造智能装备、精益制造、精细作业的农机制造产业链条，促进农业机械化水平的提升。例如，邯郸市临漳县处于京津冀协同发展和中原经济区两大国家级战略的交汇处，具有独特的区位优势和发达的交通设施。近年来，临漳县投入建设了昊瑞农机产业园等项目，逐渐形成了初具规模的农机装备产业集群，在农业机械、无人机制造等领域建设了若干制造业创新中心，重点发展农机整机装备等产业。邯郸市魏县具有与临漳县相同的区位条件，以县城东部的魏县经济开发区为依托，建设发展了以河北宗申戈梅利农业机械制造有限公司为龙头的装备产业集群，将农业机械产业作为当地的主导产业。邢台市邢台县装备制造产业集群占地两千余亩，具有完善的基础设施和良好的发展环境，集群内逐渐发展形成了以邢台一拖、锦禾农机为代表的骨干企业，在农机装备领域形成了良好的产业优势。依托各大产业集群可提升农机装备产业生产效率、提高装备质量、降低生产成本，因此，要把握好集群发展优势，加快智能农机装备高质量发展。

三、节能环保装备

随着科技的发展和产业的变革，绿色化、智能化成为制造业优化的主要方向。从国际层面来看，美国等发达国家把绿色制造作为提升产业体系竞争力的关键抓手，并出台相关政策、采取相应措施，以抢占未来在绿色发展领域的制高点。从国内层面来看，现阶段，我国处于工业化、城镇化后期，产业结构仍以传统产业为主，高新技术产业所占比重不高；能源的消费仍以煤炭为主，能源使用效率偏低的现象没有得到根本性解决，一些区域仍存在严重的环境污染问题。在这样的背景下，构建能耗低、污染少的绿色产业体系成为重中之重。

以河北省为例，2021 年发布的《河北省"十四五"工业绿色发展规划》显示，河北工业行业的能耗达到全省的 71.5%，碳排放量的比重高达 47%，产业结构偏重、能耗排放大的问题亟待解决[①]，在当前绿色转型的关键时期，需要进一步提升技术创新能力，降低能耗、减少污染，提高绿色制造水平。要

---

① 河北省"十四五"工业绿色发展规划 [EB/OL]. http://gxt.hebei.gov.cn/hbgyhxxht/zcfg30/snzc/894934/index.html.

实现产业绿色高质量发展，其中一个主要任务就是要大力发展节能环保产业。"十三五"期间，河北省节能环保产业不断发展壮大，在焦炉上升管荒煤气余热利用、烟气磁化熔融炉处理钢铁尘泥及有价元素回收、高品质原液着色纤维面料等领域实现了重大技术突破，全省范围内已有 11 家节能环保企业上市，有 8 家企业被列入国家环保装备制造行业规范企业名单，唐山、石家庄、邯郸、秦皇岛等地已形成初具规模的节能环保装备产业集群①。《河北省"十四五"工业绿色发展规划》提出，要进一步发展高效的节能装备和先进的环保装备，在海洋防污领域，要注重海水淡化、溢油污染等海洋环保设备的生产推广；在大气污染防治领域，重点支持燃煤锅炉大型袋式除尘器及钢铁、有色、化工等行业脱硫设备的研发、生产及应用；在水污染防治领域，要延伸发展城市污水处理成套设备，支持工业高盐废水处理、高浓度污水处理以及污水深度处理等装备的开发应用；在固废物处理领域，重点发展城市生活垃圾分选、工业固废处理等固废处理设备，加强重金属污染土壤修复技术和设备的研发运用。

可依托环保产业集群实现节能环保装备的开发生产，引导集群内企业实现系统设计、设备制造、工程施工、调试维护、运营管理一体化发展，推动节能环保产业进一步提升竞争力。例如，廊坊文安县依托文安经济开发区智能装备产业园，承接京津两地产业转移，投入建设了一批节能环保和新材料开发项目，不断鼓励企业提高自主研发能力，打造节能环保产业基地；沧州泊头县将环保设备产业作为主导产业之一，形成了极具竞争力的环保装备产业集群；保定节能环保基地、唐山国华洁净煤技术装备基地、承德国家大宗工业固废物综合利用基地逐渐形成了初具规模的节能环保设备产业集群②。节能环保装备的研发生产、优化升级具有扎实的集群化发展基础，应当依托现有产业集群，释放节能环保装备发展潜力，推动制造业向绿色低碳的方向转型。

四、新能源装备

为应对全球气候变暖、极端天气频繁出现等问题，世界各国纷纷提出了节能减排、减碳降碳的应对措施，优化调整能源消费结构是世界公认的可有效降低碳排放量的路径。新能源装备是开发利用可再生能源的重要工具。"十

① 河北省"十四五"工业绿色发展规划[EB/OL]. http：//gxt. hebei. gov. cn/hbgyhxxht/zcfg30/snzc/894934/index. html.
② 代冬芳. 京津冀协同发展背景下河北省节能环保产业发展战略研究[J]. 现代商业，2016(36)：44-45.

三五"时期，京津冀区域就已经在推进保定新能源及能源设备产业基地、邢台国家光伏高新技术产业化基地、风帆产业园和新型储能蓄能等项目的建设，同时围绕科林电气、金风电控、中航惠腾风电等骨干企业不断提升新能源装备产业的发展水平。调整能源消费结构，首先，在能源需求端要加快电力行业的转型升级。一方面要推广风能发电，加大力度发展风电总装、塔筒、叶片等高端风电装备，推动空气压缩储能、多能互补、智能微电网等示范工程建设。另一方面要注重光伏产业的发展，重点开发生产光伏组件封装、逆变器、太阳能跟踪系统等光伏产品，大力发展高效光伏设备，开展"农光互补""牧光互补"等"光伏+"应用。其次，在能源供给端要加快提升和突破氢能关键技术，重点研发应用氢能制备、储运等氢能源装备，推动氢能装备产业链协调发展，提升氢能产业的规模化、商业化水平。

京津冀区域已经形成了多个新能源装备产业基地，其中，张家口可再生能源示范区、邢台太阳能利用及新型电池、保定新能源与能源设备、邯郸氢能装备、承德清洁能源融合发展等是河北省重点建设的产业基地①。京津冀区域新能源装备产业集群逐渐形成并发展起来，其中张北新能源产业链条以及武安新能源产业集群是京津冀区域影响力最大的新能源产业集群。除此之外，邢台市以产业园区建设为依托，聚集多家新能源装备企业，初步形成了具有竞争力的产业格局，部分产品远销欧洲等地；保定市新能源和智能电网产业集群既是国家首批创新型产业集群试点，也是河北省首个国家级创新型产业集群试点建设单位，集群内以新能源装备及智慧电网产业为发展重点，具有较高的技术创新水平及强劲的产业聚集优势。

◀ 第三节 ▶

京津冀现代装备产业集群典型案例

现代装备产业是津冀主导产业之一，在京津冀协同发展背景下，经过多年的发展壮大，向智能化、高端化方向发展，实施低碳发展战略，逐渐培育了一批有竞争力的特色产业集群，主要有北辰高端装备制造产业集群、迁安智能装备产业集群、泊头环保设备产业集群等。

---

① 河北省国民经济和社会发展第十四个五年规划和 2035 年远景目标纲要［EB/OL］. https：//www. ndrc. gov. cn/fggz/fzzlgh/dffzgh/202106/t20210611_1283092. html?code=&state=123.

一、北辰高端装备制造产业集群

(一)基本情况

高端装备制造产业是北辰区的支柱产业之一，是带动北辰区产业结构转型升级的重要动力，也是推动北辰制造业现代化发展的经济增长极。区域内拥有中兴高端装备产业园和欧盟高端装备产业园两大高端装备产业园区，产业集群颇具规模，产业发展基础牢固。北辰区十分重视高端装备制造业的发展，2021 年出台《北辰区制造业延链补链强链工作实施方案》，为高端装备制造产业链升级提供政策指导，助力北辰区初步形成了以精雕数控、SMC 气动元器件等龙头企业为核心的高端装备制造产业集群。2022 年启动制造业强区高质量倍增行动，力求高端装备制造等"链上倍增"；2023 年启动制造业高质量发展行动，提升产业集群发展质量。

(二)发展优势

北辰区出台各项支持政策，提供良好的营商环境，不断加快推进制造业强区的步伐，打造高端装备产业链发展体系，不断向智能化、高端化、绿色化转型升级。

1. 区位条件优越，交通便利

北辰区地处京津协同交流的核心位置，东与宁河区相邻，东南隔金钟河、新开河与东丽区相望，南与河北区、红桥区相连，西南隔子牙河与西青区相界，西北与武清区接壤，是首都生产要素转移和中心城区功能转移的重要通道，也是连接北京、天津两大城市的重要走廊，在京津冀协同发展过程中有着重要的战略价值。区域内铁路、高速公路、国省干道覆盖广泛，京津塘高架建成通车，京滨城际在此设站，大北环铁路等跨地域交通工程不断完善，是连接京津冀、辐射华北、通达全国的重要节点。

2. 营商环境优良

良好的营商环境是北辰高端装备制造产业集群能够取得丰硕发展成果的重要影响因素之一。北辰高端装备制造产业集群十分重视营商环境的建设，始终坚持以企业为核心，持续优化营商环境，致力于为企业提供优质的服务支撑，为企业发展消除后顾之忧，吸引了世界各地的企业来此落地生根。北辰高端装备制造产业集群积极响应北辰区"双万双服"活动，在产业集群内部定期组织召开产业链上下游企业交流会，在产业链上下游企业之间牵线搭桥，帮助产业链上下游企业加强交流互动，形成良好有序的合作关系；积极帮助、支持产业集群内龙头企业的发展，围绕龙头企业和重大发展项目，组织企业与科技、金融、政务、海关等相关部门精准对接，减少企业发展过程中可能面临的烦琐流程，推动企业办事流程精准化、简洁化、一站化；同时，针对性解决企业在产业链、供应链、服务链、创新链、金融链等方面遇到的困难和问题，帮助龙头企业提高发展质量，扩大企业影响力，塑造高端装备制造产业集群的名片。

3. 加强创新合作

北辰高端装备制造产业集群充分利用天津市丰富的创新发展资源，借助北辰智能装备研究院等区内院所、高校以及国家级和市级企业技术中心等创新机构，构建创新发展平台，营造良好的创新环境，推动"产学研"一体化发展，精准解决产业链中高技术、高难度的关键问题，帮助企业实施高端化、数字化、技术化改造，推动集群内高端装备制造企业实现由传统制造向创新"智造"转型升级，提高产业集群发展质量，形成技术先进、潜力巨大、创新能力强的现代化产业集群。在企业、高校、资本之间搭建全方位、多层次的协同发展平台，推动人才链、产业链、项目链、技术链、资本链实现融合发展，助力企业不断做精做大做强，助推产业集群高质量发展，致力于将北辰高端装备制造产业集群打造为高端装备制造产业高质量发展的核心基地。

4. 引进创新人才

北辰高端装备制造产业集群深刻认识到创新人才在产业集群发展中的作用，成立了天津市高端装备和智能制造人才创新创业联盟。联盟整合各方各界创新资源，通过设立创新创业帮扶资金、搭建创新平台、构建创新人才引进制度等方式，加大高层次人才引育力度，加强集群与高校之间的合作，围绕产业集群发展需求，精准化培养产业集群发展过程中急需的现代化、高层次人才，打造产业集群高质量发展的智力引擎。

5. 招商引资成效明显

北辰高端装备制造产业集群在发展过程中十分重视招商引资的作用，通过大数据招商、产业链招商、基金招商及以商招商等方式，吸引了诸多产业链上下游企业以及国内外知名企业入驻北辰，现已聚集了中国南车、中材集团、中国华电、中海油、中国国机集团等14家央企，以及德国西门子、美国OI、瑞士ABB、韩国LG、日本丰田等23家世界500强企业；引进了多条世界领先的高新技术产业链，推动北辰区高端装备制造产业结构不断优化，为北辰区高端装备制造业发展注入了强大的活力。在招商引资战略的帮助下，北辰高端装备制造产业已拥有多条世界先进的高技术产业链，生产体系逐渐完善，形成了在国内乃至国际市场上具有广泛影响力的现代化产业集群。

6. 地方政府大力支持

北辰高端装备制造产业集群为中小企业提供了诸多便利，当地政府针对中小企业出台实施税收优惠政策，降低企业的资金压力；构建中小企业帮扶制度，组织专家为中小企业发展提供建议与指导；通过行业协会凝聚中小企业力量，提高中小企业在市场上的话语权与影响力，减少恶性竞争；通过构建良好的中小企业帮扶体系，吸引更多的产业链上下游企业入驻集群，强化产业集群的集群效应。

二、迁安智能装备产业集群

（一）基本情况

迁安市凭借自身丰富的天然铁矿资源，一直以来采取资源型县域经济发展模式。迁安市产业结构以第二产业为主，2020 年第二产业生产总值为655.9 亿元，占生产总值的比重达 65%，其中以钢铁行业、采选行业为主要发展产业[①]。第二产业发展的同时也给迁安市带来了环境污染严重、碳排放量大的问题。在实现"双碳"目标、加强环境治理的压力下，迁安市开始进行产业的转型升级，形成了以钢铁产业为支柱产业，以装备制造业、煤化工业以及包装建材业为传统产业，以节能环保、新材料等为战略性新兴产业的新型产业格局。其中，装备制造业为近年来增长速度较快的产业之一。

目前，迁安智能装备产业集群以发展冶金装备制造业为重点，形成了发达的产业体系，集群内拥有一大批生产冶金设备的企业，带动了设备检查、维护、修理产业以及相关零配件产业的发展。发达的冶金设备制造业提供了大量转炉、铸模、冷热轧机、冶金轧机、钢坯连铸机等大型冶金装备，以及矿用磁选机、矿用载重车、大型球磨机等高端矿采设备，大大促进了迁安市钢铁行业、矿采行业的发展，钢铁原材料每年产出近千万吨。为使钢铁产品更多地在县域内实现增值，迁安市延长钢铁产业链条，发展钢铁产业的下游产业，实现对钢铁产品的就地加工制造，形成了金属制品及深加工业、通用设备制造业、专用设备制造业、机械及器材制造业等实力强劲的产业，大幅促进了钢铁原材料的消耗，为迁安市带来了极大的经济利润。

---

① 《迁安市 2020 年国民经济和社会发展统计公报》。

（二）发展优势

迁安市是河北现代装备制造产业聚集区，资源丰富，环境优良，拥有一批龙头企业，不断发展智能制造，提高装备制造业的自动化、数字化水平，打造智能装备产业集群。

1. 钢铁产业基础雄厚，钢铁产品种类齐全

迁安市的钢铁产业是其经济发展的核心支柱和优势特色。迁安市拥有河北钢铁集团迁安钢铁有限责任公司和中冶京诚科技有限公司两家大型钢铁企业。河钢迁钢是中国最大的硅钢生产基地和亚洲最大的单体线材生产基地，拥有世界上最先进的宽带硅钢生产线和高速线材生产线。中冶京诚是中国最大的特种钢生产企业之一，拥有世界上最先进的特种钢连铸连轧生产线和高速线材生产线。2022年，两家企业共实现销售收入约1000亿元，利税约100亿元。目前，迁安市正以"转型典范，品质迁安"质量精神为引领，全力打造精品钢铁和装备制造两大产业集群。①

2. 装备制造企业快速发展

丰富的钢铁等基础原材料为装备制造产业的发展奠定了基础。装备制造业是迁安市的重点发展产业和战略性新兴产业。迁安市拥有河北中冶重型机械有限公司和中冶京诚机械设备有限公司两家大型装备制造企业。中冶重机是中国最大的冶金设备制造商之一，拥有世界上最先进的冶金设备设计、制造、安装、调试能力。中冶京诚机械是中国最大的特种钢加工设备制造商之一，拥有世界上最先进的特种钢加工设备设计、制造、安装、调试能力。2022年，两家企业共实现销售收入约200亿元，利税约10亿元。②

3. 创新环境优良

迁安市加强产学研联盟建设，与京津冀钢铁联盟（迁安）协同创新研究院、燕山大学科技园迁安分园构建紧密的合作创新体系，提升创新能力，提高创新效率。同时，迁安市构建了由京津冀知名高校、科研院所的100多名专家组成的迁安市科技创新专家库，帮助企业解决在制定发展规划或提高创新能力等方面遇到的问题。中技惠民（迁安）科技发展有限公司和迁安市青科创高新技术服务有限公司是较为成熟的创新服务机构，为中小微企业提供政策、管理、技术培训等方面的帮助。

---

① 迁安市钢铁产业：从资源型到创新型的转型之路［EB/OL］. 百度百科. http：//www.baidu.com.
② 迁安市：打造现代化产业体系的典范［EB/OL］. 百度百科. http：//www.baidu.com.

三、泊头环保设备产业集群

（一）基本情况

泊头市是全国范围内较早开始发展环保设备产业的城市之一，从20世纪70年代开始建设，到90年代时已经初具规模，形成了以生产除尘设备为主的产业格局，成为泊头市铸造业以外的第二大支柱产业。1998年，泊头市被评为河北省大气污染治理设备生产基地；2002年被省政府确定为全省唯一一个"环保产业试点城市"；2013年1月，泊头市四营乡被命名为"河北省环境保护专用设备制造名乡"；同年8月，被省工信厅命名为"河北省大气污染防治设备制造名市"；2014年12月，中国设备管理协会授予泊头市"中国大气污染治理装备制造产业基地"荣誉称号；2017年，泊头市被认定为"河北省环保除尘设备名市"①。目前，泊头市已经发展成为长江以北最大的环保设备生产基地之一，泊头市的环保设备产业也成为该市新的经济增长点，在工业领域占据主体地位。

2022年，泊头有环保设备生产企业165家，其中规模以上企业35家，从业人员1.5万余人。主要产品包括袋式、静电、旋风、湿式四大类，高压静电除尘器、布袋除尘器、烟气脱硫、污水处理、污泥泵以及压滤、过滤设备等13个系列200多个品种。②

（二）发展优势

随着国家对环保的重视，泊头市出台了一系列政策扶持环保设备产业的发展，使泊头环保产业设备集群得以发展壮大，不断推动产业集群的高端化、智能化、绿色化发展。

1. 龙头企业带动

泊头环保设备产业集群中最具代表性的龙头企业有河北瞳鸣环保有限公司、泊头市新科环保有限公司、河北宁泊环保有限公司等。河北瞳鸣环保有限公司以生产静电除尘器、高压除尘器以及各类湿式除尘器、布袋除尘器、烟气脱硫网为主，生产的产品在全国范围内具有很强的竞争力，被广泛应用

---

① 泊头市环保产业"变"中求胜　年产值达到65亿元［EB/OL］. 经济带网，http：//www.iic21.com/21sczl/index. php?m＝home&c＝articles&a＝showart&artid＝289965.

② 泊头：坚持科技创新　提速环保产业发展［EB/OL］. https：//m. thepaper. cn/baijiahao_19229746.

于建材、冶金、化工等领域，被国家城市环境污染控制技术研究中心确定为"大气污染控制技术河北研究基地"，是长江以北环保设备技术研发制造的领军企业[①]。泊头市新科环保有限公司生产的 XLCDM 高煤炉气干法脉冲袋式除尘器、XKD 高压静电除尘器被河北省科学技术厅评为高新技术产品，公司也被评为高新技术企业。河北宁泊环保有限公司致力于研发生产高质量、高性能的环保设备，不仅与多家科研机构建立了长期合作关系，还与各高等院校保持密切联系，在引进、吸收国外先进技术的同时不断提高自主研发能力，研制了多种高技术型环保产品，促进了环保技术在我国各行业中的应用。

2. 产品种类齐全

泊头市环保设备类产品品种丰富，主要分为袋式、静电、旋风、湿式四大类，具体包括高压静电除尘器、布袋除尘器、双螺杆污泥泵以及压滤/过滤设备、液体融氧机等 13 个系列的 200 多个品种，相关配件产品如电磁阀、除尘骨架、滤料、文氏管、引射器、卡箍、减速机、除尘控制器、卸料器、过滤筒等也一应俱全[②]，生产的产品在多个国家和地区具有一定的知名度，除在国内各省份占据一定的市场份额外，还远销韩国、日本、新加坡、印度以及欧美等 20 多个国家和地区。近几年，泊头市环保设备类产品呈多元化发展态势，由单一的空气除尘扩展到了脱硫、脱硝、污水处理等领域，基本形成了包含空气净化、土壤修复以及水污染处理整机装备及其配套装备在内的完善的产业集群。

3. 政府支持创新

泊头市政府采取了一系列措施提高环保设备产业的创新能力。例如，首次被认定为国家级、省级的企业技术中心以及参与制定国际标准、国家标准、省级标准、行业标准且制定标准被列为标准文本的企业在购入环保设备时，可按照标准给予相应的财政补贴，在这一项政策中，泊头市共计投入 1000 万元的资金支持，并对上述企业的高管人员给予住房补贴，解决其住房问题以激励企业加强创新意识，提高创新能力。

4. 产学研合作密切

泊头市已经充分认识到，除尘器等传统的环保设备由于技术含量低、产品低端等已经难以带来足够的经济利润，只有提高创新能力、生产高精尖的环保设备才能抢占市场制高点。因此，泊头市环保设备产业加强与高等院校

---

①②　泊头市环保设备产业发展现状［EB/OL］. 泊头市人民政府，http://www.botou.gov.cn/botou/hjcy/201804/09c22283392e4141a0ab0cd2cb69461a.shtml.

的合作，多次邀请河北工业大学的专家视察当地环保设备产业，并积极吸纳专业人员针对当前产业的不足之处提出改进意见，部分环保设备企业还与河北工业大学等高校达成了长期战略合作关系，可为环保设备生产企业的发展提供所需人才以及最新的专利技术。

◀ 第四节 ▶
京津冀现代装备产业集群高质量发展路径

经过以上分析可以发现，尽管京津冀区域现代装备产业集群规模宏大、势头强劲，但仍存在诸多制约产业进一步发展的不足之处。因此，有必要采取措施破解京津冀现代装备产业集群发展面临的困境，从而推动产业高质量发展，将装备制造业打造成为京津冀区域新的经济增长点。

一、提高产业集群创新能力

装备制造业的发展离不开技术创新，科技创新能力的提高不仅会增强产业集群的核心竞争力，还会为产业的发展带来源源不断的动力。京津冀现代装备产业集群创新能力的提高应从以下四个方面入手：

(一)增强装备制造企业创新意识，激发企业创新动力

一方面，不同企业面临的外部要素基本是相同的，因此要提升企业自身对这些要素的利用能力。在政策方面要注重对政府税收优惠政策、科研活动的扶持政策等信息的收集利用，同时要提高自身吸引人才的能力、筹措资金的能力以及引进先进技术的能力。另一方面，要加强对企业内部的人才、资金以及技术等要素的规划管理，通过制定科学合理的政策，在企业内部形成良好的创新环境，促进创新资源在企业内部实现高效的流动。同时，要注重引进的外部人才、技术要素与企业内部要素的融合，建立科学的协调机制，加强企业对内外部要素的合理整合。

(二)企业在创新活动中起主导作用，要培育壮大集群内主导企业

一方面，要大力发展现代装备产业集群内的龙头企业和领军企业。集中力量重点发展具有较强技术创新能力、拥有自主知识产权的大型企业，鼓励

这类企业积极构建技术创新平台，发挥其在集群内的辐射带动作用，打造一批拥有较高技术水平的创新型企业。同时，对于创新型中小企业也要加大力度培养，通过完善后备培育库制度，助力中小企业进一步提高创新能力，逐渐成长为科技领军企业，打造产业创新发展的后备军。另一方面，政府要采取适当的政策激发企业进行创新的积极性，对科技领军企业、中小型企业的创新活动实施税收优惠等激励政策，加大财政扶持力度，通过政府购买等手段支持企业的创新产品。

(三)加强创新载体的建设

科技创新离不开有活力的创新环境和一流的创新平台。一方面，要推进装备制造企业研发机构的提档升级，激励企业建立省级、国家级的重点实验室、企业技术中心、工程研究中心，推进公共技术服务平台、技术创新服务平台、人才信息平台等平台的建设，形成完善的创新平台体系。可构建高效的创新平台评价机制实现对区域内创新平台的动态管理，依照一定的规则对其进行考核，根据考核结果给予适当的奖励，释放创新平台的活力。另一方面，加强企业、高校以及科研机构之间的合作交流，促进知识、技术等在各创新主体之间的流动，形成联系紧密的产学研联盟，共同攻克装备制造产业中的一些关键技术和"卡脖子"技术，提高科技成果的转化效率，突破一批关键的基础材料、基础零部件和基础工艺。

(四)加强产业园区、产业基地建设

产业园区及产业基地是京津冀装备制造业发展的重要依托，也是实现集群创新能力提高的重要平台。要加大高级产业园区和示范基地的建设力度，促进企业在园区内集聚，加快资源在园区内流动，利用比较优势及时筛选、淘汰落后企业，促进具有发展优势和发展潜力的企业的集聚。同时，可通过各种优惠政策吸引其他地区有实力的装备制造企业进入园区，打造有特色、有竞争力的产业园区和产业基地。另外，要加强京津冀三地的合作，共建产业园区、示范区等三地协同发展平台，充分利用京津冀三地的资源，利用北京科研中心的辐射带动作用，搭建创新研发平台，提升京津冀区域装备制造创新能力，实现三地协同创新。

(五)培育引进创新人才

首先，要留住本地人才，加大对本地人才的培养力度。一方面，要构建区域内科研项目合作机制和高校毕业生就业信息共享机制，加强各区域在人

才工作方面的制度、政策的衔接性，为促进各地人才之间的合作交流营造良好的政策环境。另一方面，要围绕装备制造业的重点发展方向以及关键技术领域培养高层次的人才，鼓励装备制造企业建设院士工作站、博士后工作站等高端人才载体，打造具有国际水平的高素质人才团队，为现代装备产业集群的发展提供智力保障和技术支撑。同时，要鼓励建设智能制造技能人才实训基地，支持智能制造人才进入产业园区、产业集群内进行培训，提升在职人员的技术和知识结构水平。

其次，要把人才的引进和培养作为一项重要政策。政府要加快构建良好的就业环境和活跃的创新创业氛围，制定技术型、管理型高层次人才的引进政策，包括支持高素质人才入股企业、为回京津冀就业的留学生提供良好的生活、工作条件等。落实引才战略，放宽对人才在地域、档案、身份以及人事关系等方面的限制，通过人才租赁等方式吸引高层次人才在京津冀工作创业。

二、加快产业链条升级

产业链是产业集群中主导关系的体现，也是产业集群形成和发展的基础，因此，产业链的优化升级是提升产业集群管理水平的重要途径。京津冀区域要做优做强产业链条，以此作为增强产业集群竞争力的关键，从而引领区域经济发展。

（一）培育壮大产业链上的龙头企业

龙头企业由于掌握着装备制造业的关键技术，因此对产业链上的其他产业具有很强的控制力。要重点培育集群内主业突出、掌握重要技术的主导企业，充分发挥其对其他企业的示范带动作用，以工程配套、主机配件结合为主要途径，培养一批大型装备制造企业，带动产业链上下游企业分工合作，提升产业链配套能力。同时，要促进龙头企业之间的合作交流。京津冀现代装备产业集群内的各类细分产业间具有不可分割的联系，不少产业链共用相同的材料供应商，加强各产业链上龙头企业的合作可以在生产制造等方面实现规模经济效益，且龙头企业旗下的中小型装备制造企业以及与其有贸易合作关系的其他小企业也可在龙头企业的协作过程中实现升级，对促进产业链整体升级、提高现代装备产业集群竞争力具有重要意义。

（二）锻造产业链长板

一方面，对于京津冀区域有优势的装备制造领域，要进一步做大做强、做精做细，注重产品质量的提升，加强世界一流品牌的建设。政府可组织行业内的标杆企业以及在该行业进行专业研究的高校就产品质量建立一套有影响力的标准体系，推动行业依标准向高质量发展的方向转型。企业在提升产品质量的同时，也要注重产品品牌的建设。可通过与机构、高校的合作加强产品设计，同时创新营销模式，打造影响力大、竞争力强的知名品牌。另一方面，要进一步巩固新能源装备、节能环保设备、轨道交通设备等先进装备制造产业的发展优势，加快突破行业中的关键技术瓶颈，锻造一批"撒手锏"技术。政府可出台一系列财税政策对相关企业进行鼓励、支持，形成正向的激励机制，推动产业链的发展。

（三）补齐产业链短板

一方面，京津冀装备制造业产业链配套能力不强，导致产业链并不完整，因此要加强上下游企业间的衔接，建立适当的对接机制，提升产业链运作能力，促进产业链升级；同时，要把握好产业链的优势和劣势，在集群中协调产业链的生产路径，减少薄弱环节对产业链发展的制约，增强产业链的竞争力。另一方面，目前河北装备制造业生产的产品仍以中低端为主，需进一步加强高技术、高附加值、深加工的重型成套装备产品的研发生产，这是产业链的关键环节，也是产业链升级的重要保障。要找准产业链的薄弱环节重点突破，同时，可扩大高校相关专业的人才培养数量，加快相关领域人才的培养；政府也可提供税收优惠、信贷支持等为相关产业的发展提供资金保障。

（四）延长产业链

京津冀装备制造企业大多从事产品的生产制造环节，企业可以向上游设计研发环节延伸，加强技术创新，掌握拥有自主知识产权的生产技术，实现前向设计、生产一体化发展；同时，企业可以在下游销售环节建立自有销售渠道，与终端市场客户建立直接的信息反馈机制，更加精确地针对市场需求进行生产，实现后向生产、销售一体化，从而提升用户满意度，增加产品附加值。

三、加快产业转型升级

产业兴，则经济盛。京津冀现代装备产业集群要想在现有发展优势的基础上更进一步，重中之重是加快产业转型升级步伐。具体可从以下四个方面入手：

（一）优化资源配置结构

京津冀装备制造业的新增固定资产投入整体来看处于相对过剩的状态，要将其控制在合理水平，防止过度投入造成资源浪费。一方面，新增固定资产的投入在各类细分产业中并不均衡，通信装备制造业、仪器仪表及办公用品以及计算机制造业的投资水平处于较低的状态，可将投入向这些产业适当倾斜，促进通信装备制造业、仪器仪表及办公用品以及计算机制造业的发展，让这些产业释放更多的绿色效益。另一方面，在维持一定规模的新增固定资产投入的基础上调整技术研发投入。金属制品业、交通运输装备制造业是京津冀区域产量较大的产业，但这些产业能源消耗大、碳排放水平高，对环境造成很大程度的污染。因此，应加大对这些领域的R&D经费投入、科研人才投入，引入新的生产技术或对已有工艺流程进行绿色创新，促进高碳行业节能减排，实现绿色发展。

（二）优化投资结构

一方面，企业在进行投资时要选择低碳排、低污染、高效益的产业进行投资，加大对这类产业的投资力度，减少对高耗能、高排放产业的投资。另一方面，要加大对低碳技术的研发和低碳产品的投资力度。由于低碳技术活动成本较高，政府可采取相应的扶持政策对高昂的低碳投入成本适当补贴，激励企业积极地将生产方式向低碳方向转型，激发企业对低碳活动自主投资的积极性，促进投资结构优化，实现有效投资的增加。

（三）实施绿色制造

随着对环境保护的重视程度越来越高，绿色制造的竞争力不断增强，也成为装备制造业未来发展的一大趋势。装备制造企业在生产过程中，不仅要注重提高生产产品本身的环保性，还要提高能源利用效率和对排放物的处理能力。因此，要加强对绿色环保技术的研发、引入新的设备、进行工艺绿色创新，减少产品在设计、制造、使用以及报废等各个环节中对环境造成的污染，提升装备制造业的绿色环保能力。

（四）加快数字化转型

数字化发展是推动现代装备产业转型升级，实现高质量发展的重要抓手。京津冀装备制造业在发展的过程中，要进一步加强5G、云计算、人工智能等数字信息化技术与产业链各个环节的融合程度，瞄准数字化、网络化、智能化的方向进行转型升级，开展数字化平台建设，引入信息化管理体系，打造数字化车间，利用数字技术根据用户需求进行分析规划，加快产品的设计、开发及制造的速度，提高生产效率，有效提升装备制造业整体制造水平。

第十章
Chapter 10

京津冀数字科技产业集群
高质量发展分析

当前，数字经济的快速发展成为推动产业结构优化的主要动力。《2020 年政府工作报告》及《"十四五"数字经济发展规划》均提出要重视数字经济新优势，以技术创新为指导，加快数字经济与实体经济相融合，推动产业升级优化。本章通过研究京津冀数字科技产业集群的发展路径，明确数字经济发展水平对产业结构优化升级的影响，梳理京津冀产业结构在升级过程中出现的问题，助推京津冀区域经济实现高质量发展。

◀ 第一节 ▶
京津冀数字科技产业集群发展概述

数字科技产业是发展数字经济的核心，是助推京津冀区域经济高质量发展的主要推动力。本节对数字科技产业集群的内涵进行界定，明确京津冀区域数字科技产业布局及发展现状，深刻剖析京津冀数字科技产业集群发展存在的问题，为进一步加快培育具有地方特色和竞争优势的科技产业集群奠定基础。

一、数字科技产业集群的范围界定

数字经济可分为三个层次：提供核心动能的信息技术及其装备产业、深度信息化的各行各业以及跨行业数据融合应用的数据增值产业。^① 当前，数字经济正处于成型展开期。2016 年，G20 杭州峰会通过了《二十国集团数字经济发展与合作倡议》，首次将"数字经济"列为 G20 创新增长蓝图中的一项重要议题，"数字经济"的概念应运而生。《2017 年政府工作报告》首次提出数字经济，指出要推动"互联网+"深入发展，促进数字经济加快成长。

数字科技产业包括数字产业化和产业数字化两个方面，可分为数字产品制造业、数字产品服务业、数字技术应用业、数字要素驱动业、数字化效率提升业五大类。其中，前四大类为数字产业化部分，即数字经济核心产业，是指为产业数字化发展提供数字技术、产品、服务、基础设施和解决方案，以及完全依赖于数字技术、数据要素的各类经济活动，对应于《国民经济行业分类》中的 26 个大类、68 个中类、126 个小类，是数字经济发展的基础。第五大类，即产业数字化部分，是指应用数字技术和数据资源为传统产业带来的产出增加和效率提升，是数字技术与实体经济的融合。该部分涵盖智慧农业、智能制造、智能交通、智慧物流、数字金融、数字商贸、数字社会、数字政府等数字化应用场景，对应于《国民经济行业分类》中的 91 个大类、431 个中类、1256 个小类。^②

二、数字科技产业集群的发展概况

京津冀区域数字科技产业发展以建设雄安新区国家数字经济创新发展试验区为引领，推动京津冀大数据综合试验区创新发展，打造一批特色鲜明、示范性强的重点园区。

河北省数字科技产业集群深入推进，在大数据应用、平台赋能等领域取得巨大突破，逐渐成为产业数字化发展的新方向，已初步形成张家口、承德、廊坊、秦皇岛和石家庄 5 个大数据产业基地，集聚效应初步显现，吸引阿里、华为、润泽、浪潮、联通和富智康等一批知名企业入驻。张家口市阿里张北云联数据中心和数据港张北数据中心项目一期已建设完成，新项目陆续开工、签约或洽谈。承德市加快建设国家绿色数据中心，大数据科创中心暨姚建铨院士工作站、大数据研发展示中心、大数据应用创新中心和大数据交易中心挂牌成立。在联合共建方面，与中关村管委会共建"领创空间+协同创新共同

① 大数据：发展现状与未来趋势［EB/OL］. 中国人大网，http：//www. npc. gov. cn/npc/c30834/201910/653fc6300310412f841c90972528be67. shtml.

② 数字经济及其核心产业统计分类（2021）［EB/OL］. 国家统计局，http：//www. gov. cn/gong-bao/content/2021/content_5625996. htm.

体基金"服务平台,与中关村大数据产业联盟、戴尔、浪潮、神州数码、万国数据等大数据产业机构和企业建立战略合作关系。廊坊市大数据产业基地支持引导润泽科技、中国联通、华为技术和光环新网等大数据龙头企业加快发展,吸引了京东北方大数据中心、中国人保北方信息中心、中鼎云和科大讯飞等一批项目落户廊坊。探索推进数据资源交易,建立了大数据交易机构。京津冀(廊坊)大数据综合试验区应用感知体验中心注重数据要素流通,以数据流引领技术流、物质流、资金流、人才流,支撑跨区域公共服务、社会治理和产业转移,促进区域一体化发展。秦皇岛市大数据产业基地吸引了中誉通信、量子数据中心、中科遥感和中兴网信等数十家大数据企业和研究机构入驻,大数据产业成为该市第四大主导产业。石家庄市加快布局大数据平台和大数据应用研发中心,在金融、健康、教育和电子商务等领域开展大数据应用示范,推进四方通信大数据云中心和常山云数据中心建设。

建设张家口新能源、廊坊物流金融、承德旅游、秦皇岛健康和石家庄大数据应用五个京津冀大数据应用示范区。在人力资源社会保障、交通运输、环境保护、住房城乡建设、地理信息、旅游、大健康、教育以及创新创业等领域开展大数据创新应用协同,努力将京津冀区域打造成为国家大数据产业创新中心、应用先行区、创新改革综合试验区和全球大数据产业创新高地。

三、数字科技产业集群发展存在的问题

京津冀区域数字科技产业集群的发展与长三角、珠三角等地相比还存在一定差距。究其原因,主要有以下五点:

(一)产业生态尚未形成

数字科技产业的发展离不开从底层芯片到基础软件再到应用分析软件等信息产业全产业链的支撑。京津冀区域信息产业发展相对滞后,再加上京津冀产学研用各方面没有形成合力,不论是在处理器、传感器、网络传输设备等硬件方面,还是在数据挖掘、分析、呈现和应用等软件方面均处于初级阶段,与国内外先进区域相比仍存在很大差距。这就导致了大数据产业缺乏产业链上下游相关产业的支撑,一方面,基础不牢难免发展受限;另一方面,其发展对相关产业的带动作用也相对有限。

(二)数据开放程度偏低

大数据的发展首先必须解决数据的采集问题。京津冀区域数据资源集聚

与开放体系尚不成熟，资源共享机制还不完善，标准不够统一、平台不够健全，特别是在线下数据和政府数据上，政府部门之间、行业之间、企业之间共享不充分，存在"条块分割"现象，这就导致了"信息孤岛"问题长期存在，数据价值难以得到有效挖掘。长此以往，"大智移云"的发展将面临"无米之炊"的窘境。

（三）应用领域仍待拓宽

京津冀区域传统产业基础雄厚，发展大数据本来具有强劲的应用市场优势，但目前受认识不到位、模式不成熟、技术不完善等问题制约，大数据应用还没有在产业领域普及。从现有的应用项目来看，企业对大数据的应用往往集中在销售环节，很少涉及企业生产环节和管理决策环节，融合程度明显不深，可以说，在企业中大数据价值尚未得到充分体现，发展大数据的应用市场优势也未得到有效发挥。

（四）人才较为紧缺

数字科技产业的发展离不开创新驱动，而创新驱动本质上是人才驱动。京津冀区域中，河北省薪酬水平普遍偏低，大数据企业相关就业机会有限，生态环境和创新创业环境均缺乏吸引力，相较于周边省份，对人才的吸引力明显不足，引人难、留人难现象普遍；再加上高校资源匮乏，不具备大量培养合格的具备综合性数据科学素养的人才的能力，这就导致大数据发展急需的各类人才严重匮乏，阻碍了区域整体数字科技产业发展水平的提高。

（五）基础环境有待改善

近年来，随着大数据的快速发展，互联网数据中心作为新一代信息技术的基础设施核心资源日益受到各省份的重视。在建设数据中心项目过程中，由于建设配套环境要求较高，因此遇到了一系列困难。例如，在电力供应规划方面，由于部分区域电力供应规划预留电力容量有限，暂时无法满足新建规模较大的数据中心的电力供应需求。以河北省为例，由于河北省南部各市由河北南部电网供电，域内供电电价相对偏高，企业申请电价相对较低的域外电厂直接供电难度很大，河北省南部的数据中心运营成本偏高。此外，还有城市供水管网建设暂时无法满足数据中心双路供水的要求、带宽接入事宜需要与多家电信公司沟通等问题。以上问题由企业自行协调解决难度较大、周期较长，直接影响到了部分数据中心项目的快速建设。

◀ 第二节 ▶

京津冀数字科技产业集群发展重点

随着技术的发展，大数据、人工智能等新技术日新月异，但是如何让这些信息技术与传统产业结合，已成为数字化建设的重要考量。表10-1 所示为数字科技产业集群发展重点。

表10-1 数字科技产业集群发展重点

产业	主要产品	主要区域
人工智能	量子信息与量子计算、类脑智能计算、深度机器学习等	北京、天津等地
软件和信息服务	操作系统、数据库、3S(遥感技术、地理信息系统和全球定位系统)软件、信息安全软件等	北京、天津等地
大数据	绿色数据中心、大数据公共服务平台绿色智能服务器、光通信设备、安防设备、高效制冷节能设备、大数据挖掘分析、云计算解决方案等	北京、天津、张家口等地
新型显示	AMOLED 面板、OLED 发光材料、彩色光刻胶、触控一体化显示模组	廊坊等地
电子机箱	网络机柜、机车机箱、工业控制机箱、电力控制机房等	沧州等地
电子元器件	集成电路、智能终端用传感器、高端电子材料等	北京、天津、廊坊等地

资料来源：根据《河北省特色产业发展"十四五"规划》整理。

一、人工智能

人工智能是新一轮科技革命和产业变革的重要驱动力量，是包括十分广泛的科学，它由不同的领域组成，如机器学习、计算机视觉等。总的说来，人工智能研究的一个主要目标是使机器能够胜任一些通常需要人类智能才能完成的复杂工作。[1]

---

① 人工智能(智能科学与技术专业术语)[EB/OL]. 百度百科，http://www.baidu.com.

北京是我国乃至世界人工智能科技产业的策源地。天津是先进制造研发转化基地和国际港口城市，在人工智能产业发展上具有一定的基础。河北则在钢铁、制药、汽车制造和现代农业发展上优势明显。天津和河北优势产业的智能化改造不仅能够提升现有产业的产业竞争力，而且能够为北京人工智能领域的科技创新提供应用场景。通过优势互补，三省市共同建设具有国际竞争力的人工智能产业集群，实现科技创新供给和需求的有效对接，是深化京津冀协同发展的方向。在"十四五"期间，三省市通过制定和实施京津冀人工智能产业集群发展规划和战略，在推动人工智能实体经济深度融合发展的同时，为京津冀协同发展打造新引擎。①

二、软件和信息服务

软件和信息服务包含了各种与信息技术相关的产品和服务。其中，软件是核心组成部分，是软件与信息服务产业的基础。②

随着科技与各个经济领域的深入融合，软件和信息服务产业规模在不断扩大，产业技术在不断更新，产业需求日益增长。未来，软件和信息服务产业会扮演越来越重要的角色，"互联网+"、物联网、智能制造、数字文化等领域在不断崛起，将会带动产业的转型与升级，促进新业态、新平台、新领域的不断涌现。北京科技资源聚集，软件和信息服务业领跑全国，今后要以雄安新区为立足点，高起点布局高新高端产业，推动软件和信息服务业的发展，建设京津冀技术创新中次年等各类创新研发平台，从而促进京津冀三地构建综合科技服务平台的不断完善，推动整体产业的高质量发展。

三、大数据

大数据是信息技术发展的必然产物，更是信息化进程的新阶段，其发展推动了数字经济的形成与繁荣。当前，我们正在进入以数据的深度挖掘和融合应用为主要特征的智能化阶段，即信息化3.0。③

在世界经济转换动能的趋势下，京津冀区域应大力发展大数据产业，促

---

① 深化京津冀协同　建设具有全球竞争力的人工智能产业集群［EB/OL］. 百度百科，http：//www. baidu. com.

② 软件与信息服务［EB/OL］. 百度文库，http：//wenku. baidu. com.

③ 大数据与数字经济［EB/OL］. 求是网，https：//baijiahao. baidu. com/s?id=1722171207513451971&wfr=spider&for=pc.

进区域经济高质量发展。在全球范围内，研究发展大数据技术，以及运用大数据推动经济发展、完善社会治理、提升政府服务和监管能力正成为趋势。当前，京津冀已步入工业化中后期，资源环境压力日趋增大，钢铁、石化、建材等京津冀传统优势产业的发展面临较大的不确定性，对经济增长的支撑力逐步减弱，迫切需要升级产业、重塑供给，培育新的发展动能。大数据恰恰是产业升级的大潮流、大趋势。从国际来看，欧美等发达国家和地区普遍认同大数据技术是新产业革命的代表性技术，美国的"工业互联网"、德国的"工业4.0"均以大数据为发展基础，这为京津冀产业转型升级、向全球价值链高端攀升指明了方向。以大数据重塑供给正成为各地的普遍做法。在世界经济数字化转型已成大势、国家大数据战略深入实施的当下，加快新技术、新行业、新模式的发展和传统优势产业的改造提升，形成新的发展动能，已成为京津冀区域必须要做且要做好的一张"试卷"。

四、新型显示产业

新型显示产业属于知识密集和劳动密集交叉型产业，产业链关联的范围极广，对社会经济和相关产业有非常明显的带动作用。在现代信息产业中，平板显示与集成电路一样不可或缺，具有重要的战略意义。《"十二五"国家战略性新兴产业发展规划》提出，积极有序发展大尺寸薄膜晶体管液晶显示器（TFT-LCD）、等离子显示器（PDP）面板产业，加快推进有机发光二极管（OLED）、三维立体（3D）、激光显示等新一代显示技术研发和产业化，攻克发光二极管（LED）、OLED产业共性关键技术和关键装备、材料，提高LED、OLED照明的经济性。[①] 新型显示产业步入了加速创新发展的攻坚时期。从"万物互联"到"万物显示"时代，机遇和挑战并存。

新型显示产业是核心资产，是战略性产业，具有政策扶持、空间大、需求大、高成长、引领性、高壁垒等特征。产业发展需要长期的资金、技术、人才的投入，产业越往附加值高的环节发展，门槛越高。新型显示属于"硬科技"的高精尖产业，技术和资本门槛高，产业发展需要政策、资金、技术、人才等多方面要素资源的集成。我国新型显示产业链配套还比较薄弱，核心环节企业多处于发展早期，资金短缺以及缺乏融资渠道严重制约着一些企业的研发和技术商业化。在新型显示技术路线面临升级迭代和中日韩显示产业竞

---

① 国务院关于印发"十二五"国家战略性新兴产业发展规划的通知[EB/OL]. 国务院，http://www.gov.cn/zwgk/2012-07/20/content_2187770.htm.

争格局调整的关键时刻，新型显示产业进入新的产品创新周期，供应链将迎来重大变革，科技创新将迎来爆发。新型显示进入产业升级关键时期，未来的十年将是新型显示科技迸发的十年。当前，中国显示产业规模进入了千亿时代，成为全球显示产业发展的强大推动力，在传统的五大应用领域市场日渐成熟的情况下，5G、人工智能、云计算等新一代信息技术革命将为新型显示技术创新带来更多的机遇，以OLED为代表的柔性显示、超高清显示屏等方面的技术也正在逐渐成为显示产业发展的新动力，正在被快速地应用于各类场景中。预计未来显示技术在物联网、大数据等环境下将无处不在，这些都将把显示产业推向新的高峰，也可能是新的入口，需要我们把握方向。

京津冀区域的新型显示产业主要集中于河北。2018年，河北省出台《河北省新型显示产业创新发展三年行动计划（2018-2020年）》，提出建设四个新型显示产业基地（园区），完善产业链条，建设一批创新平台，开发一批关键核心技术，实施一批重大项目。

五、电子机箱

电子信息产业是我国七大战略性新兴产业之一，它是利用电子技术和信息技术所从事的与电子信息产品相关的设备生产、硬件制造、系统集成、软件开发以及应用服务等作业过程的集合。电子机箱是电子信息产业的组成部分，是电子设备的配套产品。电子机箱的高科技化必将成为日后电子机箱科技与产业的发展主流。

近年来，由于包括纳米级的精密机械研究成果、分子层次的现代化学研究成果、基因层次的生物学研究成果、新型传感器技术与智能化技术研究成果，以及高精密超性能特种功能材料研究成果和全球网络技术推广应用成果等在内的一大批当代最新科技成果竞相问世，电子机箱领域发生了根本性的变革。这些新成果，不仅成为现代电子机箱及其产业赖以生存与发展的土壤、基础、支撑和动力，还迅速改变着电子机箱的工作原理与本质特征，使其具备了传统电子机箱根本无法企及的超高功能。可以说，现代电子机箱产品已成为最具典型性的高科技产品。机箱外壳钣金加工厂已经完全突破传统的光、机、电的框架，向着计算机化、网络化、智能化、多功能化的方向迅速发展。同时，大量应用高新科学技术的研究成果、跨学科的综合设计以及高精尖的制造技术，使机箱外壳钣金加工朝着更高速、更灵敏、更可靠、更简捷地获取被分析、检测、控制对象信息的方向阔步前进。可以看出，高科技化不仅是现代电子机箱的主要特征，也是振兴仪表工业的必由之路，更是 21 世纪电子机箱及其产业的发展主流。①

六、电子元器件

新型元器件是指采用新原理、新技术、新工艺或新材料制造的具有新结构、新功能、新用途的新一代电子元器件，能够促进国民经济信息化，以及电子技术和整机的更新换代。它具有小型化、多功能化、绿色化的特点，具有良好的市场应用前景，可以实现规模化生产。当前，电子元器件的重点发展市场包括四个方向，分别是智能终端市场、5G工业互联网和数据中心市场、新能源汽车和智能网联汽车市场以及工业化自动设备市场。

智能终端市场瞄准智能手机、穿戴式设备、无人机、VR/AR设备、环境监测设备等智能终端市场，推动微型片式阻容元件、微型大电流电感器、微型射频滤波器、微型传感器、微特电机、高端锂电等片式化、微型化、轻型化、柔性化、高性能的电子元器件的应用。5G、工业互联网和数据中心市场抢抓全球5G和工业互联网契机，围绕5G网络、工业互联网和数据中心建设，重点推进射频阻容元件、中高频元器件、特种印制电路板、高速传输线缆及连接组件、光通信器件等影响通信设备高速传输的电子元器件的应用。新能源汽车和智能网联汽车市场把握传统汽车向电动化、智能化、网联化的新能源汽车和智能网联汽车转型的市场机遇，重点推动车规级传感器、电容器（含超级电容器）、电阻器、频率元器件、连接器与线缆组件、微特电机、控制继电器、新型化学和物理电池等电子元器件的应用。工业自动化设备市场利用我国工业领域自动化、智能化升级的机遇，面向工业机器人和智能控制系统等领域，重点推进伺服电机、控制继电器、传感器、光纤光缆、光通信器件等工业级电子元器件的应用。②

① 文摘资讯[J]. 仪表技术，2007(3).
② 基础电子元器件产业发展行动计划（2021—2023 年）[EB/OL]. 工信部，https://www.miit. gov. cn/jgsj/dzs/wjfb/art/2021/art_cc73071656154e5fb1077cac58c5468d. html.

◀ **第三节** ▶

京津冀数字科技产业集群典型案例

　　数字科技产业已成为经济发展的新动力，京津冀协同发展带动了三地的科技创新合作，打造了一批特色重点园区，集聚效应初显，形成了三地一系列数字科技特色产业集群，推动各地产业数字化进程，主要有海淀区电子信息产业集群、张北县大数据产业集群等。

一、海淀区电子信息产业集群

（一）基本情况

　　海淀区产业发展环境优越，区域创新创业服务体系完善。截至 2021 年，海淀区内已初步形成 93 家国家级众创空间，占北京市国家级众创空间总量的半数以上；拥有 105 家市级众创空间，占北京市级众创空间的近半数；拥有 67 家创新型孵化器，占到北京市创新型孵化器总量的七成，① 同时构建起了 150 家集中办公区的创业服务体系，总孵化面积达 260 万平方米，在全国双创示范基地评估中独占鳌头。此外，海淀区区域创新能力突出，发明专利授权量 2.08 万件，占北京市的 45.2%；获第十九届中国专利奖金奖 2 项；23 家驻区单位荣获第四届北京发明专利奖，占获奖总数近 60%。海淀区技术市场成交总额达到 1620 亿元，占全市的 37%。海淀区高新技术企业数量众多，发展活力十足，拥有以联想、百度等为代表的国家高新技术企业超过 8980 家。海淀园规模以上高新技术企业中，符合新经济特征的企业占比高达 73%，新经济企业总收入占到园区纳统企业总收入的 76%，远高于全国平均水平。② 海淀区创新资源丰富，聚集了以中国科学院为代表的科研院所 138 家、国家级工程研究中心 29 家、国家级重点实验室 73 家、两院院士 582 名，是全国重要的

---

　　①　海淀区众创空间在全国名列前茅　形成强大双创示范基地［EB/OL］. 海淀区人民政府，https://zyk. bjhd. gov. cn/jbdt/auto4510_51816/auto4510_54705/auto4510/auto4510_54730/auto4510_54738/201810/t20181002_3317825. shtml.
　　②　核心区经济发展状况［EB/OL］. 海淀区人民政府，https://zyk. bjhd. gov. cn/kjhd/kjhd/mlhxq/201810/t20181021_3912824. shtml.

创新基地。①

(二) 发展优势

海淀区作为北京着力发展的高科技产业聚集区，信息技术产业发展飞速，是海淀区经济的重要支柱产业之一，拥有众多的创新资源、龙头企业，带动产业集群竞争力不断提升。

1. 政策扶持

海淀区电子信息产业集群的形成与发展离不开良好发展环境的支撑。2021 年以来，海淀区全面落实国家和北京市规范平台发展的有关政策，建立重点企业台账，开展动态数据监测，持续实施"一对一"跟踪走访服务，加大力度回应字节跳动、快手等平台企业在研发投入、人才支持方面的诉求，加快人工智能、自动驾驶等应用场景建设，有力促进平台经济规范、健康发展。②

2. 龙头企业集聚

2021 年，海淀区平台经济贡献的增加值已占全区 GDP 的 1/3 左右。其中，164 家平台企业营业收入为 1.24 万亿元，同比增长 22.7%；研发费用合计 845 亿元，同比增长 47.8%；实现总税 423.5 亿元，同比增长 21.6%，地方级税收 191.4 亿元，同比增长 10.9%。在海淀，龙头平台企业扎堆聚集、规模大、效益好，对经济发展有强劲拉动效应。在重点企业带领下，海淀电子信息领域研发投入不断加大，构筑技术新优势，引领数字经济发展的能力得以持续巩固。③

3. 科技创新环境优越

从科技创新能力来看，北京高校云集，科技人才集聚，科技服务高端，具有显著优势。在发展的道路上，海淀区全力推进科技成果转化，促进创新主体的供需匹配，不断探索新的创新方式与途径，将基础成果与转化进行高效衔接，为电子信息产业集群的迅速扩大提供了优越的环境。在平台经济发达的背景下，不断完善沟通交流机制，支持龙头企业在引领发展中不断成长，带动产业集群的整体竞争力提升。

---

① 下一个破万亿的，可能是这个区：靠科研起家，GDP 占北京的 1/4 [N/OL]. 时代周报，https：// baijiahao. baidu. com/s?id=1722080756833021651&wfr=spider&for=pc.
② 潮平两岸阔，分楫正当时 [N]. 北京日报，2022-06-07.
③ 北京市海淀区数字经济发展巡礼 [N/OL]. 中国质量报，https：//www. cqn. cn/zgzlb/content/ 2022-06/07/content_8828849. htm.

(三)海淀区电子信息产业集群典型龙头企业

海淀区电子信息产业集群的形成与发展离不开龙头企业的支持与带动作用。海淀区拥有小米、字节跳动、联想等多家在国内外市场上得到广泛认可的龙头企业，这些龙头企业为电子信息产业集群的发展注入了强劲的动力。

小米公司是海淀区电子信息产业集群的龙头企业之一，是一家以智能手机、智能硬件和物联网(IoT)平台为核心的消费电子及智能制造公司。至2018年，小米已成为全球第四大智能手机制造商，在30余个国家和地区的手机市场销量位居前五，特别是在印度，连续5个季度保持手机出货量第一；同时建成了连接超过1.3亿台智能设备的IoT平台，在全国乃至世界智能设备市场都占有一席之地。[①]

北京字节跳动科技有限公司是最早将人工智能应用于移动互联网场景的科技企业之一，旗下今日头条、抖音短视频等产品在国内乃至国际市场上也都有着广泛的受众，企业实力强大，竞争优势明显，在胡润研究院发布的《2021胡润全球独角兽榜》榜单中，字节跳动独占鳌头，排在第一位。[②] 其主要产品抖音短视频在国内外市场均取得了热烈的反响，至2022年抖音的总用户数量已超过8亿人，日活7亿人，人均单日使用时长超过2小时，在移动应用领域独占鳌头。

联想集团是一家成立于中国、业务遍及180多个市场的全球化科技公司。2018年，联想的个人计算机(PC)销售量全球第一。至2020年，联想下分智能设备集团、数据中心业务集团、联想创投集团、数据智能业务集团四大业务集团，在全球范围约有5.7万名员工，业务遍布180多个国家和地区，整体营业额达到3531亿元人民币。2021年，波士顿咨询公司提名了全球最具创新性的50家公司，联想集团位列第25，在中国公司中位列第三。在《每日经济新闻》与清华大学经济管理学院联合发布的"2021中国上市公司品牌价值榜"中，联想集团以1453.3亿元的品牌价值再次荣获海外榜Top50第一名，在总榜排名中位列第19。[③] 企业产品涵盖云服务、企业服务、平板电脑、手机、智能设备、笔记本、网络设备等多个领域，远销海内外市场。

---

① 公司简介[EB/OL]. 小米公司，https：//www.mi.com/about.

② 中国财富报道|胡润发布最新全球独角兽企业排名：字节跳动居榜首！[EB/OL]. 新华社，https：//baijiahao.baidu.com/s?id=1719671206718639850&wfr=spider&for=pc.

③ 集团简介[EB/OL]. 联想公司，https：//brand.lenovo.com.cn/.

二、张北县大数据产业集群

（一）基本情况

自 2012 年 6 月阿里巴巴正式落户张北县，张北的云计算产业实现了"从无到有、从有到强"的跨越式发展，[①] 正在向大规模、集群式发展转型升级。2016 年 12 月，京津冀大数据综合试验区建设正式启动，明确把张北县定位为京津冀大数据综合试验区的特色功能区，将张北作为国家数据中心、"一带一路"数据节点进行布局。[②] 张北县规划以阿里巴巴云项目为龙头，全力打造中国北方"云基地"。

张家口市已初步建成张北云计算产业基地、桥东区"北方硅谷高科新城"、宣化区南山产业园、怀来县京北生态科技新城等多个核心园区，大数据产业布局基本形成。[③] 在 2019 中国国际数字经济博览会上，京津冀黔四地签署《国家大数据综合试验区建设正定共识》（以下简称《共识》）。京津冀黔为加深大数据企业之间、大数据企业与需求方之间的了解，打破相对孤立和封闭的产业环境，建立跨区域的大数据产业生态圈，未来将实现不同程度的互补，相互之间将进一步合作并就此达成共识。根据《共识》，四地将共同推进数据资源交换共享和协同应用，共同建立横跨区域的大数据产业生态圈。中国移动"5G+数字经济"项目拟在张家口宣化南山开发区征地约 303 亩，建设可容纳约 30 万台服务器的中国移动（河北张家口）云计算数据中心园区；中国联通张家口创新产业园项目将在怀来县建设创新产业园，规划建筑面积约 40 万平方米，可承载服务器约 50 万台。[④]2020 年初，张北县政府发布了《张北县首都水源涵养功能区和生态环境支撑区建设规划（2019-2035 年）》，规划中确定了要发展大数据产业、风电产业和精品旅游业。大数据产业未来的发展目标是京津冀主云存储基地、国家绿色数据中心示范基地、全国数据灾备中心、河北省主数据中心、全国数据交互重要枢纽，包括八大项目。

---

① 张家口：绿色引擎驱动数字经济"突飞猛进"[EB/OL].长城网，https：//www.sohu.com/a/388256066_120333600.

② 数字经济，"点燃"张家口经济发展新动能[EB/OL].网信河北，https：//baijiahao.baidu.com/s?id=1655308181727491765&wfr=spider&for=pc.

③④ 京张高铁沿线将隆起大数据产业地[EB/OL].千龙网，http：//beijing.qianlong.com/2019/1018/3423406.shtml.

（二）发展优势

依托京津冀协同发展与自身的优势，张北县大数据产业集群飞速发展，不断推进产业链供应链的区域联动，打造"京津冀数字经济隆起带"，已成为张北县高质量发展的新引擎。

1. 优厚的区位条件

首先，张北县位于内蒙古高原的最南端，属坝上区域，平均海拔 1400 米，冬季有"风似刀、雪满怀"之称。张北具备了保障发展大数据产业的优质要素，即环境的冷和大量的能源的"热"。其次，张家口市创新性建立了"政府+电网+发电企业+用户侧"的"四方协作"电价机制，将"弃风弃光电"变为"低成本经济电"，有效降低了企业用电成本。再次，在能源输送方面，张北云基地开工建设了±500 千伏柔性直流变电站，建成了 3 座 110 千伏变电站、1 座220 千伏变电站，负荷可达到 93 万千伏，完全能保障数据中心的用电需求。最后，按照国际上大数据中心布局的通行惯例，高端数据中心最佳布局点应该在距城市 200~300 千米的中小城市周边区域，张北是距北京最近、最适宜建设超大规模集群式大数据基地的区域。①

2. 政府政策扶持

为发挥张北大数据产业的带动作用，张家口市出台规划，将张家口市打造成为世界级超大规模数据中心产业集群、国家级绿色数据中心创新示范区、国家级核心大数据装备制造基地、全国大数据创新应用先行区，建成"中国数坝"。②《中国数坝·张家口市大数据产业发展规划（2019-2025 年）》指出，张家口市将沿京张高铁和张石高速一线，构建大数据产业发展隆起带，同时在坝上区域打造大数据存储核心功能区，在中心城区打造大数据研发和应用、装备制造核心功能区，在邻京县区打造大数据创新创业示范和总部经济核心功能区。围绕三大核心功能区定位，重点培育和发展一批分布合理、功能错位、运行高效的大数据产业园，推动大数据核心产业链及关联产业集聚发展，形成多园联动的发展格局。

---

① 河北张北县大数据产业的"冰"与"火"［EB/OL］. 中国新闻网，https：//www.chinanews. cn/cj/2019/11-11/9004599. shtml.

② 京张高铁沿线将隆起大数据产业地［EB/OL］. 千龙网，http：//beijing. qianlong. com/2019/ 1018/3423406. shtml.

◀ 第四节 ▶

京津冀数字科技产业集群高质量发展路径

在京津冀协同发展的背景下，要着力解决京津冀数字科技产业在人力资源、技术创新等方面的问题，促进行业在服务平台搭建、创新能力提升、产业链条完善等领域的整体水平，使京津冀数字科技产业走出一条独具特色的发展道路。

一、推动政府数据治理，促进经济社会全面发展

任何新兴产业在其发展初期都会面临有效需求不足的问题，往往需要政府的"有形之手"扶一把，数字科技产业也不例外。而随着经济社会的快速发展，人们对于政府的公共治理水平要求也越来越高。鉴于目前在市场监管、乡村振兴、城市管理等公共管理领域已有的大数据应用成效较为显著，京津冀不妨以公共数据治理作为政府扶持的着力点。一是改变政府决策模式，从过去的基于经验和好恶转向基于数据，并按大数据技术工具的要求，梳理和调整政府治理的方式和程序，使数据能够切实指引决策。二是把政府大数据项目与引进培育大数据企业结合起来，在保证项目质量的前提下，项目优先交予京津冀企业及在京津冀落地的企业承担，进而以点带面，壮大一批采集、存储、加工、分析、应用等数据服务企业，推动京津冀相关产业链逐步成型。三是借鉴贵州、浙江等先行省份的成功经验，依托京津冀的优势和特点，瞄准中央比较关心的问题，集中力量打造一两个类似"云上贵州""政务超市"的明星项目，如钢铁大数据、医药大数据、环保大数据等，以此打造一批具备竞争优势的大数据企业及相关产业链。

二、创新业态、模式，培育数字经济产业

当前，大数据的变现模式主要是间接模式，大数据需要和业务场景结合才能实现其商业价值，这就要求我们高度重视市场创新。尤其是河北省要在市场创新上发力，把新模式、新业态作为河北大数据产业的成长方向。一是要发挥好大数据应用示范区的示范引领作用，在石家庄、张家口、廊坊、承

德、秦皇岛大力推动大数据在金融、旅游、物流、健康、新能源等领域的创新性应用，打造一批河北省企业占优势主导地位的新行业、新业态。二是鼓励数据密集行业企业跨界发展，重点支持医药、装备制造、冶金、能源等领域拥有海量数据的企业以自身需求为切入点，借鉴三一重工以工程机械远程监控起步，逐步构建工程机械大数据智能调度网络的经验，跨界进入大数据行业，引领新行业、新业态的形成。

三、加强区域合作，健全大数据交易平台

有力地促进京津冀数据采集业健康发展是大数据产业的关键，数据的高效流通有助于整个产业的专业化分工，促进大数据产业成长。而实现数据高效流通，最有效的手段莫过于打造一个数据交易平台。有了数据交易平台，数据分析和应用企业要获得各种数据，就避免了"交易成本"，还可以在交易时完成数据脱敏、确权、定价、质量认定等一系列工作，极大地降低企业交易数据的成本。数据交易平台对于河北来说作用更为重要。河北传统制造业较为发达，拥有大量生产数据，这为河北省数据采集业的发展奠定了现实基础。但河北省数据分析企业相对较少，其大多扎堆一线城市特别是北京，而这些当地企业往往缺乏挖掘其他区域的大数据资源的能力。可以说，河北的数据采集企业与发达区域的分析企业有天然的合作动力。建议河北省下一步要大力发展数据交易平台，至少打造一家在全国有影响力的交易所，从而将数据产业链上的市场主体有效联系起来，显著提升数据供需双方的合作水平，促进河北省数据采集行业发展。

四、实施政策引领，促进技术创新

促进相关技术的培育和追赶式发展技术创新一直被视作大数据产业的制高点，任何致力于发展大数据产业的区域均对此高度重视。尽管河北省信息技术创新能力有所欠缺，但也应在大数据相关技术创新上设法有所作为。国内外大数据发展经验告诉我们，技术创新短板并非无法弥补，如数据分析是有开源算法可供借鉴的，芯片设计也是有公版设计可以参考甚至直接拿来用的。从大数据技术的发展历程上来看，很多核心技术，如大数据分析技术等均依赖于开源模式，即通过开放式的平台，吸引全球开发者通过开源社区来进行开发、维护和完善。开源模式创新非常便于后来者进行技术追赶，从而显著降低大数据技术创新的门槛。在河北进行大数据相关技术研发，不妨以

在开源技术基础上二次创新为重点，比如一般性数据分析技术、RISC-V 物联网芯片开发等，其所依赖的无非 Hadoop、Hive、Spark 等现成的软件工具及平头哥开源 MCU 平台等，完全在河北省企业技术能力之内。

五、创新人才引进战略，夯实人才保障制度

落实好大数据战略的关键在于拥有一支拿得出来、顶得上去的人才队伍。考虑到河北省相对于周边区域在人才引进上的弱势地位，以及目前我国数据挖掘模型、人工智能机器学习等关键技术领域人才的稀缺，河北省应以应用人才的培养为主展开大数据方面的人才队伍建设。在高校大数据相关课程设置上，注意把大数据技术与实践结合起来，增进学生对大数据的认识，培养学生挖掘数据的能力以及运用大数据解决现实问题的技能；推动人文社会科学专业普遍设置大数据课程，把基于数据的未来分析预测理念扎根在未来管理者的头脑中。同时，要推动企业管理人员的决策理念从经验驱动转向数据驱动，通过对企业管理者特别是决策者开展大数据使用方法和基础技术培训，帮助其建立数字决策的概念，并提升其对数据的敏感度以及相应的分析能力。

第十一章
Chapter 11

京津冀特色产业集群高质量发展的对策建议

特色产业集群的发展是一个长期且复杂的过程，京津冀区域特色产业集群想要实现高质量发展，需要充分考虑发展过程中各层面的问题，以企业为基础，从政府、产业集群及企业等多方面共同发力，全方位推动特色产业集群的发展与升级，构建全面化、多元化、高层次的现代化特色产业集群。

◀ 第一节 ▶
政府层面

政府是特色产业集群发展的引导者与助推者，特色产业集群发展需要政府以高屋建瓴的视角，建设服务型政府，为特色产业集群发展提供政策、机制、环境等多方面的支撑，引导构建产业发展新格局，推动特色产业集群实现高质量、高水平的发展。

一、合理制定规划，确保政策落实

（一）政府发挥带头作用

以政府为总指挥，居中统筹调度，引领京津冀区域特色产业集群发展方向，制定特色产业集群发展评判阶段标准，定期召开工作会议汇报落实发展工作，打造发展问题汇总上传、合力解决机制，构建特色产业发展审核、监督、指导、验收等多方面的制度，统筹协调产业集群发展中的各项工作。省级其余有关部门各司其职，积极配合协作工业和信息化厅开展工作，形成协调联动机制，为特色产业集群发展提供助力。市县级政府是引导特色产业集群发展的主要负责与执行部门，应把县域特色产业集群升级作为县域经济发展的主要任务，积极主动鼓励和引导县域特色产业集群发展进步，制定合理有效的发展政策与制度，切实保障特色产业集群发展。市级政府作为区域经济发展的主要引导者，要结合本区域实际，因地制宜统筹协调特色产业集群发展，加强对县、区等县级区划的指导，构建特色产业集群信息交流沟通平台，打造适配区域发展水平的特色产业集群发展评价体系，为不同区域、不同行业的特色产业集群树立具有代表性与权威性的评价标准，鼓励市内各区县、区县内各产业集群互相竞争，以竞争促发展。各级政府应当紧紧围绕本地特色产业集群发展条件，抓住发展机遇，积极向先进区域学习，借鉴先进特色产业集群的发展经验并化为己用，补足本区域特色产业集群发展过程中的短板与不足，提高特色产业集群的竞争力，推动构建高水平、现代化的特色产业集群。

(二)加强政策支持

充分考量京津冀协同发展环境，结合各区域实际，制定符合区域特色的县域特色产业集群发展政策。同时，要积极开设政策传播渠道，通过定期开办政策宣讲会等宣传途径，帮助产业集群和企业认识、了解与学习国家和省市级政府出台的各级帮扶政策，充分利用和调拨特色产业集群发展扶持资金，为特色产业集群中的重点企业、重点项目、重点产品提供资金支持，助力特色产业集群发展。在数字化改造、品牌培育、研发设计、渠道拓展、人才培养、绿色制造等方面加大支持力度，落实《河北省县域特色产业提质升级工作方案（2021-2025 年）》中的 16 条政策。构建多层次、高水平、多元化的现代化要素供给机制，提高要素供给质量，优化要素供给服务，保障产业集群生产要素供给。引进银行、证券、保险等金融机构，打造金融服务平台，拓宽企业融资渠道，丰富融资方式，提升金融服务水平，为产业集群发展提供强有力的金融支撑。

(三)强化领导包联

贯彻执行政府领导包联特色产业机制，确保在各特色产业集群及各龙头企业内全面实现领导包联。各级领导应走到产业集群中去，细致深入地了解特色产业集群的发展现状，以高屋建瓴的视角，找出特色产业集群现有的优势与不足，借鉴先进区域的发展经验，结合本区域的区域特点，提出符合当地实际状况的发展建议，提供专业程度高、可行性强、符合产业集群发展利益的指导，为特色产业集群进一步发展指明方向、探明路径，确保特色产业集群发展大方向上不走偏、小细节上不疏忽。

二、优化营商环境，激发民企活力

（一）提高政府服务质量

深入推进政府服务优化改革，贯彻落实各级政府简政放权，打造全面化、一体化的政府服务平台，精简行政流程，提高审批效率，构建简洁合理、高效透明的政府服务体系，实现各企业业务办理一站化、网络化，减少特色产业集群发展过程中不必要的阻力，为特色产业集群发展提供高质量的政府服务。各级政府应当细致学习《优化营商环境条例》，领会营商环境优化发展的方向与脉络，结合当地实际，因地制宜深化落实优化营商环境专项行动，建立健全营商环境考核评价制度，构建全面合理的营商环境评价指标体系，为各区域特色产业集群提供具有权威性与指导意义的参考标准，助力优化营商环境。加大产业集群优惠政策宣传落实力度，切实保障企业发展有法可依、有法必依，用法律约束、引导与保护产业集群健康发展，构建依法、有序、公平、积极的营商环境。

（二）创新服务方式，拓展服务渠道

政府牵头推动促进产、学、研相结合，以产业集群内部企业为主体，积极吸收、引进与利用外部创新资源，充分发掘产业集群内部创新潜力，推动打造集研发、设计、质检、包装、物流等功能于一体的创新服务平台，推动企业、高校、科研机构之间形成资源共用、成果共享的协调合作关系，构建符合产业集群现代化发展要求的协同创新发展机制。引导产业集群内外部相结合，合作构建行业合作交流组织，推动产业集群整合优势资源，形成发展合力，以全方面、多层次的合作提高特色产业集群的市场竞争力。推动打造特色产业集群对外信息发布平台，及时公布产业集群发展现状与优质成果，打造宣传推广窗口，积极与社交媒体平台构建良好合作关系，加大产品推广力度，提高产品的知名度，打造具有良好口碑的特色产业集群品牌，提高产业集群的市场影响力与消费者认可度。

（三）打造优质营商环境

提高产业集群发展整体环境标准，打造现代化优质营商环境，全面推行市场准入负面清单制度，精简行政审批流程，减少企业生产经营过程中不必

要的约束，消除产业集群发展的阻力。建立健全市场有序公平运营保障体系，构建公平公正公开的市场环境，激发市场主体活力。推动政府职能转变，大力加强服务型政府建设，构建层次分明、严谨高效的公共服务体系，以高质量的公共服务为特色产业集群发展保驾护航。构建良好的政策传达普及机制，建立政策推广传播路径，利用大数据推动政策个性化推广，及时将政府政策向地方企业进行精准推送，帮助集群及其内部企业及时了解相关优惠政策，让优惠政策不是停留于纸面，而是深入到各特色产业集群、各相关企业中去，建立政策传播交流平台，积极开展政策学习班，开设政策咨询窗口，帮助企业深刻理解政策含义、领会政策精神，确保优惠政策落到实处、行之有效。

（四）完善金融服务支撑

以区域为划分、特色产业集群为载体、企业为主要服务对象，积极引进各金融机构到县级行政区开设分部，鼓励各类金融机构成立县域金融事业部，推动金融服务向县级延伸，为特色产业集群招商引资提供金融助力，为企业拓展融资渠道、丰富融资方式、提高融资质量，构建县域金融服务圈，让企业能够实现金融服务本地化、一站式办理，打造现代化金融服务体系，为特色产业集群发展进步提供高质量的金融支撑。创新企业贷款融资方式，打造以产业集群为担保、中小型企业为主要受益对象的贷款方式，以特色产业集群集聚化、一体化的优势推动金融机构为中小企业提供长期、低息贷款，帮助特色产业集群内的中小企业解决资金难题，助力产业集群整体发展。既要积极引进大型金融机构，也要鼓励引导中小金融机构有序进入市场，以满足不同企业的不同规模、不同层次的多样化融资需求，构建全方位、多层次的金融服务体系。建立健全金融风险规避机制，加大对违约失信企业的惩罚力度，组织各产业集群内部协调合作，共同构建企业经营管理监督机制，设立信誉评价指标体系，约束引导企业规范有序、合理合法运营，打造良好的金融环境，帮助金融机构消除后顾之忧，鼓励金融机构提供现代化、多样化的金融服务。

三、提供要素保障，建立创新机制

（一）优化要素供给

响应国家号召，深入推进供给侧结构性改革，制定出台县域特色产业集群发展要素供给政策，帮助产业集群实现生产要素优化供给，推动生产技术创新发展，树立模范集群、模范园区与模范企业，为县域特色产业集群发展引领方向、指明路径，帮助企业优化生产要素结构，推动普及数字化、现代化、绿色化的生产方式。政府牵头组织高校、科研机构与企业建立合作发展关系，共同打造技术研发、工业设计、检验检测、标准推广、人才培训、成果转化、企业孵化、物流配送、电商平台等多功能公共服务平台。组织建立行业协会，通过统一的组织形式，提高特色产业集群在要素市场上的话语权，通过统一途径采购，提高要素需求体量，增强议价能力，推动生产要素成本降低。搭建特色产业集群信息交流平台，推动企业、集群、产业等多层次的信息交流沟通，实现信息共享、公开、透明，降低信息收集成本，推动特色产业集群共同发展。

（二）建立创新机制

创新是引领发展的第一动力，人才是第一资源。京津冀县域特色产业集群想要持续发展，必须将创新放在发展规划的核心地位，积极引进先进科研创新人才，为实现创新发展奠定人才基础。加大京津冀尤其是河北省优秀高校、高校优秀人才的培育力度，推动"双一流"高校建设培育，形成人才源头，丰富京津冀优秀人才来源，积极推动高端人才引进，制定特色产业紧缺人才动态目录，加快引进国内外科技领军人才和创新团队，提高京津冀高端人才质量，构建人才吸收、引进、培养相结合的人才资源发展战略。鼓励京津冀特色产业集群、企业与高校和科研机构建立合作关系，打造产学研相结合的创新平台，优化创新发展环境，推动特色产业集群实现创新发展。

四、倡导绿色消费，引导低碳转型

积极响应并推动国家"双碳"目标的实现，打造现代化、绿色化、低能耗、高效率的新型生产方式，转变传统以产值为主要评判标准的生产理念，树立以亩均、创新论英雄的先进生产理念，重视企业生产经营中的绿色生产、保护生态的重要价值。建立企业生态价值评估体系，打造具有权威性的生态价值评价标准，为生态效益好的企业制定针对性优惠政策，让环境保护型、生态友好型企业享受到应有的待遇，鼓励特色产业集群绿色化、生态化发展。提升特色产业集群生产园区基础设施建设水平，提高园区的生态承载能力与垃圾回收处理能力，号召企业之间通力合作，在园区内打造生产废弃物统一回收处理制度，提高生产资源利用率，帮助企业提高生产经营效益。促进产业园区资源充分整合利用，打造生态化产业园区，鼓励开发和运营"园中园"等特色产业园区，推进园区高效、清洁、低碳、循环绿色制造体系建设，开展绿色设计示范、绿色供应链示范。

◀ 第二节 ▶
产业集群层面

对县域特色产业集群而言，如何扩大产业集群竞争优势，提高产业集群竞争力，是产业集群高质量发展过程中亟待解决的首要问题。具体可从以下三个方面入手：

一、培育壮大优势产业链条，提升特色产业集群竞争力

（一）坚持扶优扶强

紧紧围绕特色产业集群发展优势，鼓励和支持优势企业和龙头企业优先发展，帮助骨干企业上市经营，吸收社会各界资金，提高企业发展层次。以产业集群为单位，组织引导企业经营管理水平提升，树立特色产业集群发展标杆，引领京津冀县域特色产业集群现代化发展。

优势企业是特色产业集群市场竞争力的重要保障，是特色产业集群持续健康发展的主要动力，是特色产业集群发展的引领者、带动者，在特色产业集群发展进程中有着重要的战略地位。特色产业集群应大力支持优势企业发展，从资金、技术、人才、土地等方面入手，为优势企业提供全方位、多层次的支撑，帮助优势企业树立以技术优势、品牌优势、服务优势、管理优势为核心的多方面竞争优势。要提供资金支撑，帮助优势企业对产业集群内外同类企业进行融合兼并、整合优化，提升企业体量，扩大企业在行业内的影响力，引领特色产业集群扩大市场，提高竞争力。积极培育先进企业，鼓励高新技术企业不断创新引用先进生产技术，充分发掘特色产业集群增长潜力，形成新的增长动力，为特色产业集群提升发展层次、扩大发展优势提供技术支持，为打造高技术、绿色化的现代化产业集群提供助力。大力推广绿色生产经营理念，建立企业绿色发展激励机制，推动特色产业集群生产方式向绿色化、生态化生产转变，鼓励企业改进生产技术、创新生产方式、优化生产设备，减少企业生产过程中的能源消耗与废弃物、污染物排放，在产业集群内部建立废弃物回收利用、污染物统一处理制度，降低特色产业集群生产耗能与环境污染，打造生态竞争优势，提高特色产业集群生态友好水平，助力

京津冀县域特色产业集群早日实现"双碳"目标。

（二）打造现代化产业链

聚焦特色产业集群内部现有优势产业，推动优势产业的产业链向上下游延伸，拓宽产品生产范围，塑造完整产业链条，保障特色产业集群生产的安全性与独立性，形成具有独特竞争力的特色产业链，助力特色产业集群发展。鼓励产业集群内部产业链协同发展，实现特色产业集群不同产业链之间互为补充、合作共赢，构建县域特色产业集群产业链体系，实现产业链之间互联互通、共同发展，打造现代化产业链发展格局。构建产业链配套服务体系，打通关节、突破瓶颈，增强产业链的独立性与自主性，实现产品生产一站化、自主化，降低特色产业集群原料与中间产品供给不足风险，避免出现"卡脖子"等问题，提升产业链供应链现代化水平。正确认识与把握特色产业集群的发展阶段与发展条件，把握好不同区域、不同集群、不同产业链之间的共性与个性，因地制宜制定产业链现代化发展战略，找到现实可行的发展路径，以正确的路径引导产业链实现现代化发展。

（三）推动产业链协同发展

河北省要抓住京津冀一体化发展的战略机遇，依托京津冀产业协同发展合作平台，积极与京津先进产业集群展开合作，共同打造产业协作示范区，承接和吸收京津区域转移产业链，为京津区域先进产业链提供基础支撑，积极融入京津冀一体化发展格局，借助京津区域产业的竞争力与影响力，带动京津冀县域特色产业集群发展。打造京津冀产业供给链，帮助京津周边区域与京津区域融合发展，打造转移产业承接园区，承接京津区域转移出的基础产业，打造京津产业生产资源供应基地，构建协同合作、共同发展的京津冀产业发展生态圈。大力支持优势产业链发展，以龙头企业为核心、集群内中小型企业为辅助，打造特色产业集群现代化产业链，充分发挥龙头企业的带动作用，打造龙头企业与中小型企业协调合作的新发展机制，推动形成互利共赢的生产格局，提高产业链上下游协同发展水平。

二、推动产业集群数字化转型，增强特色产业发展动力

（一）完善数字化发展基础

加快 5G 网络建设，推动 5G 网络覆盖率上升，构建大数据中心、工业互

联网等数字化新型基础设施，为特色产业集群数字化发展提供基础支撑。积极引进高端人才，加强产业集群数字化普及教育，面向产业集群内技术人员、管理人员开展数字化培训课程，宣扬数字化生产经营理念，培养数字化发展人才，加强特色产业集群数字化人才储备。推动高校、科研院所、数字化服务供应商等与产业集群深度合作，构建数字化转型帮扶支撑平台，帮助企业解决数字化过程中面临的各种问题，在资金充裕、技术先进的龙头企业打造数字化发展试点，率先实现数字化转型，探索数字化转型过程中的重点、难点问题，为中小型企业实现数字化转型探明前路，为京津冀县域特色产业集群的数字化发展奠定基础。

（二）实现数字化转型升级

开展数字化企业试点，在产业集群内挑选优质企业，充分发掘企业数字化生产潜力，率先推广实现数字化转型升级，构建起个性化、智能化、现代化、精细化的数字化生产经营模式，树立数字化转型标杆，打造数字化转型模范。在特色产业集群内部开展数字化生产经营推广活动，推广数字化发展理念，帮助企业认识到数字化转型升级的优势，引导企业积极引进先进的数字化生产设备，推动产业集群实现数字化转型升级。

（三）促进数字化创新应用

积极与数字化服务供应商构建良好合作关系，推动大数据在特色产业集群中的应用，构建特色产业集群大数据服务中心，为产业集群打造数字化服务平台，帮助集群内企业广泛收集市场信息，解读市场行情，把握市场需求，实现个性化、定制化生产；帮助企业打造数字化生产模式，在企业之间实现生产经营信息交流互动，降低企业生产经营成本，提高企业的生产质量，充分满足消费者多样化的产品需求。鼓励最终产品生产企业积极开发线上市场，开拓数字化销售渠道，利用直播电商、社交电商等数字化销售平台，通过开设网络直播间、经营线上销售店铺等数字化销售方式，打造特色产业集群数字化销售模式，将数字化发展成果应用于企业生产经营活动中，提高特色产业集群数字化水平。

打造数字化创新应用试点示范企业，率先实现数字化升级，打造数字化发展示范企业，为特色产业集群内企业树立数字化转型升级标杆。支持产业集群数字化龙头企业搭建企业级工业互联网平台，加快企业内部应用系统升级，支撑企业全流程信息共享和业务协同。支持集群内龙头企业与京津冀区域内外工业互联网企业共建垂直型工业互联网平台，开发一批数字化工具和智能系统，打造具有可复制性与普适性的数字化转型升级方案。打造特色产业集群数字化生产服务平台，推动企业之间加强交流协作，实现信息共享，优化生产资源分配方式，提高生产资源利用效率，构建资源共享、信息互联的特色产业集群协同发展体系。

三、加快研发低碳技术，提高技术创新水平

（一）培育壮大创新主体

一方面大力支持高新技术企业发展，另一方面帮助中小型科技企业健康成长，双管齐下、共同进步，在特色产业集群内建设以高新技术企业为主导、中小型科技企业为助力的创新发展格局。加大科技创新知识推广与普及力度，建设企业创新发展支持制度，吸收先进技术人员与高端人才入驻，打造技术创新研发中心，构建技术帮扶平台，帮助企业转变生产方式，实现创新发展。在特色产业集群内树立创新发展理念，弘扬创新精神，鼓励大型企业吸收创新资源，设立创新中心，加大科技创新力度，助力特色产业集群实现创新发展；帮助中小企业培养独立自主创新能力，走专业化、特色化创新发展道路，着力于发展优势产品，专注主要产品的迭代升级，打造具有一定市场知名度的企业品牌。组建产业集群专利保护部门，积极组织开展专利申请、保护、维权等业务，加大知识产权保护力度，保护特色产业集群创新成果，为企业创新发展消除后顾之忧，激发企业的创新活力。河北省可以依托京津冀一体化战略的资源优势，引导与支持产业集群内部企业研发机构优化升级，吸收京津先进创新资源，建设重点实验室、企业技术中心、工程研究中心、技术创新中心、产业技术研究院等科技创新平台；以龙头企业为核心，积极与京津区域高校和科研机构展开合作，共同打造技术创新研究机构，构建产学研相结合的创新发展模式，加快知识成果向生产成果的转化；树立技术创新示范企业标杆，为创新企业提供全方位的资源扶持，鼓励企业创新发展。

（二）激发创新活力

为创新企业提供技术、资金、平台等多方面的帮助，推动企业聚焦创新发展。注重创新人才引进培养，制定创新人才针对性优惠政策，提高产业集群对创新人才的吸引力，分担企业人才引进成本，助力企业引进高端创新人才，树立创新人才定期交流学习机制，组织创新人才外出学习先进地区与企

业的创新成果，帮助创新人才持续学习深造，保证创新人才的先进性与创新性。积极与高校展开合作，开展创新人才引进活动，提高产业集群的创新人才储备能力。加大创新人才自主培养力度，积极与高校和科研院所等创新机构展开合作，在产业集群内部建设创新人才培育基地，帮助高校毕业生将知识理论与生产实践相结合，丰富实践经验，推动实现书面知识向实践成果的转化，为产业集群提供充足的创新人才资源储备，保障创新人才资源供给。由产业集群牵头组织引进高端人才工作组，积极联络国内外高端创新人才，给予高端创新人才资源与资金上的优惠条件，吸引高端创新人才来产业园区内部组建先进实验室，提高产业集群高端创新能力，通过引进高端人才、吸引高校人才、培育先进人才等途径，多管齐下，打造良好的创新人才生态，提高特色产业集群的自主创新活力。

◀ 第三节 ▶

企业层面

企业是县域特色产业集群形成与发展的主体，县域特色产业集群想要高质量发展，离不开企业的支撑。必须通过企业激发特色产业发展活力，打造产业集群特色品牌，积极与国内外市场对接，打造绿色生产体系，推动县域特色产业集群实现高质量发展。

一、强化企业创新主体地位，激发特色产业活力

(一) 夯实创新基础

龙头企业应抓住发展机遇，利用京津冀一体化战略机遇期，充分利用京津冀创新资源，积极与高校和科研机构开展合作，在企业内部构建创新机构部门，提高企业自主创新能力，共同建设创新发展平台，帮助高校与科研院所发掘知识成果的实践价值，推动知识成果向实践成果转化，实现互利共赢、共同发展的协同发展模式。重视挖掘中小型企业的创新潜力，为中小型企业制定创新发展优惠政策，加大技术扶持力度，利用中小型企业规模小、生产方式转换灵活的特点，鼓励中小型企业创新生产技术、转变生产方式，实现专业化发展，着力打造单项冠军企业。实施高新技术企业培育计划和科技

型中小企业成长计划，大力帮扶高科技企业发展，扩大高新技术企业与科技型中小企业基数，提高企业发展质量，为特色产业集群科技创新打下坚实的基础。

（二）建设创新载体

大力引进先进创新资源，帮助企业创新部门汲取先进知识，实现创新部门转型升级，打造前沿化创新机构，支持建设重点实验室、企业技术中心、工程研究中心、技术创新中心、产业技术研究院等科技创新平台。以龙头企业为主体，积极与京津冀区域内外高校、企业、科研机构展开合作，打造产业技术创新战略联盟，促进先进生产经验、生产技术与知识成果交流沟通，实现产学研相结合的创新发展模式。打造创新创业示范基地与小微创新企业孵化基地，为创新企业孵化、发展提供全方面的支撑与帮助，树立创新发展标杆，弘扬创新发展意识，打造高水平的创新载体，为企业创新发展提供坚实的支撑。

二、实施产品质量提升行动，扩大特色产业品牌影响力

（一）加强质量管理，突出标准引领

由特色产业集群牵头组织，各企业共同建设质量管理监督机构，构建产品质量监督管理体系，以高水平、严要求的质量监督，督促和引导企业严格管理产品生产流程，提高产品质量。加大产品质量管理理念宣传力度，定期组织企业负责人开展质量管理研讨学习会，在企业内部弘扬质量管理思想，树立质量管理理念，鼓励企业学习和应用先进质量管理模式和方法。

鼓励与支持企业积极主持或参与国际标准、国家标准、行业标准、地方标准、团体标准的制修订工作，提高集群内企业标准在行业市场上的影响力，走在行业发展前沿，引领行业发展方向。打造特色产业产品标杆，对标国内外产品标准，以严谨、认真、负责的态度，打造标准更高、要求更严的本地标准，树立质量管理标杆，引领行业产品质量标准体系建设。

（二）打造产业品牌

实施产品品牌、企业品牌、区域品牌"三位一体"品牌战略，围绕主要产品提高宣传力度，拓展产品宣传推广渠道。在新闻媒体上投放广告，提高产品社会知名度；充分利用社交媒体资源，打造良好的企业口碑；围绕电商平

台开展宣传推广活动，吸引消费者的关注；利用好新媒体渠道，入驻直播销售平台，开设产品销售直播间，帮助消费者更加直观地认识产品，通过多渠道、全方位的市场推广，树立产品形象，打造产品品牌，提高特色产业集群产品的市场认可度与影响力。扩大企业的宣传范围，组织特色产业集群内企业参加国内外展销推广活动，提高企业的曝光度与知名度，提升企业品牌价值，打造培育品牌、推介品牌、塑强品牌的品牌营销模式，树立具有市场认可度的企业品牌。重视产品品牌设计，结合企业发展历程，梳理与总结企业发展故事，弘扬品牌特色，塑造品牌精神内核，打造品牌文化，提升品牌价值，打造具有市场影响力的知名品牌。利用好传统品牌优势，推广特色产业名县名镇、国家地理标识等区域品牌，加强中华老字号、百年老店等传统品牌建设，讲好地域故事与品牌故事，发掘传统品牌背后的文化内涵，在优秀传统文化与悠久品牌历史的基础上，推陈出新，打造既包含传统内核，又具有时代特征，与消费者价值观相契合，能够激发消费者消费热情的品牌文化，充分发挥品牌价值，形成特色鲜明、内涵丰富、形象立体、市场认同的特色产业集群品牌。

三、开拓国内外多元化市场，提高融入新发展格局能力

（一）主动参与国内大循环

深化供给侧结构性改革，提高供给质量以满足消费者日益增长的消费需求。减少不合理供给，扩大有效供给，着力提高特色产业集群供给体系质量，提高供给与市场需求的适配程度。打造以企业为主体的特色产业集群协调发展制度，推动实现优势资源互助共享、重要资源共同开发的生产资源互助发展格局，在时尚消费、民生健康、中场配套等产业领域，推动实现关键资源共享，减少重复建设，打造共建共享、互利共赢的资源供给体系。在健康医药、智能装备、数字科技等特色产业领域，河北省利用京津冀一体化的发展机遇，充分吸收京津区域转移产业，引导京津高新技术企业落户河北，为京津产业提供基础产品支持，打造京津生产资源供给基地，借助京津区域的发展红利，帮助京津冀县域特色产业集群更好地参与到国内大循环中。

（二）积极融入国际大循环

响应国家号召，放眼国际市场，树立国际意识，实施更大范围、更宽领域、更深层次对外开放，充分利用特色产业集群的独特优势，鼓励企业开展

对外贸易，积极开拓海外市场。组织引导企业积极参与国际化展销活动，提高特色产业集群产品在国际市场上的知名度与影响力，为企业开拓海外市场奠定基础。抓住国家"一带一路"建设的重要机遇期，与海外企业开展合作，积极对接国际标准，打造优质企业品牌与优势产品品牌，借助海外企业的本土优势，提高特色产业集群在海外市场的知名度与影响力，打响特色产业集群品牌。推动企业积极开展对外合作，打造合作、发展、共赢的现代化发展模式，带动产业链上下游企业建立外贸生产基地和物流节点，拓展对外贸易营销渠道，助力开拓海外市场。加大国际贸易人才吸收引进力度，定期组织外贸企业开展学习交流，帮助企业了解对外贸易规则，减少企业在对外贸易过程中可能面临的问题，为企业融入国际大循环提供助力。

四、树立低碳绿色发展理念，营造企业低碳生产环境

（一）树立绿色发展理念

积极响应国家"双碳"战略目标，由政府发起、特色产业集群组织，积极对企业开展绿色发展教育，帮助企业认识与学习绿色低碳发展的重要现实意义，弘扬"绿水青山就是金山银山"的发展意识，树立绿色发展理念，营造企业生产经营与环境保护协同发展氛围，为企业实现绿色发展打下思想基础。对企业经营管理者定期组织绿色发展学习研讨会，自上而下推广绿色发展理念，定期开展绿色发展宣传推广活动，帮助绿色发展理念深入基层，扎根于企业生产经营的方方面面，让绿色发展理念成为企业现代化生产经营的重要指导思想，在企业内部打造符合国家"双碳"目标要求的绿色发展文化。

（二）营造低碳生产环境

特色产业园区是企业生产经营的主要活动范围，是企业生产环境的主要构成，想要营造低碳生产环境，必须从产业园区入手，打造现代化绿色特色产业园区。首先要加强特色产业园区的基础设施建设，构建资源集约利用机制，打造废弃物统一回收处理、污染集中排放治理机构，提高产业园区的资源供应、污水集中处理、废弃物回收利用等多方面的基础功能服务水平，为企业提供全方位、多层次、高水平、低浪费的绿色发展支撑，降低营造低碳生产环境、企业绿色生产经营成本，助力打造现代化的绿色低碳生产体系。打造生态园区，鼓励开发运营"园中园"等特色产业园区。推进园区高效、清洁、低碳、循环、绿色制造体系建设，开展绿色设计示范、绿色供应链示范，

打造绿色低碳的生产环境。

其次要转变企业生产评价方式，摒弃传统的以产值为核心指标的企业评价方式，打造充分考量社会、经济、生态等多方面影响因素的综合性企业评价指标体系，建立"亩均论英雄""创新论英雄"的现代化企业生产观念，帮助企业从绿色发展过程中得到应有的收益，同时给予企业一定的额外优惠与奖励，为企业营造良好的低碳生产环境，鼓励企业积极采用绿色化、生态化的生产经营方式，帮助企业走上清洁、低碳、环保的绿色发展道路。

参考文献

［1］［美］迈克尔·波特. 国家竞争优势［M］. 李明轩，邱如美译. 北京：华夏出版社，2002.

［2］仇保兴. 小企业集群研究［M］. 上海：复旦大学出版社，1999.

［3］［德］阿尔弗雷德·韦伯. 工业区位论［M］. 李刚剑，陈志人，张英保译. 北京：商务印书馆，1997.

［4］［美］奥利弗·E. 威廉姆森，西德尼·G. 温特. 企业的性质——起源、演变与发展［M］. 姚海鑫，邢源源译. 北京：商务印书馆，2010.

［5］黄菲. 京津冀装备制造业技术创新对经济绩效的影响研究［D］. 河北大学，2021.

［6］刘冬. 河北省装备制造业产业链升级模式研究［D］. 燕山大学，2013.

［7］石慧. 中场产业高科技工业品解决方案式营销实施研究［D］. 沈阳工业大学，2008.

［8］孙瑞松. 河北省橡胶产业竞争力实证研究［D］. 新疆农业大学，2014.

［9］杨楠. 河北省装备制造业生态产业链构建及稳定性研究［D］. 华北理工大学，2019.

［10］张冰. 减排视角下河北省装备制造业转型发展研究［D］. 燕山大学，2018.

［11］周林. 我国橡胶产业集群化成长路径研究［D］. 青岛科技大学，2014.

［12］米彦泽. 全省县域特色产业焕发强劲活力［N］. 河北日报，2021-12-23(007).

［13］［美］保罗·克鲁格曼. 收益递增与经济地理［J］. 吴启霞，安虎森译. 延边大学学报(社会科学版)，2006(1)：51-58.

［14］边继云. 河北省装备制造业竞争力提升路径研究［J］. 中国市场，2011(15)：66-67+90.

［15］陈剑锋，唐振鹏. 国外产业集群研究综述［J］. 外国经济与管理，2002(8)：22-27.

［16］陈敬明，李志红. "中场产业"：中国民营经济的新亮点［J］. 郑州航空工业管理学院学报，2005(1)：102-104.

[17] 陈亚光，戴锦，徐莉莉. 健康管理及其经营机制创新问题研究[J]. 工业技术经济，2011，30(7)：66-72.

[18] 代冬芳. 京津冀协同发展背景下河北省节能环保产业发展战略研究[J]. 现代商业，2016(36)：44-45.

[19] 董卫政，胡志宝. 中场产业：我国加工贸易发展新思路[J]. 财经问题研究，1997(11)：79-81.

[20] 宫洁丽，王志红，翟俊霞，席彪. 国内外健康产业发展现状及趋势[J]. 河北医药，2011，33(14)：2210-2212.

[21] 郭京福，毛海军. 特色产业的有效性评价[J]. 统计与决策，2004(10)：52-53.

[22] 贺彩玲. 企业集群的效应及其形成探讨[J]. 陕西工学院学报，2003(3)：61-64.

[23] 胡琳琳，刘远立，李蔚东. 积极发展健康产业　中国的机遇与选择[J]. 中国药物经济学，2008(3)：19-26.

[24] 霍苗，李凯，李世杰. 根植性、路径依赖性与产业集群发展[J]. 科学学与科学技术管理，2011，32(11)：105-110.

[25] 江亮，饶平，胡建忠，李红军，窦卉平. 产业链战略视阈下我国体育用品制造业的潜在危机与谋划[J]. 北京体育大学学报，2010，33(10)：13-16.

[26] 焦琨等. 河北省电线电缆产品产业现状与质量分析[J]. 光源与照明，2020(8)：46-47+64.

[27] 李涛. 纵向看成效明显　横向比差距尚存——"十一五"以来河北装备制造业发展状况分析[J]. 统计与管理，2012(3)：70-71.

[28] 李岩，赵志杰. 从四经普数据看沙河市玻璃发展[J]. 统计与管理，2020，35(11)：27-31.

[29] 李占平，王辉. 新形势下河北省装备制造业发展对策研究[J]. 统计与管理，2011(3)：71-72.

[30] 梁玮. 箱包产业"十四五"发展趋势展望——专访中国皮革协会箱包皮具专业委员会会长新秀集团有限公司董事局主席浙江相伴宝产业互联网公司董事长施纪鸿[J]. 北京皮革：中外皮革信息版(中)，2021(2)：40-45.

[31] 林思达. 浙江省中小企业集群发展的主流模式研究[J]. 技术经济与管理研究，2001(6)：30-32.

[32] 刘大勇. 战略性新兴产业集群演进路径研究——以河南省为例[J]. 区域经济评论，2016(1)：89-94.

[33] 刘恒江，陈继祥. 民营企业簇群机理的新诠释：涌现性观点[J]. 商

业研究，2004(21)：25-27.

　[34] 刘军国. 传统产业集聚中的报酬递增[J]. 技术经济，2001(1)：57-59.

　[35] 卢润德. 论产品附加值[J]. 软科学，2003(3)：19-22+31.

　[36] 陆巍. 白沟——百年商镇产业集群风采[J]. 中国民营科技与经济，2005(8)：36-43.

　[37] 马瑞琳. 河北省装备制造业集聚发展研究[J]. 商，2013(19)：296.

　[38] 倪立芹，张国平，高洪岩，陈彩霞. 河北装备制造业的现状和发展思路[J]. 北华航天工业学院学报，2009，19(6)：26-27+37.

　[39] 宁钟. 创新集群与知识溢出集中化问题分析[J]. 科研管理，2005(2)：68-70+28.

　[40] 潘劲. 西部欠发达区域特色产业集群与经济发展的实证研究——以宁夏为例[J]. 华南农业大学学报(社会科学版)，2007(3)：46-52.

　[41] 彭俊. 中小企业集群理论问题研究——兼评温州中小企业集群[J]. 华东经济管理，2003(4)：42-44.

　[42] 沈群红，胡汉辉，封凯栋. 从产业集聚到产业集群的演进及政府在产业集群发展中的作用——基于速度经济和管理能力有限性的视角[J]. 东南大学学报(哲学社会科学版)，2011，13(3)：31-36+46+126.

　[43] 宋立楠. 借助"一带一路"破解传统制造业困境——以河北省盐山县管道装备制造业为例[J]. 中共石家庄市委党校学报，2016，18(3)：19-23.

　[44] 孙国强. 关系、互动与协同：网络组织的治理逻辑[J]. 中国工业经济，2003(11)：14-20.

　[45] 孙明贵. 日本"中场产业"的兴起及其国际渗透的新特点[J]. 外国经济与管理，1996(8)：3-6.

　[46] 唐钧. 大健康与大健康产业的概念、现状和前瞻——基于健康社会学的理论分析[J]. 山东社会科学，2020(9)：81-87.

　[47] 王发明，蔡宁，朱浩义. 基于网络结构视角的产业集群风险研究——以美国128公路区产业集群衰退为例[J]. 科学学研究，2006(6)：885-889.

　[48] 王缉慈，童昕. 简论我国地方企业集群的研究意义[J]. 经济地理，2001(5)：550-553.

　[49] 王缉慈，童昕. 论全球化背景下的地方产业群——地方竞争优势的源泉[J]. 战略与管理，2001(6)：28-36.

　[50] 王露. 从模仿到品牌闯天下——白沟箱包市场的漂亮翻身仗[J]. 中国市场，2008(47)：24-25.

　[51] 王同庆，王晓玲. 企业集群与山东民营经济发展[J]. 山东纺织经

济，2003(6)：9-11.

[52] 魏后凯. 对产业集群与竞争力关系的考察[J]. 经济管理，2003(6)：4-11.

[53] 魏守华，王缉慈，赵雅沁. 产业集群：新型区域经济发展理论[J]. 经济经纬，2002(2)：18-21.

[54] 夏曾玉，谢健. 区域品牌建设探讨——温州案例研究[J]. 中国工业经济，2003(10)：43-48.

[55] 徐滨士，刘渤海. 再制造认证认可发展策略思考[J]. 认证技术，2010(3)：44-47.

[56] 迅速崛起的隆尧食品工业[J]. 农村工作通讯，2007(10)：63.

[57] 颜莉，高长春. 时尚产业国内外研究述评与展望[J]. 经济问题探索，2011，349(8)：54-59.

[58] 杨洸，雷加骕. 国外创新集群研究述评[J]. 经济学动态，1994(6)：64-68.

[59] 杨水根. 产业链、产业集群与产业集群竞争力内在机理探讨——以湖南省工程机械产业集群为例[J]. 改革与战略，2011，27(3)：153-156.

[60] 幺新. 加快发展再制造 促进经济绿色高质量发展[J]. 表面工程与再制造，2021，21(Z1)：15-16.

[61] 叶建亮. 知识溢出与企业集群[J]. 经济科学，2001(3)：23-30.

[62] 张辉. 产业集群竞争力的内在经济机理[J]. 中国软科学，2003(1)：70-74.

[63] 张小梅. 基于产业集群生命周期的知识创新模型研究[J]. 知识经济，2011(13)：9-10.

[64] 浙江省发改委课题组，焦旭祥. 从文献研究看健康产业的概念与分类[J]. 浙江经济，2013(16)：32-34.

[65] 郑建卫. 河间：神奇再制造 朝阳新产业[J]. 表面工程与再制造，2021，21(5)：31-33.

[66] 郑胜利，周丽群. 论我国外生式集群经济的形成机理——以广东东莞为例[J]. 广西经济管理干部学院学报，2004(3)：15-19+29.

[67] 周如意. 迅速发展的"中场产业"——中国电子元器件行业发展现状与趋势[J]. 微型机与应用，2006(6)：34-37.

[68] 两会观察丨让特色产业"特起来"[EB/OL]. 河北省工业和信息化厅，https：//mp. weixin. qq. com/s/H9-ZOQBqqY7i6uzC3EuScQ.

[69] 河北省县域特色产业集群数字化转型行动计划(2020—2022)[EB/OL].

河北省工业和信息化厅，http：//gxt. hebei. gov. cn/shouji/zcfg64/snzc67/673690/index. html.

［70］权威发布！8年来，京津冀区域生产总值涨七成［N/OL］. 北京日报，https：//news. bjd. com. cn/2022/02/25/10047107. shtml.

［71］《京津冀协同创新指数2021》显示，2013-2019年京津冀区域协同创新水平显著提高［EB/OL］. 河北省科技厅，https：//kjt. hebei. gov. cn/www/xwzx15/hbkjdt64/257179/index. html.

［72］《京津冀协同发展报告2022》显示：区域空间结构优化产业协同有序推进［EB/OL］. 河北智库发布，https：//mp. weixin. qq. com/s?__biz＝MzI4ODk0Njc2OQ＝＝&mid＝2247514838&idx＝1&sn＝00d20497608e1de69ac408e741c16e0c&chksm＝ec3455e8db43dcfef69549fc096db6c2fb725f4633f8e89f7d60c0a151a96118a821a40dc0b6&scene＝27.

［73］北京市"十四五"时期高精尖产业发展规划［EB/OL］. 北京市人民政府，http：//www. beijing. gov. cn/zhengce/gfxwj/sj/202108/t20210818_2471375. html.

［74］借鉴 | 京津冀区域生物医药产业协同创新发展研究［EB/OL］. 健康界，https：//www. cn-healthcare. com/articlewm/20201217/content-1172868. html.

［75］北京市2021年国民经济和社会发展统计公报［EB/OL］. 北京市人民政府，http：//www. beijing. gov. cn/gongkai/shuju/tjgb/202203/t20220301_2618806. html.

［76］2021年天津市国民经济和社会发展统计公报［EB/OL］. 天津市人民政府，http：//www. tj. gov. cn/sq/tjgb/202203/t20220314_5828933. html.

［77］沧衡石优秀！2020年度河北县域特色产业振兴工作考核结果出炉［EB/OL］. 长城网，http：//heb. hebei. com. cn/system/2021/06/17/100695895. shtml.

［78］河北省特色产业发展"十四五"规划［EB/OL］. 河北省工业和信息化厅，http：//gxt. hebei. gov. cn/hbgyhxxht/zcfg30/snzc/894225/index. html.

［79］河北省2021年国民经济和社会发展统计公报［EB/OL］. 河北省统计局，http：//www. hetj. gov. cn/cms/preview/hetj/app/tjgb/101642400676359. html.

［80］三地深度融合下好产业"一盘棋"［N/OL］. 天津日报，http：//k. sina. com. cn/article_3546332963_d360bf23020015u95. html.

［81］首划"三区一线"　天津工业布局规划出台［EB/OL］. 央广网，https：//www. cnr. cn/tj/jwbb/20220711/t20220711_525909390. shtml.

［82］辛集："千年皮都"　打造千亿级特色产业集群［EB/OL］. 河北资本，https：//mp. weixin. qq. com/s/M7KnVVSpHjhAPlH83vrZXA.

［83］杭州市时尚产业发展"十三五"规划［EB/OL］. 杭州市人民政府，

http：//www. hangzhou. gov. cn/art/2021/10/12/art_1229541469_3944168. html.

　[84] 深圳市时尚产业高质量发展行动计划（2020-2024 年）[EB/OL]. 深圳市工业和信息化局，http：//www. sz. gov. cn/cn/xxgk/zfxxgj/zcfg/szsfg/content/post_7806921. html.

　[85] 浙江省时尚产业发展规划纲要（2014-2020）[EB/OL]. 浙江省印染行业协会，http：//www. zjyr. net/33678-1416/67058_46062. html.

　[86] 广州市打造时尚之都三年行动方案（2020-2022）[EB/OL]. 广州市工业和信息化局，https：//www. 163. com/dy/article/FUOMCS1V0514CHF1. html.

　[87] 羊绒产业[EB/OL]. 清河县人民政府，http：//www. qinghexian. gov. cn/news/3559. cshtml.

　[88] 全球纺织品服装出口规模微增，2021 年以来我国出口市场份额明显提升[EB/OL]. 中国第一纺织网，http：//news. webtex. cn/info/2021-9-29@709951. htm.

　[89] 中国将在 2023 年超越美国成为全球最大服装市场[EB/OL]. 联商网，http：//www. linkshop. com/news/2020449401. shtml.

　[90] 万亿时尚产业怎么做　这份报告说清楚了！[N/OL]. 浙江日报，https：//baijiahao. baidu. com/s?id=1711220658547303732&wfr=spider&for=pc.

　[91] 河北县域特色产业集群 22 个板块[EB/OL]. 河北资本，https：//mp. weixin. qq. com/s/eM7UAgLZZftJ8EV4phPcxA.

　[92] 高铁助力京津冀协同发展行稳致远[EB/OL]. 中国经济网，http：//www. ce. cn/cysc/jtys/tielu/202103/19/t20210319_36395592. shtml.

　[93] 河北省建设全国现代商贸物流重要基地"十四五"规划[EB/OL]. 河北省人民政府办公厅，http：//swt. hebei. gov. cn/investheb/info. php?id=15153.

　[94] 河北七大皮毛产业集群都在哪里？[EB/OL]. 河北资本，https：//mp. weixin. qq. com/s/H1NYjdvn4QDLGI1vFh0NXQ.

　[95] 为啥皮草让人如此着迷？[EB/OL]. 河北省皮毛产业协会，https：//mp. weixin. qq. com/s/h37HWrZSmiXJxUPU6hV6zg.

　[96] 特别关注 I 2021 年河北（大营）国际皮草博览会召开进入倒计时！[EB/OL]. 河北省皮毛产业协会，https：//mp. weixin. qq. com/s/vlkuDH10DKwDPVkHM0YRRw.

　[97]《走进乡村看小康》河北篇　今晚走进中国牛皮革之都——无极县！[EB/OL]. 河北卫视，https：//mp. weixin. qq. com/s/iC2_nw3O_iw71vwPIdmIRA.

　[98] 辛集皮革，优秀了！[EB/OL]. 河北新闻广播，https：//mp. weixin. qq. com/s/eg9mktp0nZEJjR-lMfh2EQ.

［99］ 事关1400多家皮革企业！辛集搞了一件大事［EB/OL］.辛集发布，https：//mp. weixin. qq. com/s/6bKLeBAl5rsStx6jqb3OgQ.

［100］ 传统裘皮产业搭上电商快车：肃宁举办"双十二"裘皮电商购物节［EB/OL］.中国皮革协会，https：//mp. weixin. qq. com/s/ksFge7nKhZkyqZh6MM2yzA.

［101］ 行业关注｜秦皇岛品牌农业专题：昌黎皮毛［EB/OL］.河北省皮毛产业协会，https：//mp. weixin. qq. com/s/OtjVJfM0flMZta5RaOEHbA.

［102］ 一条起源于河北蠡县的全球性万亿皮毛产业链正在形成［EB/OL］.河北资本，https：//mp. weixin. qq. com/s/AmgnBWrGYsyzzPRz64wAUg.

［103］ 河北木家具出口首破4亿美元 其中廊坊占七成［EB/OL］.石家庄海关，http：//www. customs. gov. cn/shijiazhuang_customs/456970/456971/2165275/index. html.

［104］ 发送医用防护服10余万套件［EB/OL］.光明网，https：//m. gmw. cn/2021-01/13/content_1302031064. htm.

［105］《联合报》：探访河北曲周"童车小镇"：年产4000万辆，畅销30余个国家［EB/OL］.中国新闻网，http：//www. heb. chinanews. cn/hwkhb1/20211126418931. shtml.

［106］ 从"中国羊绒看清河"到"清河羊绒暖中国"［EB/OL］.重庆服装网，http：//www. cqfuzhuang. com/article/2009-12-10/211202. shtml.

［107］ 清河羊绒产业［EB/OL］.河北新闻网，http：//zhuanti. hebnews. cn/2019-10/23/content_7502434. htm.

［108］ 河北清河："羊绒之都"掀起网销热潮［EB/OL］.中国经济网，http：//www. ce. cn/xwzx/gnsz/gdxw/202111/17/t20211117_37092776. shtml.

［109］ 河北清河县加快羊绒产业转型升级［EB/OL］.河北新闻网，http：//xt. hebnews. cn/2020-08/20/content_8066197. htm.

［110］ 中国羊剪绒毛毡名城、中国毛绒纺织特色产业基地——河北省南宫市［EB/OL］.中国毛纺织行业协会，https：//mp. weixin. qq. com/s/Gs3W0ptG9BypqpG0LJnHgg.

［111］ 白沟新城：强化产业支撑 为商贸发展赋能［EB/OL］.白沟新城管委会，http：//www. bgxc. gov. cn/news/view_1905. html.

［112］ 白沟箱包产业形成网络化产销格局［EB/OL］.河北新闻网，http：//hbrb. hebnews. cn/pc/paper/c/201803/29/c60208. html.

［113］ 白沟新城：打造中国箱包产业走向世界的窗口［N/OL］.保定日报，https：//mp. weixin. qq. com/s/aeiGU2ywJX-YjxJpmtotuw.

［114］ 河北邢台南和区：宠物产业呈现多业态发展［N/OL］.邢台日报，

https://szb.farmer.com.cn/2021/20211106/20211106_008/20211106_008_6.htm.

［115］南和宠物产业产值达 110 亿元［EB/OL］.河北新闻网，http://m.hebnews.cn/xt/2021-04-23/content_8477252.htm.

［116］悠久历史［EB/OL］.白沟新城管委会，http://bgxc.gov.cn/jianjie/view_2.html.

［117］河北白沟：从"马路市场"到"箱包之都"［EB/OL］.中国皮革网，https://www.chinaleather.org/front/article/13657/.

［118］一台旧缝纫机创造一个产业，河北白沟箱包发展史［EB/OL］.白沟网供网，http://www.baigouwanggong.com/a/15_0_550.

［119］壮丽 70 年 奋斗新时代：从无品牌到优品牌，白沟箱包业的转型之旅［EB/OL］.白沟新城管委会，http://www.bgxc.gov.cn/news/view_2415.html.

［120］白沟新城：打造中国箱包产业走向世界的窗口［N/OL］.保定日报，https://mp.weixin.qq.com/s/aeiGU2ywJX-YjxJpmtotuw.

［121］白沟新城构建现代物流发展大格局［EB/OL］.白沟新城管委会，http://www.bgxc.gov.cn/news/view_2324.html.

［122］清河县基本情况［EB/OL］.清河县政府，http://www.qinghexian.gov.cn/news/4967.cshtml.

［123］小镇专题：遍布千家万户的梳绒机【清河县羊绒产业发展史】（二）［EB/OL］.清河县羊绒小镇综合管理中心，https://mp.weixin.qq.com/s/dBkLENdGZwmtoynV89k_-w.

［124］小镇专题：从初加工走向深加工【清河县羊绒产业发展史】（六）［EB/OL］.清河县羊绒小镇综合管理中心，https://mp.weixin.qq.com/s/SgsMMJiY5YWllXRr-mJGug.

［125］河北清河羊绒原料开始销往马达加斯加、土耳其、秘鲁、尼泊尔等新兴市场［EB/OL］.全球纺织网，https://www.tnc.com.cn/info/c-001001-d-3717124.html.

［126］工业设计|发力"设计+"新品研发忙——清河羊绒企业的忙碌新春［EB/OL］.河北工信厅，https://mp.weixin.qq.com/s/LTkyTp4bWy4q-oRK-tcpqaw.

［127］小镇资讯：清河羊绒让智造提升传统织造！［EB/OL］.清河县羊绒小镇综合管理中心，https://mp.weixin.qq.com/s/hZHkeTqQboiRGW5HNn4ueA.

［128］清河羊绒产业：加强自主品牌建设 加快自主创新步伐［EB/OL］.河北经济网，http://epaper.hbjjrb.com/jjrb/202105/28/con86636.html.

［129］凝心聚力奔小康|清河："羊绒之都"冲刺巅峰［EB/OL］.河北新

闻网，http：//hebei. hebnews. cn/2020-09/09/content_8097872. htm.

［130］挺进"指数时代"！"清河·中国羊绒指数"启动运行［EB/OL］. 河北新闻网，http：//hebei. hebnews. cn/2019-05/08/content_7397797. htm.

［131］清河羊绒入选全国百强产业带［EB/OL］. 清河县人民政府，http://www. qinghexian. gov. cn/news/7270. cshtml.

［132］香河概览——地方概要［EB/OL］. 香河县人民政府，http：//www. xianghe. gov. cn/system/2017/07/10/030026149. shtml.

［133］香河县 2020 年国民经济和社会发展统计公报［EB/OL］. 香河县人民政府，https：//baike. baidu. com/reference/4988112/9128DcYQFpDlr2UkgfaWKgQiZFQ-6HylCm-8oalaR6a8eAUMjM76k8M4lQRna9hylfybAq3TDv D6zRKFi242_aQH-HZePkMCZf9N7BVGZVjHI72bhPJDbob76zs-N-CbvUAv-RmxrmCA_x0J07Ismhate Z1rA8wCxBZgpZA.

［134］我县构建家具全产业链条 打造富民强县新引擎［EB/OL］. 香河县人民政府，http：//www. xianghe. gov. cn/system/2020/10/16/030071406. shtml.

［135］香河概览——地方摘要［EB/OL］. 香河县人民政府，http：//www. xianghe. gov. cn/system/2017/07/10/030026149. shtml.

［136］香河：从北方家具之城迈向"中国家具之都"|河北县域特色产业集群样本 76［EB/OL］. 河北资本，https：//mp. weixin. qq. com/s/yGXi5gg0rAi 5MBwKZUBKLA.

［137］河北香河：数字化转型带动中国家具之都"二次创业"［EB/OL］. 中国新闻网，http：//www. chinanews. com. cn/cj/2021/12-17/9632421. shtml.

［138］河北香河县特色新兴产业品牌增活力［EB/OL］. 中国经济网，http：//www. ce. cn/cysc/zljd/zlxx/202112/15/t20211215_37173146. shtml.

［139］发展概况［EB/OL］. 辛集市人民政府，https：//www. xinji. gov. cn/html/zjxj_xjjs/135580. html.

［140］我市成立时尚产业设计联盟［EB/OL］. 辛集市人民政府，https：//www. xinji. gov. cn/html/sy_bmdt/142019. html.

［141］辛集皮革产业［EB/OL］. 河北省工业和信息化厅，http：//gxt. hebei. gov. cn/sme/ztzl5/hbtscycxtsxqpt33/gdscy/xjs80/752757/index. html.

［142］辛集："千年皮都"打造千亿级特色产业集群|河北县域特色产业集群样本 89［EB/OL］. 河北资本，https：//mp. weixin. qq. com/s/M7KnVVSp HjhAPlH83vrZXA.

［143］［辛集专题]独家专访 辛集皮革产业发展史 见证人——冯占军先生［EB/OL］. 世界服装鞋帽网，http：//m. sjfzxm. com/body/18_006/586096 http：//www. sjfzxm. com/video/202108-03-586096. html.

［144］东贞皮业：创新激发活力 传统皮革产业焕发生机［EB/OL］. 河北省工业和信息化厅，http：//gxt. hebei. gov. cn/sme/sc/qyjj/766296/index. html.

［145］区域位置［EB/OL］. 辛集市人民政府，https：//www. xinji. gov. cn/html/zjxj_qywz/65151. html.

［146］辛集市皮革服装产业发展振兴计划（2019—2022 年）［EB/OL］. 辛集市人民政府，https：//www. xinji. gov. cn/app/sy_zfwj/61846. html.

［147］"设计+"促辛集皮革业转型［EB/OL］. 河北省工业和信息化厅，http：//gxt. hebei. gov. cn/hbgyhxxht/xwzx32/dfgz28/659238/index. html.

［148］河北省服装产业转型升级行动方案［EB/OL］. 河北省工业和信息化厅，http：//gxt. hebei. gov. cn/hbgyhxxht/zcfg30/snzc/636286/index. html.

［149］海宁市时尚产业发展"十四五"规划［EB/OL］. 海宁市人民政府，http：//www. haining. gov. cn/art/2021/8/20/art_1688409_159230. html.

［150］外引内联拓空间 转型升级新引擎——定州体品产业集群"亮相"体服会［EB/OL］. 新体育，http：//www. new-sports. cn/chanye/202110/t20211030_131719. html.

［151］【河北名品】行业发布：河北省食品产业研究报告发布（2020 年度）［EB/OL］. 河北省轻工行业协会，https：//mp. weixin. qq. com/s/KiyNQWW1-jwlQg7uMi0kWg.

［152］30 地入选！河北省食品产业强县（市、区）名单正式发布［EB/OL］. 河北新闻网，http：//hebei. hebnews. cn/2020-09/02/content_8087312. htm.

［153］6 项目现场签约 总投资额 56.8 亿元 河北省食品产业强县招商推介活动成果满满［EB/OL］. 中国中小企业河北网，http：//gxt. hebei. gov. cn/sme/zx/gzdt9/766023/index. html.

［154］河北省 2022 年省重点建设项目名单［EB/OL］. 河北省发展改革委，http：//hbdrc. hebei. gov. cn/web/web/zhdxm/2c9473847e2a4a1b017e2dfc1fba146f. htm.

［155］河北省首部大健康产业蓝皮书面世 助力"十四五"河北健康产业发展［EB/OL］. 中国新闻网，http：//www. heb. chinanews. com. cn/jiankang/20210519414983. shtml.

［156］河北现有医疗器械生产企业数量全国排名第五［EB/OL］. 河北省卫生健康委员会，http：//wsjkw. hebei. gov. cn/html/zwyw/20210720/380760. html.

［157］特色经济［EB/OL］. 三河市人民政府，http：//www. san-he. gov. cn/tzsh/list?cid=23.

［158］【中医药"十三五"成就巡礼】河北：中医药事业产业全面发展［EB/OL］.

国家中医药管理局，http：//www. natcm. gov. cn/xinxifabu/gedidongtai/2020－11－06/18048. html.

［159］河北定州打造体育用品产业发展新高地［EB/OL］. 中国质量新闻网，https：//www. cqn. com. cn/zgzlb/content/2021－10/21/content_8743602. htm.

［160］中国（沧州海兴）国际体育器材对标交流活动开幕［EB/OL］. 长城网，http：//cz. hebei. com. cn/system/2021/06/04/100685751. shtml?from＝groupmessage.

［161］2020 年全国科技经费投入统计公报［EB/OL］. 国家统计局，http：//www. stats. gov. cn/tjsj/tjgb/rdpcgb/qgkjjftrtjgb/202109/t20210922_1822388. html.

［162］保定安国严打非法制售假冒伪劣中药材行为［EB/OL］. 中国新闻网，http：//www. heb. chinanews. com. cn/shfz/20191116402070. shtml.

［163］河北省食品工业转型升级实施方案［EB/OL］. 河北省工业和信息化厅，http：//gxt. hebei. gov. cn/hbgyhxxht/zcfg30/snzc/658557/index. html.

［164］河北省关于加快中药材产业发展的实施意见［EB/OL］. 河北省人民政府办公厅，http：//hbepb. hebei. gov. cn/zycms/preview/hbhjt/xwzx/shengzhengfuwenjian/101633000435397. html.

［165］大兴区 2021 年国民经济和社会发展统计公报［EB/OL］. 大兴区人民政府，http：//www. bjdx. gov. cn/bjsdxqrmzf/zwfw/tjxx/tjsj/1930801/index. html.

［166］园区风貌［EB/OL］. 北京亦庄生物医药园，http：//www. bybp. com. cn/html/tppd/tppd-zwlm/yqfm/.

［167］大兴生物医药基地：打造具有国际影响力的"中国药谷"［EB/OL］. 国家发展改革委，https：//baijiahao. baidu. com/s?id＝1736835923392354577&wfr＝spider&for＝pc.

［168］北京大兴生物医药产业基地业绩爆发式增长，成千亿级园区［EB/OL］. 制药网，https：//www. zyzhan. com/news/detail/82300. html.

［169］北京同仁堂［EB/OL］. https：//www. tongrentang. com/article/70. html.

［170］隆尧县情简介［EB/OL］. 隆尧县政府，http：//www. longyao. gov. cn/list-2-1. html.

［171］隆尧：打造产业链条 建设全国食品制造基地 | 河北县域特色产业集群样本 95［EB/OL］. 河北资本，https：//mp. weixin. qq. com/s/3nKq4dB_nTd_JAx7Y-nihQ.

［172］打通产业链"堵点！河北隆尧县食品产业全面复工复产［EB/OL］. 河北工业和信息化厅，http：//gxt. hebei. gov. cn/sme/ztzl5/hbtscycxtsxqpt33/xgxw/723551/index. html.

［173］隆尧县：一核三融协同发展　打造食品产业发展高地［EB/OL］.河北新闻，http：//zhuanti. hebnews. cn/2020-10/27/content_8161430. htm.

［174］【方志安国】安国药材种植史（六）［EB/OL］.安国市人民政府办公室，https：//mp. weixin. qq. com/s/uOp56OjBNvpCA8TMJbOrZA.

［175］地方｜千年古药都　繁荣看今朝——安国市改革开放 40 年中药产业发展纪实［EB/OL］.河北工业和信息化厅，https：//mp. weixin. qq. com/s/9Q4fSAUUB2EwgyjCNhw4VQ.

［176］安国概况［EB/OL］.安国人民政府，http：//www. anguo. gov. cn/info. html?nid = 1.

［177］安国大力推进现代中医药产业高质量发展　从"药材之都"转向"药品之都"［EB/OL］.河北省工业和信息化厅，http：//gxt. hebei. gov. cn/sme/ztzl5/hbtscycxtsxqpt33/gdscy/bds1/886649/index. html.

［178］安国药商：缔造中国北方药都［EB/OL］.河北新闻网，http：//hbrb. hebnews. cn/pc/paper/c/201709/28/c24863. html.

［179］安国：从"药材之都"到"药品之都"［EB/OL］.河北省投资促进平台，https：//mp. weixin. qq. com/s/SfltdhU6KA5wTGdxLrQmBw.

［180］亮剑！进击的"定州制造"迎来"厚积薄发"时刻［N/OL］.定州日报，http：//szb. dingzhoudaily. com/epaper/dzrb/html/2021/11/04/02/02_56. htm.

［181］定州体育用品产业：从"做贴牌"到"做品牌"［EB/OL］.河北新闻，http：//zhuanti. hebnews. cn/2020-12/01/content_8236782. htm.

［182］恒达集团［EB/OL］.http：//www. hengdasports. com. cn/.

［183］我县建立"供应链融资"模式　打造千亿电线电缆产业集群启动仪式举行［EB/OL］.宁晋县人民政府，https：//www. ningjin. gov. cn/xxgk/content/33681. html.

［184］本市概况［EB/OL］.沙河市人民政府，http：//www. shaheshi. gov. cn/article/31/52257. html.

［185］非凡十年｜河北沙河："冀南明珠"璀璨夺目［EB/OL］.河北新闻网，https：//hebei. hebnews. cn/2022-07/28/content_8842953. htm.

［186］河北县域特色产业集群样本之一｜"玻璃之城"的蝉变［EB/OL］.河北资本，https：//mp. weixin. qq. com/s/huqzBPjVSVmhTV443mPGnw.

［187］从"沙河制造"到"沙河创造"［EB/OL］.中玻网，https：//www. glass. com. cn/glassnews/newsinfo_100010. html.

［188］宁晋县基本情况［EB/OL］.宁晋县人民政府，https：//www. ningjin. gov. cn/html/art-view. html?classid = 10065&itemid = 42407.

［189］宁晋：世界上耐火级别最高的电缆［EB/OL］．河北资本，https：//mp. weixin. qq. com/s/AxX2WSRHUDDD7qsiInzSrg.

［190］河北宁晋：打造电线电缆产业集群［EB/OL］．新华网，http：//m. xinhuanet. com/he/2021-04-23/c_1127364279_3. htm.

［191］盐碱地上飞起"金凤凰" 高质量发展"成绩单"闪亮，河北宁晋：不简单、不平凡、不容易的县域巨变［EB/OL］．中国经济网，http：//bgimg.ce. cn/cysc/newmain/yc/jsxw/202008/05/t20200805_35462811. shtml.

［192］景县概况［EB/OL］．景县人民政府，http：//www. jingxian. gov. cn/art/2021/3/29/art_927_311318. html.

［193］景县橡塑产业：从"拼成本"到"拼技术"的靓丽转身［EB/OL］．河北资本，https：//mp. weixin. qq. com/s/aG_hWkWnTkGAWIDgHSV6ug.

［194］河北资本—安平"中国丝网之都"名传遐迩丨河北县域特色产业集群样本7［EB/OL］．河北资本，https：//mp. weixin. qq. com/s/-zpz80oru_37RvYqLntMew.

［195］河北资本—孟村：中国管道装备制造又一都丨河北县域特色产业集群样本12［EB/OL］．河北资本，https：//mp. weixin. qq. com/s/Aei8hIFW2kvZx_tocWTFOA.

［196］质造 创造 智造——河北省临西县轴承产业调查报告［N/OL］．邢台日报，https：//mp. weixin. qq. com/s/7kD6hey9br2TDZRpKmYrZQ.

［197］钢材、汽车轮毂、皮卡、乳制品、维生素C等产品产量全国第一 河北：新旧动能转换明显加快 制造强省建设迈出新步伐［EB/OL］．河北省工业和信息化厅，http：//gxt. hebei. gov. cn/hbgyhxxht/xwzx32/snxw40/891635/index. html.

［198］河北省工业经济概况［EB/OL］．河北省工业和信息化厅，http：//gxt. hebei. gov. cn/hbgyhxxht/xxgk6/hbsgyjjgk82/629557/index. html.

［199］2020年河北省国民经济和社会发展统计公报［EB/OL］．河北省统计局，http：//www. hetj. gov. cn/hetj/tjgbtg/101611739068561. html.

［200］河北资本—泊头铸造：革故鼎新，向绿而行丨河北县域特色产业集群样本69［EB/OL］．河北资本，https：//mp. weixin. qq. com/s/6BpelqC2vRrB2E3V8Ks9Q.

［201］"雄安新区"话题下，细说河北汽配产业集群（上）［EB/OL］．商用车与零部件，https：//mp. weixin. qq. com/s/3JF8te7UI5ccezby8TZM6w.

［202］河北省汽车产业链集群化发展三年行动计划（2020-2022年）［EB/OL］．河北省工业和信息化厅，http：//gxt. hebei. gov. cn/hbgyhxxht/xwzx32/tzgg83/

675040/index. html.

［203］丝网产业简介［EB/OL］．安平县人民政府，http：//www. anping. gov. cn/art/2019/9/16/art_828_173919. html.

［204］盐山：全国最大的管道装备制造业基地｜河北县域特色产业集群样本 3［EB/OL］．河北资本，https：//mp. weixin. qq. com/s/NCoFpJ6xcu5 CPN-HJVCi6nQ.

［205］河北沧州：壮大管道装备制造产业　助推河北高质量发展［EB/OL］．人民网，http：//he. people. com. cn/n2/2021/1125/c192235-35022686. html.

［206］一颗小螺钉，永年大产业！河北永年标准件产业经来了［EB/OL］．邯郸市人民政府，https：//www. hd. gov. cn/hdyw/xqdt/yn/202010/t20201019_1384019. html.

［207］永年"紧固件之都"的"微笑曲线"｜河北县域特色产业集群样本 8［EB/OL］．河北资本，https：//mp. weixin. qq. com/s/VC9ThpAjseOpczowBudStg.

［208］螺丝如何成就河北永年成为"中国紧固件之都"？答案在这里［EB/OL］．河北新闻网，http：//hebei. hebnews. cn/2020-10/16/content_815 2274. htm.

［209］永年标准件产业集群［EB/OL］．河北省工业和信息化厅，http：//gxt. hebei. gov. cn/sme/ztzl5/hbtscycxtsxqpt33/gdscy/hds76/752691/index. html.

［210］永年区标准件产业再整治再规范再提升实施方案［EB/OL］．标准件微平台，https：//mp. weixin. qq. com/s/zdFSIyNe0NKviunDLICl9g.

［211］河北：冀有特色｜临西轴承：转型升级促蝶变［EB/OL］．新华网，http：//www. he. xinhuanet. com/finance/2021-07/31/c_1127716865. htm.

［212］临西轴承［EB/OL］．邢台市人民政府，http：//www. xingtai. gov. cn/mlxt/qyjj/tscy/201107/t20110706_258202. html.

［213］河北临西轴承产业凭"智造"向高端迈进［EB/OL］．河北新闻网，http：//m. hebnews. cn/hebei/2020-11/20/content_8218762. htm.

［214］泊头铸造：革故鼎新，向绿而行｜河北县域特色产业集群样本 69［EB/OL］．河北资本，https：//mp. weixin. qq. com/s/6BpelqC2vFRrB2E3V8Ks9Q.

［215］泊头市：铸造名城　涅槃重生　铸造产业转型升级　高质量发展之路［EB/OL］．河北省市场监督管理局，http：//scjg. hebei. gov. cn/info/28527.

［216］关于推进再制造产业发展的意见［EB/OL］．中国政府网，http：//www. gov. cn/zwgk/2010-05/31/content_1617310. htm.

［217］河间全力建设国家再制造产业示范基地［EB/OL］．河北新闻网，http：//hbrb. hebnews. cn/pc/paper/c/201712/05/c37698. html.

［218］河北省"十四五"循环经济发展规划［EB/OL］．中国循环经济学会，

https：//www. chinacace. org/news/view?id=12842.

［219］区位优势［EB/OL］. 盐山县人民政府，http：//www. chinayanshan. gov. cn/chinayanshan/qyys/202112/59bd375273854be09fc094e85d4b246b. shtml.

［220］特色产业［EB/OL］. 盐山县人民政府，http：//www. chinayanshan. gov. cn/chinayanshan/tscy/202201/26225ac064964135851af06a40536a18. shtml.

［221］盐山："软硬兼施"推动管道制造业迈向高端［EB/OL］. 河北省工业和信息化厅，http：//gxt. hebei. gov. cn/hbgyhxxht/xwzx32/dfgz28/656286/index. html.

［222］关于宏勃［EB/OL］. 河北宏勃管道制造有限公司官方网站，http：//hbhbgd. com/lx. html.

［223］沧州管道装备产业发展综述（上）［EB/OL］. 沧州机关党建网，http：//www. czjgdj. gov. cn/article. asp?id=6296.

［224］河北盐山 以重大项目为牵引 培育壮大特色产业 家在盐山［EB/OL］. 河北新闻联播，https：//mp. weixin. qq. com/s/dy832Ax8Z1mXC7nHzPqnNRQ.

［225］改革发展之旅|走进盐山县管道装备制造业产业集群［EB/OL］. 河北新闻网，http：//m. hebnews. cn/hebei/2021-05/10/content_8499283. htm.

［226］河北省盐山县全面推动管道装备制造业质量提升［EB/OL］. 中国经济网，http：//www. ce. cn/cysc/zljd/zlxx/202111/03/t20211103_37055950. shtml.

［227］【管道志专栏·002】盐山县管道装备制造业发展简介及优秀摄影作品展示［EB/OL］. 实干兴盐（盐山县委办），https：//mp. weixin. qq. com/s/lVzzW9zoZqhQ2T3rL7it4g.

［228］盐山以产业集群"朋友圈"打造经济"新磁场"［EB/OL］. 沧州发布，https：//mp. weixin. qq. com/s/cgUvmJiRaCSdhGbBWzE7QA.

［229］五好十佳|用科技引领企业高质量发展——记河北沧海核装董事长赵德清［N/OL］. 沧州日报，https：//mp. weixin. qq. com/s/Q37swfbf4eh0H9BEIa07aA.

［230］安平概况［EB/OL］. 安平县人民政府，http：//www. anping. gov. cn/art/2018/12/18/art_808_128474. html.

［231］衡水市第七次全国人口普查公报［EB/OL］. 衡水市统计局，http：//tjj. hengshui. gov. cn/art/2021/6/9/art_4816_333197. html.

［232］安平丝网发展史（一）：光辉灿烂的历史［EB/OL］. 安平融媒微发布，https：//mp. weixin. qq. com/s/lV_PVIAh4InWXNquQ4qIEg.

［233］天下网都，魅力安平［EB/OL］. 安平县人民政府，http：//www. anping.

gov. cn/art/2022/1/13/art_808_390550. html.

［234］冀有特色|安平丝网：老产业焕发新活力［EB/OL］. 新华网, http://www. he. xinhuanet. com/finance/2021-07/31/c_1127716866. htm.

［235］安平：百年丝网，从"新"出发［EB/OL］. 河北新闻网, http：//hs. hebnews. cn/2021-03/22/content_8427574. htm.

［236］安平, 就是这么好看！［EB/OL］. 安平官微, https：//mp. weixin. qq. com/s/dZWRHEuhW3QULB-vdLhEQg.

［237］新起点　新征程|第21届中国·安平国际丝网博览会开幕［EB/OL］. 中国经济网, http：//city. ce. cn/news/202110/22/t20211022_7330228. shtml.

［238］安平"中国丝网之都"名传遐迩|河北县域特色产业集群样本 7［EB/OL］. 河北资本, https：//mp. weixin. qq. com/s/-zpz80oru_37RvYq Lnt-Mew.

［239］安平县推动丝网产业集群绿色升级的调查［EB/OL］. 安平县人民政府, http：//www. anping. gov. cn/art/2018/12/17/art_146_128256. html.

［240］安平丝网转型升级再造产业发展新优势［EB/OL］. 河北新闻, http：//hbrb. hebnews. cn/pc/paper/c/201708/24/c16711. html.

［241］安平"织造"解锁"数字密码"向安平"智造"加速迈进［EB/OL］. 长城网, http：//hs. hebei. com. cn/system/2022/01/22/100865431. shtml.

［242］新起点　新征程|第21届中国·安平国际丝网博览会开幕［EB/OL］. 中国经济网, http：//city. ce. cn/news/202110/22/t20211022_7330228. shtml.

［243］安平丝网产业　以创新实现高质量发展　第21届中国·安平国际丝网博览会［EB/OL］. 河北经视, http：//news. sohu. com/a/565746176_100114195.

［244］定州概况［EB/OL］. 定州市人民政府, http：//www. dzs. gov. cn/col/1598682388236/2020/08/29/1598682412463. html.

［245］定州市第七次全国人口普查公报［EB/OL］. 定州市人民政府, http：//www. dzs. gov. cn/col/1598581448890/2021/06/04/1622792580034. html.

［246］定州市特色产业集群高质量发展有新招［EB/OL］. 河北省工业和信息化厅, https：//mp. weixin. qq. com/s/eIQYdLFYOhDWxQfmu7f5EQ.

［247］喜讯！这对定州来说绝对是大好事！［EB/OL］. 定州融媒, https：//mp. weixin. qq. com/s/qrhlN7b2oLoV6QL0POjT-w.

［248］河北新力量——定州［EB/OL］. 定州新闻, https：//mp. weixin. qq. com/s/UG5sYSD44T9ZQGOTBtqUbg.

［249］定州市特色产业集群高质量发展［EB/OL］. 长城网, http：//dingzhou. hebei. com. cn/system/2020/01/03/100153867. shtml.

［250］定州：推进创新发展、绿色发展、高质量发展迈上新台阶［EB/OL］. 河北省工业和信息化厅，http：//gxt. hebei. gov. cn/hbgyhxxht/ztzl11/2021qsgyh xxhgzhy/snzg/770106/index. html.

［251］定州市 2020 年经济社会发展"成绩单"鼓舞人心［EB/OL］. 河北新闻网，http：//hebei. hebnews. cn/2021-02/26/content_8390389. htm.

［252］延伸产业链条　扩大生产规模　做大做强汽车及零部件特色产业集群［EB/OL］. 定州融媒，https：//mp. weixin. qq. com/s/_qnl4iRyG1aXI2GMFJOY_Q.

［253］河北省汽车产业链集群化发展三年行动计划（2020—2022 年）［EB/OL］. 河北省工业和信息化厅，http：//gxt. hebei. gov. cn/hbgyhxxht/xwzx 32/tzgg83/675040/index. html.

［254］河北邢台：打造装备制造产业集群　助力高质量发展［EB/OL］. 河北新闻网，https：//mr. mbd. baidu. com/r/LUMc2GEFGg?f=cp&u=130c50 df7aed8acb.

［255］迁安现代装备制造业产业聚集区［EB/OL］. 河北招商网，https：// hebei. zhaoshang. net/m/yuanqu/detail/3156.

［256］唐山玉田：打造装备制造产业集群［EB/OL］. 长城网唐山频道，https：//ml. mbd. baidu. com/r/LUNKWziEFi?f=cp&u=4fefcf0410241cc3.

［257］河北古冶：打造装备制造产业集群　助推高质量发展［EB/OL］. 新华社，http：//www. gov. cn/xinwen/2021-03/27/content_5596227. htm#1.

［258］宣化区　赋能城市美好　深耕冰雪经济［EB/OL］. 河北省人民政府，http：//www. hebei. gov. cn/hebei/14462058/14471802/14471717/14471782/15096 545/index. html.

［259］河北承德：打造装备制造产业集群　助推经济高质量发展［N/OL］. 潇湘晨报，https：//mo. mbd. baidu. com/r/LUPkhMxS3m?f=cp&u=33a7088 abd6e11ec.

［260］秦皇岛打造装备制造产业集群，助推区域经济发展［EB/OL］. https：//mq. mbd. baidu. com/r/LUQcf4mxUY?f=cp&u=6a1792463289dd7c.

［261］石家庄发布. 打造千亿级产业集群！石家庄加快现代装备制造业高质量发展［EB/OL］. https：//baijiahao. baidu. com/s?id=1716639249051831 729.

［262］河北省人民政府关于加快推进农业机械化和农机装备产业转型升级的实施意见［EB/OL］. http：//www. njhs. moa. gov. cn/gdxw/201909/t201909 19_6328304. htm.

［263］河北省"十四五"工业绿色发展规划［EB/OL］. http：//gxt. hebei. gov. cn/hbgyhxxht/zcfg30/snzc/894934/index. html.

［264］河北省国民经济和社会发展第十四个五年规划和 2035 年远景目标纲要［EB/OL］. https：//www. ndrc. gov. cn/fggz/fzzlgh/dffzgh/202106/t20210611_1283092. html?code=&state=123.

［265］天津市北辰区人民政府［EB/OL］. http：//www. tjbc. gov. cn/zjbc/bcgk/202012/t20201226_5226477. html.

［266］北辰区打造先进制造业与现代服务业［N/OL］. 潇湘晨报，https：//baijiahao. baidu. com/s?id=1720539011762929885&wfr=spider&for=pc.

［267］智能制造成高端装备产业发展新引擎［EB/OL］. 中国工程机械商贸网，https：//news. 21-sun. com/detail/2016/01/201601070906202. shtml.

［268］国家级贫困县张北：初步形成完整的新能源产业链条，河北县域特色产业集群样本［EB/OL］. 河北资本，https：//mp. weixin. qq. com/s/UIBv2bmztWFxNCHdyvBDkw.

［269］张家口张北县：光伏电站照亮"脱贫路"［EB/OL］. 张家口新闻网，https：//mguangfu. bjx. com. cn/mnews/20191122/1022985. shtml.

［270］泊头市环保产业"变"中求胜　年产值达到 65 亿元［EB/OL］. 经济带网，http：//www. iic21. com/21sczl/index. php?m=home&c=articles&a=showart&artid=289965.

［271］泊头市环保设备产业发展现状［EB/OL］. 泊头市人民政府，http：//www. botou. gov. cn/botou/hjcy/201804/09c22283392e4141a0ab0cd2cb69461a. shtml.

［272］大数据：发展现状与未来趋势［EB/OL］. 中国人大网，http：//www. npc. gov. cn/npc/c30834/201910/653fc6300310412f841c90972528be67. shtml.

［273］数字经济及其核心产业统计分类（2021）［EB/OL］. 国家统计局，http：//www. gov. cn/gongbao/content/2021/content_5625996. htm.

［274］河北 5 个大数据产业基地初显集聚效应［EB/OL］. 河北新闻网，https：//hebei. hebnews. cn/2017-03/27/content_6392401. htm.

［275］国务院关于印发"十二五"国家战略性新兴产业发展规划的通知［EB/OL］. 国务院，http：//www. gov. cn/zwgk/2012-07/20/content_2187770. htm.

［276］产业观察|日韩打架，显示产业三国时代的中国策略［EB/OL］. 凤凰网财经，https：//finance. ifeng. com/c/7oNtm0cXIvI.

［277］当"万物皆显示"时代来临，中国的新型显示产业会受制于人吗？［EB/OL］. 驱动中国，https：//baijiahao. baidu. com/s?id=1634671253825235702&wfr=spider&for=pc.

［278］基础电子元器件产业发展行动计划（2021—2023年）［EB/OL］. 工信部，https：//www. miit. gov. cn/jgsj/dzs/wjfb/art/2021/art_cc73071656154e5fb1077cac58c5468d. html.

［279］大数据与数字经济［EB/OL］. 求是网，https：//baijiahao. baidu. com/s?id=1722171207513451971&wfr=spider&for=pc.

［280］海淀区GDP突破8500亿元！经济总量和增长贡献均位于全市首位！［EB/OL］. 北京海淀官方发布，https：//baijiahao. baidu. com/s?id=1690119314215467627&wfr=spider&for=pc.

［281］2021年1–12月海淀区经济运行情况简析［EB/OL］. 海淀区人民政府，https：//zyk. bjhd. gov. cn/sjkf/tjxx/202201/t20220124_4509350. shtml.

［282］海淀区众创空间在全国名列前茅　形成强大双创示范基地［EB/OL］. 海淀区人民政府，https：//zyk. bjhd. gov. cn/jbdt/auto4510_51816/auto4510_54705/auto4510/auto4510_54730/auto4510_54738/201810/t20181002_3317825. shtml.

［283］核心区经济发展状况［EB/OL］. 海淀区人民政府，https：//zyk. bjhd. gov. cn/kjhd/kjhd/mlhxq/201810/t20181021_3912824. shtml.

［284］下一个破万亿的，可能是这个区：靠科研起家，GDP占北京的1/4［N/OL］. 时代周报，https：//baijiahao. baidu. com/s?id=1722080756833021651&wfr=spider&for=pc.

［285］北京市海淀区数字经济发展巡礼［N/OL］. 中国质量报，https：//www. cqn. com. cn/zgzlb/content/2022-06/07/content_8828849. htm.

［286］北京海淀区18项数字新基建项目推进"两区"建设［EB/OL］. 新浪财经，https：//baijiahao. baidu. com/s?id=1708976332262329310&wfr=spider&for=pc.

［287］服贸观止｜"数动海淀　智启未来"2021年服贸会"海淀之夜"专场推介活动开幕［N/OL］. 北京商报，https：//view. inews. qq. com/a/20210903A0DW1C00.

［288］小米公司［EB/OL］. https：//www. mi. com/about.

［289］中国财富报道｜胡润发布最新全球独角兽企业排名：字节跳动居榜首！［EB/OL］. 新华社，https：//baijiahao. baidu. com/s?id=1719671206718639850&wfr=spider&for=pc.

［290］联想公司［EB/OL］. https：//brand. lenovo. com. cn/.

［291］张家口：绿色引擎驱动数字经济"突飞猛进"［EB/OL］. 长城网，https：//www. sohu. com/a/388256066_120333600.

［292］河北张北县大数据产业的"冰"与"火"［EB/OL］.中国新闻网,https://www.chinanews.com.cn/cj/2019/11−11/9004599.shtml.

［293］数字经济,"点燃"张家口经济发展新动能［EB/OL］.网信河北,https://baijiahao.baidu.com/s?id=1655308181727491765&wfr=spider&for=pc.

［294］阿里巴巴牵手河北建投 河北首个大用户直供电项目签约［EB/OL］.河北新闻网,https://hebei.hebnews.cn/2015−12/05/content_5205427.htm.

［295］高原上崛起区域性特色中心城［EB/OL］.河北省人民政府,http://www.hebei.gov.cn/phone/11062175/11068862/13761757/index.html.

［296］阿里巴巴在张北投资180亿 云计算数据中心4月开建［EB/OL］.长城网,http://zjk.hebei.com.cn/system/2017/03/14/017922437.shtml.

［297］京张高铁沿线将隆起大数据产业带［EB/OL］.千龙网,http://beijing.qianlong.com/2019/1018/3423406.shtml.

［298］河北张北县大数据产业的"冰"与"火"［EB/OL］.中国新闻网,https://www.chinanews.com.cn/cj/2019/11−11/9004599.shtml.

［299］京冀共同建设张北云计算产业园［EB/OL］.长城网,http://heb.hebei.com.cn/system/2014/09/11/013949366.shtml.

［300］顺企网［EB/OL］.https://www.11467.com/qiye/61615530.htm.

［301］阿里巴巴张北云计算中心招聘:好职位 待遇高［EB/OL］.张北资讯网,http://house.zjk169.net/g/84237/index.htm.

［302］【小康故事】绿色生态亮"底板",产业集群做引擎:河北固安的"诗与远方"［EB/OL］.中国小康网,https://page.om.qq.com/page/OzoESC1−RIkfV−UL3n9QvBRQ0.

［303］新型显示产业的"固安军团"何以悄然崛起［EB/OL］.河北省工信厅,http://gxt.hebei.gov.cn/hbgyhxxht/xwzx32/snxw40/659189/index.html.

［304］固安千亿级新型显示产业集群获突破 华夏幸福产学研集聚效应凸显［EB/OL］.维科号,http://mp.ofweek.com/display/a045673325166.

［305］中国最大的电子机箱生产制造基地在青县|河北县域特色产业集群样本86［EB/OL］.河北资本,https://mp.weixin.qq.com/s/FrXnC_0ENHbX6rUPo8_HNg.